“MONDES SAUVAGES” POUR UNE NOUVELLE ALLIANCE

La nation iroquoise avait l’habitude de demander, avant chaque palabre, qui, dans l’assemblée, allait parler au nom du loup.

En se réappropriant cette ancienne tradition, la collection “Mondes sauvages” souhaite offrir un lieu d’expression privilégié à tous ceux qui, aujourd’hui, mettent en place des stratégies originales pour être à l’écoute des êtres vivants. La biologie et l’éthologie du XXIe siècle atteignent désormais un degré de précision suffisant pour distinguer les individus et les envisager avec leurs personnalités et leurs histoires de vie singulières. C’est une approche biographique du vivant. En allant à la rencontre des animaux sur leurs territoires, ces auteurs partent en “mission diplomatique” au cœur du monde sauvage.

Ils deviennent, au fil de leurs expériences et de leurs aventures, les meilleurs interprètes de tous ces peuples qui n’ont pas la parole mais avec lesquels nous faisons *monde commun*. Parce que nous partageons avec eux les mêmes territoires et la même histoire, parce que notre survie en tant qu’espèce dépend de la leur, la question de la cohabitation et du vivre-ensemble devient centrale. Il nous faut créer les conditions d’un dialogue à nouveaux frais avec tous les êtres vivants, les conditions d’une *nouvelle alliance*.

MANIÈRES D'ÊTRE VIVANT

Série dirigée par Stéphane Durand

ISBN 978-2-330-12973-6

BAPTISTE
MORIZOT

MANIÈRES D'ÊTRE VIVANT

Enquêtes sur la vie à travers nous

Postface d'Alain Damasio

MONDES SAUVAGES
Pour une nouvelle alliance

ACTES SUD

SOMMAIRE

La pensée la plus profonde aime la vie la plus vivante.

FRIEDRICH HÖLDERLIN,
"Socrate et Alcibiade",
1799*.

* Dans *Poèmes*, trad. Geneviève Bianquis, Aubier-Montaigne, Paris, 1943, p. 153.

AVERTISSEMENT AU LECTEUR

Ce livre est un recueil composé de six textes, de natures différentes, dont on pourrait croire qu'ils ont pour certains déjà été publiés ailleurs tels quels, dans des revues ou des journaux. La vérité est plus complexe.

L'écrivain Jean-Christophe Bailly m'a dit un jour, alors que nous discutions des mystères de l'écriture, qu'il avait une certaine marge de manœuvre quand il écrivait de la prose, mais que, lorsqu'il écrivait de la poésie, le texte s'imposait à lui de manière telle qu'il n'avait pas son mot à dire, comme si on le lui dictait. Sa formule exacte, qui m'a marqué, était : "Quand j'écris de la poésie, il y a quelqu'un au bout du fil." J'écris souvent dans une situation analogue : avec le sentiment étrange que certaines idées me choisissent, et exigent de moi que je leur fasse justice, elles sont au bout du fil. Dans mon cas, la voix parle dans une langue étrangère, que je ne crois pas connaître, tout en exigeant de manière impérieuse, comme si la vie en dépendait, que je traduise avec la plus grande justesse possible son sabir. Je ne suis pas autorisé à m'arrêter de retoucher, reprendre, réécrire, jusqu'à ce que je sente que j'ai fait honneur à l'idée, à la vision, à la percée, même si c'est toujours douloureusement imparfait (de leur point de vue en tout cas). Et elles n'ont que faire, malheureusement, des formats officiels. Ce qu'elles demandent finit par faire un texte qui est toujours trop long pour un article, et trop court pour un livre. Tyrannisé par "l'autre bout du fil", je n'arrive jamais à correspondre au format attendu (c'est là un problème d'écrivain et de chercheur assez banal). J'écris donc une version complète, aboutie, qui est à mes yeux la seule "vraie", la seule à faire vraiment justice à l'idée, et ensuite je dois la couper à la hache, la réduire parfois à un quart ou un tiers (c'est un crève-cœur), pour qu'elle rentre dans les formats éditoriaux (que je ne critique pas ici, leur taille est liée à des exigences défendables).

Ces textes complets, aboutis, pleinement déployés, les voici. C'est un peu comme le *director's cut* au cinéma.

Le romancier Jim Harrison s'est rendu compte un jour que ses histoires étaient trop longues pour être des nouvelles, et trop courtes pour des romans : il a découvert qu'il existait entre les deux un genre littéraire étrange, une chimère, nommé *novella*. J'ai trouvé en le lisant un mot pour le genre de textes que vous allez lire : ce sont des *novellas philosophiques*.

Je les ai choisies et agencées pour qu'elles concourent ensemble à un effet plus vaste sur celui qui les traverse : préparer les rencontres avec le vivant en soi et hors de soi, en travaillant à un autre style d'attention – quelque chose comme une disponibilité aux manières d'être vivant. Je n'en dis pas plus.

INTRODUCTION

LA CRISE ÉCOLOGIQUE COMME CRISE DE LA SENSIBILITÉ

Le monde dépend de tant d'espèces différentes, dont chacune est un prototype délirant[1].

RICHARD POWERS

Nous sommes au col de la Bataille, c'est la fin de l'été, il fait froid, les vents puissants du nord viennent se fracasser ici contre les vents du sud. C'est un col désolé, resté au Paléolithique, traversé par une petite route goudronnée, souvent fermée. Mais ce n'est pas un désert : c'est un haut lieu de la vie aérienne. En effet, c'est par là que beaucoup d'oiseaux, d'espèces innombrables, passent dans leur long voyage migratoire vers l'Afrique. C'est une porte mythique pour basculer de l'autre côté du monde. Nous sommes là pour les dénombrer. Munis d'un compteur manuel de personnes, utilisé dans les discothèques et les salles de théâtre, nous cliquons frénétiquement, dans une sorte de transe joyeuse, pour chaque hirondelle qui passe : et il en passe des milliers, et des dizaines de milliers. Ma compagne en compte 3 547 en trois heures de comptage : des hirondelles rustiques, de fenêtre, de rochers. Elles arrivent par le nord, en grappes, en essaims, et se tapissent dans la hêtraie sous le col, en attente de signes mystérieux pour nous. Elles évaluent le vent, la météo, leur nombre, que sais-je encore, elles refont leurs minuscules réserves de graisse pendant la halte ; et à un instant précis, pour des motifs qui nous échappent, un banc entier d'hirondelles s'engouffre dans une brèche du temps pour passer le col au bon moment, juste au bon moment. Le ciel est constellé d'oiseaux. Une fois passé le mur de vent qui les cueille du sud, elles sont de l'autre côté, ça y est, une porte est passée, il y en aura d'autres. Plus bas, collée au sol, se joue la migration rampante des passereaux : ils volettent d'arbre en arbre, imperceptiblement, comme s'ils étaient en balade, mais d'arbre en arbre, ils vont au bout du monde. Certaines mésanges bleues, pour passer sous la vague de vent, traversent à pied la route du col, il leur faut une minute entêtée pour parcourir l'asphalte, sans douter, sans se presser non plus, dans un voyage qui rejoindra le Nord de l'Afrique. Comment loger un continent de courage dans onze grammes de vie ? Les rapaces sont là aussi, le balbuzard, roi secret des rivières, qui s'est inventé des pattes puissantes d'ours pêcheur à partir de ses serres, devenu pure incarnation de l'agir : une paire d'ailes fondant du ciel bouturée à une paire de mains inépuisables. Les faucons crécerelles et hobereaux passent dans la ribambelle, prédateurs en compagnie des proies, comme les lions voyagent avec les gazelles. C'est juste un seuil dans le long cortège d'un bout à l'autre du globe terrestre : la migration de tout ce qui nous reste des dinosaures, toujours bien vigoureux quand certains, candides, les croient éteints (ils se sont simplement transformés en moineaux). Il y a dans le cortège les pipits, les bergeronnettes, les accenteurs mouchets, les gypaètes géants et les microscopiques serins, les roitelets, les venturons, les tichodromes et les milans royaux, comme des tribus gauloises pavoisant dans leurs couleurs, chacun avec ses mœurs, son langage, sa fierté sans ego, sans miroir – chacun avec ses exigences. Et chacune de ces formes de vie a sa perspective unique sur ce monde partagé, qui maîtrise l'art de lire des signes ignorés de tous les autres.

Les hirondelles, par exemple, doivent se nourrir toute la durée du vol ; elles captent en expertes les climats, les moments de la journée où les essaims d'insectes seront sur leur passage, pour s'en nourrir en vol, sans changer de cap, sans s'arrêter, sans ralentir.

Tout à coup, un bruit de moteur détourne notre attention. Au-dessous, sur la route, une file indienne de voitures anciennes monte le col. C'est une de ces réunions de collectionneurs, qui sortent le dimanche pour faire rutiler leurs guimbardes pomponnées sur les routes de montagne. Ils s'arrêtent au col. Ils sortent une minute ou deux, pour faire quelques selfies acrobatiques, tentant de faire tenir ensemble sur l'écran capot, sourire et paysage. Ils sont attachants, et contents d'être là. Et puis ils repartent. Ma compagne, à mes côtés, a une image qui nous paralyse dans le vent terrible : "Ils n'ont pas remarqué, dit-elle. Ils n'ont pas remarqué qu'ils se tenaient au milieu de quelque chose comme le port le plus vivant, le plus cosmopolite, le plus bigarré de Méditerranée, où des peuples innombrables sont en partance pour l'Afrique[2]." Des peuples bataillant contre les éléments, se tissant aux flux d'énergie, jubilant du soleil, glissant sur la force du vent.

Et en effet, en primates sociaux obnubilés par nos congénères, comme nous savons si bien l'être, ils n'ont vu qu'un col désolé, un décor vide, un paysage muet, un fond d'écran d'ordinateur. Aucune récrimination envers ces gens, pourtant, dans cette prise de conscience. Ils ne sont ni plus ni moins que nous-mêmes. Combien de fois n'avons-nous rien vu de ce qui se tramait de vivant dans un lieu ? Probablement chaque jour. C'est notre héritage culturel, notre socialisation qui nous a faits ainsi, il y a des raisons et des causes à cela. Mais ce n'est pas une raison de ne pas se battre. Pas de reproches, mais une certaine tristesse à l'égard de cette cécité, de sa portée, et de sa violence innocente. C'est un enjeu majeur que de réapprendre, comme société, à voir que le monde est peuplé d'entités *autrement* prodigieuses que ne le sont les collections de voitures et les galeries des musées. Et de reconnaître qu'elles exigent une transformation de nos manières de vivre et d'habiter en commun.

Une crise de la sensibilité

De cette expérience, on peut faire lever une idée. La crise écologique qui est la nôtre est bien une crise des sociétés humaines : elle met en danger le sort des générations futures, les bases mêmes de notre subsistance, et la qualité de nos existences dans des environnements souillés. C'est aussi une crise des vivants : sous la forme de la sixième extinction des espèces, de la défaunation, comme de la fragilisation des dynamiques écologiques et des potentiels d'évolution de la biosphère par le changement climatique. Mais c'est aussi une crise d'autre chose, de plus discret, et peut-être plus fondamental. Ce point aveugle, j'en fais l'hypothèse, c'est que la crise écologique actuelle, plus qu'une crise des sociétés humaines *d'un côté*, ou des vivants *de l'autre*, est une crise de nos *relations* au vivant.

C'est spectaculairement d'abord une crise de nos relations productives aux milieux vivants, visible dans la frénésie extractiviste et financiarisée de l'économie politique dominante. Mais c'est aussi une crise de nos relations collectives et existentielles, de nos branchements et de nos affiliations aux vivants, qui commandent la question de leur *importance*, par lesquels ils sont de notre monde, ou *hors* de notre monde perceptif, affectif, et politique.

Cette crise est difficile à nommer et à comprendre. Chacun pressent néanmoins avec précision ce qu'elle nous intime : il faut passer à d'autres relations envers les vivants.

L'enthousiasme contemporain induit par les expérimentations politiques de nouvelles manières d'habiter et d'entrer en relation avec les vivants, la montée des formes de vie collective alternatives, le goût pour les agroécologies et les sciences subversives qui redécrivent autrement la nature vivante, riche en communications et significations, sont des signaux faibles, mais puissants, de ce pivot dans la conjoncture qui est la nôtre.

Un aspect de cette crise passe néanmoins plus inaperçu, par le caractère discret et à peine bruissant de sa dimension politique, c'est-à-dire de ses possibilités de politisation. C'est celui qui consiste à la penser comme une crise de la sensibilité.

La crise de nos relations au vivant est une crise de la sensibilité parce que les relations que nous avons pris l'habitude d'entretenir avec les vivants sont des relations à la "nature". Comme l'explique l'anthropologue brésilien Eduardo Viveiros de Castro, les héritiers de la modernité occidentale que nous sommes pensent qu'ils entretiennent des relations de type "naturel" avec tout le monde des vivants non humains, car toute autre relation envers eux est impossible. Les relations possibles dans le cosmos des modernes sont de deux ordres : ou bien naturelles, ou bien sociopolitiques, et les relations sociopolitiques sont réservées exclusivement aux humains. Conséquemment, cela implique qu'on considère les vivants essentiellement comme un décor, comme une réserve de ressources à disposition pour la production, comme un lieu de ressourcement ou comme un support de projection émotionnel et symbolique. Être un décor et un support de projection, c'est avoir perdu sa consistance ontologique. Quelque chose perd sa consistance ontologique quand on perd la faculté d'y faire attention comme un être à part entière, qui compte dans la vie collective. La chute du monde vivant en dehors du champ de l'attention collective et politique, en dehors du champ de l'important, c'est là l'événement inaugural de la crise de la sensibilité.

Par "crise de la sensibilité", j'entends un appauvrissement de ce que nous pouvons sentir, percevoir, comprendre, et tisser comme relations à l'égard du vivant. Une réduction de la gamme d'affects, de percepts, de concepts et de pratiques nous reliant à lui. Nous avons une multitude de mots, de types de relations, de types d'affects pour qualifier les relations entre humains, entre collectifs, entre institutions, avec les objets techniques ou avec les œuvres d'art, mais bien moins pour nos relations au vivant. Cet appauvrissement de l'empan de sensibilité envers le vivant, c'est-à-dire des formes d'attention et des qualités de disponibilité à son égard, est conjointement un effet et une part des causes de la crise écologique qui est la nôtre.

Un premier symptôme de cette crise de la sensibilité, peut-être le plus spectaculaire, est exprimé dans la notion d'"extinction de l'expérience de la nature[3]" proposée par l'écrivain et lépidoptériste Robert Pyle : la disparition de relations quotidiennes et vécues au vivant. Une étude récente montre ainsi qu'un enfant nord-américain entre 4 et 10 ans est capable de reconnaître et distinguer en un clin d'œil expert plus de mille logos de marques, mais n'est pas en mesure d'identifier les feuilles de dix plantes de sa région[4]. La capacité de discrimination des formes et des styles d'existence des autres vivants est massivement redirigée vers les produits manufacturés, et cela se redouble d'une sensibilité très faible aux êtres qui peuplent avec nous la Terre. Réagir à l'extinction de l'expérience, à la crise de la sensibilité, c'est enrichir la gamme de ce que, envers la multiplicité des vivants, on peut sentir, comprendre, et tisser comme relations.

Il existe un lien discret mais profond entre la disparition contemporaine massive des oiseaux des champs, documentée par des études scientifiques, et la capacité d'un chant d'oiseau urbain à faire sens dans une oreille humaine. Lorsqu'un Amérindien Koyukon entend le cri d'une corneille en Alaska, le son s'insinue en lui et, par grappe mémorielle, lui restitue simultanément l'identité de l'oiseau, les mythes qui racontent ses mœurs, leurs filiations communes et leurs alliances immémoriales dans le temps du mythe[5]. Il y a des corneilles partout dans nos villes, leurs appels arrivent chaque jour à nos oreilles et nous n'entendons rien, parce qu'on les a transformées en bêtes dans nos imaginaires : en "nature". Il y a quelque chose de triste dans le fait que les dix chants d'oiseaux différents qu'on entend chaque jour ne parviennent pas au cerveau autrement que comme *bruit blanc*, ou au mieux évoquent un nom d'oiseau vide de sens : c'est comme des langues anciennes que plus personne ne parlerait, et dont les trésors sont invisibles.

La violence de notre croyance en la "Nature" se manifeste dans le fait que les chants d'oiseaux, de grillons, de criquets, dans lesquels on est immergés en été dès qu'on s'éloigne des centres-villes, sont vécus dans la mythologie des modernes comme un *silence reposant.* Alors qu'ils constituent, pour qui veut bien essayer de les traduire, de les sortir du statut de bruit blanc, des myriades de messages géopolitiques, de négociations territoriales, de sérénades, d'intimidations, de jeux, de plaisirs collectifs, de défis lancés, de tractations sans paroles. La moindre prairie fleurie est un caravansérail cosmopolite, multilingue, multi-espèces et bourdonnant d'activité. Un vaisseau spatial aux confins de l'univers, où des centaines de formes de vie différentes se rencontrent et établissent des *modus vivendi*, en communiquant par le son. Les nuits de printemps, on entend résonner dans ce vaisseau les chants-lasers des rossignols, qui combattent sans violence, à grands coups de beauté, pour attirer leurs compagnes arrivant après eux de migration et errant la nuit dans les bois pour trouver leur mâle ; on entend interloqué les abois des chevreuils, borborygmes gutturaux de fauves intergalactiques, hurlant le désespoir du désir.

Ce qu'on appelle la "campagne" un soir d'été, c'est le souk inter-espèces le plus bariolé et bruyant, remuant d'énergie industrieuse, c'est un Times Square autre qu'humain un lundi matin – et les modernes sont assez fous, leur métaphysique assez autoréalisatrice, pour y voir un silence qui ressource, une solitude cosmique, un espace apaisé. Un lieu vide de présences réelles, et muet.

Quitter la ville, alors, ce n'est pas bucoliquement s'éloigner des bruits et des nuisances, ce n'est pas aller vivre à la campagne, c'est aller vivre *en minorité.* Dès que la nature est dénaturalisée – non plus un aplat continu, un décor d'une seule pièce, un fond sur lequel se jouent les tribulations humaines –, dès qu'on retraduit les vivants en êtres et non plus en choses, alors le cosmopolitisme multispécifique devient submergeant, presque irrespirable, écrasant pour l'esprit – on est entrés en minorité. Cure de bon aloi pour les modernes, qui ont pris la mauvaise habitude de transformer tous leurs "autres" en minorités.

D'un certain point de vue, il est vrai que l'on a *perdu* une certaine sensibilité : l'urbanisation massive, le fait de ne pas vivre au quotidien au contact de formes de vie multiples, nous ont dépris des puissances de pistage – et j'entends le pistage en un sens philosophiquement enrichi, comme la sensibilité et la disponibilité aux signes des autres formes de vie. Cet art de lire s'est perdu : on "n'y voit rien", et il y a un enjeu à reconstituer des chemins de sensibilité, pour commencer à réapprendre à voir. Si nous ne voyons rien dans la "nature", ce n'est pas seulement par ignorance de savoirs écologiques, éthologiques et évolutionnaires, mais parce que nous vivons dans une cosmologie dans laquelle il n'y aurait supposément rien à voir, c'est-à-dire ici rien à *traduire* : pas de sens à interpréter[6]. Tout l'enjeu philosophique revient à rendre sensible et évident qu'il y a bien quelque chose à voir et des significations riches à traduire dans les milieux vivants qui nous entourent. Il suffit néanmoins de faire ce pas-là et tout le paysage se recompose. C'est tout l'objet du premier texte de ce recueil, qui embarque le lecteur dans une expédition de pistage d'une meute de loups dans les neiges du Vercors, entre thriller éthologique et récit de premier contact avec des formes de vie *alien*.

L'idée de "perte" de sensibilité est néanmoins ambiguë dans sa formulation même. Le malentendu de cette idée revient en effet à ce qu'elle semble receler quelque chose comme un primitivisme nostalgique, qui n'est pas pertinent dans cette affaire. Ce n'était pas forcément "mieux avant", et il ne s'agit pas de revenir à des formes de vie nus dans les bois. Tout l'enjeu est précisément qu'il s'agit de les *inventer*.

Les animaux intercesseurs

Un autre symptôme de la crise de la sensibilité, rendu presque invisible tant nous l'avons naturalisé, se manifeste par le registre dans lequel on cantonne les animaux. Indépendamment de la question du traitement du bétail (qui n'est pas le tout de l'animalité, ni même son modèle), la grande violence invisible de notre civilisation envers eux, c'est d'avoir fait des animaux des figures pour les enfants : s'y intéresser, ce n'est pas sérieux, c'est de la sensiblerie. C'est pour les "amis des bêtes". C'est régressif. Nos rapports à l'animalité et aux animaux sont infantilisés, primitivisés. C'est insultant pour les animaux, et c'est insultant pour les enfants.

Notre gamme de sensibilité à l'égard des animaux est réduite à peau de chagrin : ou beauté abstraite et vague, ou figure infantile, ou objet de compassion morale. L'ethnographie des relations entre humains et vivants chez les Touvains du Grand Nord suivant Charles Stépanoff, ou des Runa d'Amazonie chez Eduardo Kohn, montre une multiplicité infiniment plus riche, plurielle, nuancée, intense : les animaux y peuplent les rêves, les imaginaires, les pratiques, les systèmes philosophiques autochtones[7].

Notre imaginaire des formes de vie s'est réduit. Nos rêves sont pauvres en vivants ; ils ne sont pas peuplés de loups guides ou d'ours mentors, de forêts nourricières, d'insectes, de nos ancêtres préhumains qui nous ont portés à bout de bras jusqu'ici. Percer une brèche pour leur imaginer de nouvelles places dans nos imaginaires, par exemple sous la forme de rituels sans mysticisme, c'est tout l'objet du deuxième texte de ce recueil.

Car les animaux ne sont pas seulement dignes d'une attention infantile ou morale : ils sont les cohabitants de la Terre avec qui nous partageons une ascendance, l'énigme d'être vivant, et la responsabilité de cohabiter décemment. Le mystère d'être un corps, un corps qui interprète et vit sa vie, est partagé par tout le vivant : c'est la condition vitale universelle, et c'est elle qui mérite d'appeler le sentiment d'appartenance le plus puissant. L'animal est ainsi un intercesseur privilégié avec l'énigme originelle, celle de notre manière d'être vivant : il manifeste une altérité incompressible, et en même temps il est assez proche de nous pour que mille formes de parallèles, de convergences, soient sensibles, avec les mammifères, les oiseaux, les pieuvres, jusqu'aux insectes. Ce sont eux qui permettent de reconstituer des chemins de sensibilité au vivant en général, précisément du fait de leur position liminaire, de leur intime altérité à notre égard. Ils nous permettent de sentir, par gradation, nos affiliations aux végétaux, aux bactéries, qui sont plus loin dans notre généalogie commune : des parents si étrangers qu'il est moins évident de se sentir vivants comme eux. Cela exige des passeurs : les animaux sont des intercesseurs dotés d'un tel pouvoir.

Et pourtant nous héritons d'une conception du monde qui a avili l'animal, elle est bien visible dans notre langue, qui cristallise des réflexes de pensée. Toutes ces formules de la langue française : "valoir à peine mieux qu'un animal", "n'être qu'un animal", tout ce mépris ascensionnel, toute cette métaphorique verticale du dépassement d'une animalité inférieure en nous, sont présents jusque dans les recoins les plus quotidiens de notre éthique, de notre représentation de nous-mêmes – c'est incroyable. Et néanmoins ils reposent sur un malentendu métaphysique. C'est tout l'objet du troisième texte de ce recueil, qui piste nos animalités intérieures dans l'histoire de la morale occidentale, qui nous enjoint de dompter nos pulsions fauves.

Ces rapports compliqués à l'animalité trouvent en effet une part de leur origine dans le monopole de l'anthropologie philosophique dualiste, qui court du judéo-christianisme jusqu'au freudisme. Cette conception occidentale pense l'animalité comme une bestialité intérieure que l'humain doit surmonter pour se "civiliser" ou, à l'opposé, comme une primalité plus pure dans laquelle il se ressource, retrouvant par là une sauvagerie plus authentique, libérée des normes sociales. Ces deux imaginaires semblent opposés, alors que rien n'est moins juste : le second n'est que le revers de l'autre, construit par réaction et opposition symétrique. Or on sait que les créations réactives ne font que pérenniser la vision du monde de l'ennemi qui nous fait réagir : ici le dualisme hiérarchique qui oppose humains et animaux.

Les dualismes prétendent chaque fois cartographier la totalité des possibles, alors qu'ils ne sont jamais que l'avers et le revers d'une *même* pièce, dont le dehors est occulté, nié, interdit à la pensée elle-même.

Ce que cela exige de nous est assez vertigineux. Le dehors de chaque terme d'un dualisme, ce n'est jamais son terme opposé, c'est le dehors du dualisme lui-même. Sortir du Civilisé, ce n'est pas se jeter dans le Sauvage, pas plus que sortir du Progrès implique de céder à l'Effondrement : c'est sortir de l'opposition *entre* les deux. Faire effraction du monde pensé comme leur règne binaire et sans partage. C'est entrer dans un monde qui n'est pas organisé, structuré, tout entier rendu intelligible, à partir de ces catégories. L'enjeu est de fulgurer comme une lame de sabre entre les deux blocs des dualismes, pour déboucher *de l'autre côté* du monde qu'ils prétendent enclore, et voir ce qu'il y a derrière. C'est un art de l'esquive, il faut voler comme un papillon pour éviter d'être capturé par les deux monolithes jumeaux de la Nature et de la Culture, de tomber du Charybde qu'est l'Homme-majuscule en Scylla de l'Animal-homogénéisé, du culte de la nature sauvage opposé à celui de la nécessaire amélioration d'une nature défaillante.

Danser dans les cordes, pour esquiver le dualisme de l'animalité comme bestialité inférieure et comme pureté supérieure. Pour ouvrir un espace encore inexploré : celui des mondes à inventer une fois qu'on est passé de l'autre côté. Les entrevoir, les donner à voir, grande respiration.

À mon sens, alors, ces deux formulations du problème des rapports entre humain et animalité sont fausses et toxiques : les animaux ne sont pas plus bestiaux que nous, pas plus qu'ils ne sont plus libres. Ils n'incarnent pas une sauvagerie débridée et féroce (c'est un mythe de domesticateur), pas plus qu'une innocence plus pure (c'est son envers réactif). Ils ne sont pas supérieurs à l'humain en authenticité ou inférieurs en élévation : ils incarnent avant tout *d'autres manières d'être vivant.*

C'est le "autre" qui est essentiel. Il dit toute une logique tranquille de la différence sur fond d'ascendance commune. C'est d'une révolution grammaticale discrète qu'il s'agit. Celle qui voit l'adjonction d'un petit mot fleurir dans toutes ces phrases quotidiennes : "l'humain et les animaux", "la différence avec l'animal", "ce qu'un animal ne possède pas"...

Le petit mot, c'est "autre".

"Les différences entre l'humain et les *autres* animaux" ; "ce que cet *autre* animal ne possède pas" ; "ce que l'humain a de commun avec les *autres* animaux".

Imaginez toutes les phrases possibles et ajoutez-y *autre*. Un tout petit adjectif, si élégant dans son travail de reconfiguration cartographique du monde : il redessine à lui seul à la fois *une logique de différence et une commune appartenance*. Il retrace des ponts et des frontières ouvertes entre les êtres rencontrés dans l'expérience. Personne n'aura rien perdu. Il ne nous permet certes pas d'avancer en profondeur sur les ressemblances et différences. Il permet seulement de naturaliser une logique juste, d'écarter une faute grossière de taxinomie biologique, d'incorporer comme civilisation une carte mentale aux répercussions politiques lointaines, et d'intérioriser comme individu une petite vérité tranquille de plus (qui ira rejoindre la rotondité de la Terre, l'héliocentrisme, l'évolutionnisme, la toxicité du néolibéralisme et la démocratie comme pire modèle politique – à l'exception de tous les autres).

Si l'on prolonge le raisonnement, on peut défendre à mon sens qu'il y a donc un effet politique dans la transformation de nos rapports avec l'animalité de l'humain. Nos relations avec l'animalité en nous sont corrélées à nos relations avec le vivant hors de nous. Changer les unes change les autres. C'est peut-être une clé psychosociale de la modernité occidentale, cette incapacité à se sentir vivant, à s'aimer comme vivant. Accepter notre identité de vivant, renouer avec notre animalité pensée ni comme primalité à surmonter, ni comme sauvagerie plus pure, mais comme héritage riche à recueillir et à moduler, c'est accepter notre destin commun avec le reste des vivants. Accepter que l'humain ne trouve pas son vecteur dans la domination spirituelle de son animalité, mais dans la bonne intelligence à chercher avec les forces du vivant en nous, c'est changer de rapport fondamental avec les forces du vivant hors de nous. Cela induirait, par exemple, de ne plus postuler la déficience de la "Nature" qui exigerait qu'on l'améliore par l'organisation rationnelle, mais de retrouver une *confiance dans les dynamiques du vivant*. Une confiance dans ces dynamiques écologiques et évolutionnaires avec lesquelles il nous revient de négocier des *modus vivendi*, en partie d'influencer, et parfois de moduler pour nos besoins, mais dans l'horizon d'une cohabitation attentive aux égards ajustés à inventer envers les autres formes de vie qui peuplent avec nous la Terre.

Il s'agit de faire des mille formes de l'animalité et des mille relations à elles, au niveau culturel et politique, un sujet pour adultes. L'animalité est une grande question : l'énigme d'être un humain est plus claire, plus vivable et plus vivante, à la lumière des mille formes de vie animales qui sont des énigmes devant nous. Et l'énigme politique par excellence de vivre en commun dans un monde d'altérités y trouve d'autres implications, et d'autres ressources.

La crise écologique comme crise de l'attention politique

Mais force est de constater que la disponibilité et la sensibilité au vivant, ces arts de l'attention à part entière, sont volontiers reléguées à des problématiques bourgeoises, esthétiques, ou conservatrices, par ceux qui militent pour d'autres mondes possibles. Ils sont en fait puissamment politiques.

Ces arts de l'attention sont politiques, car l'essence discrète et préinstitutionnelle du politique se joue dans les déplacements des seuils qui commandent ce qui mérite l'attention. La question du féminisme a manifesté ces déplacements dans les dernières décennies, et la question des différences de traitements entre les genres est subitement devenue un astre politique qui attire beaucoup d'attention. La question du travail aliéné, la question de la condition de tous ceux qui ne possèdent pas les moyens de production mais vendent leur force de travail, naturalisée dans le premier capitalisme, est devenue avec Marx et depuis un objet des plus vigoureuses attentions collectives. Les bougés tectoniques dans l'art de l'attention d'un collectif humain se manifestent par un symptôme éloquent : c'est le sens du tolérable et de l'intolérable.

Un roi de droit divin, ce n'est plus tolérable aujourd'hui : le dispositif inconscient du tolérable et de l'intolérable est une machine délicate, incorporée en chacun, instruite par des flux sociaux et culturels. L'enjeu, c'est que nos rapports au vivant actuels deviennent intolérables. Que l'idée de disparition des oiseaux des champs, des insectes européens, et plus largement des formes de vie autour, par inaction, écofragmentation et extractivisme (ce stade obsessionnel de l'industrie extractive qui considère tout comme des ressources), nous devienne aussi intolérable que la monarchie de droit divin. Et ce en préparant des rencontres qui font entrer les vivants dans l'espace politique de ce qui mérite attention : c'est-à-dire qui appelle qu'on y soit attentif et attentionné. Les affiliations permettent d'accéder à une forme de soi élargi : je me souviens d'un passager du train qui regardait avec anxiété un ciel pluvieux de printemps par la fenêtre. Lorsqu'il révéla la raison de sa préoccupation, je suis resté muet : le mauvais temps n'allait pas ruiner ses vacances. Il m'annonça comme s'il s'agissait d'un proche : "Je n'aime pas les printemps pluvieux, ils sont mauvais pour les chauves-souris. Il y a beaucoup moins d'insectes. Les mères ne peuvent plus nourrir les petits." Un soi élargi dans lequel les autres vivants emménagent, c'est certes quelques préoccupations de plus, mais c'est aussi étrangement émancipateur. Ce n'est qu'ensuite que le système des valeurs de base se transforme, et pas parce qu'on a culpabilisé chacun par l'annonce d'apocalypses touchant des êtres qui n'existent pas dans leur cosmos comme des *êtres*.

Les arts de l'attention politique auront changé lorsque nous vivrons le pillage de la vie océane, la crise des pollinisateurs, comme aussi intolérables que la monarchie de droit divin. Le mépris d'une part de l'agriculture industrielle à intrants envers la faune des sols comme aussi intolérable que l'interdiction de l'avortement.

On pourrait ainsi défendre que dans une certaine mesure, dans des sociétés démocratiques traversées par de grands flux d'information, le politique est en aval de la culture : au sens des représentations de la vie désirable, des seuils du tolérable et de l'intolérable. Conséquemment, pour changer le politique, il s'agit aussi (en plus de militer, lutter, s'organiser autrement, lancer l'alerte, faire levier au plus près du pouvoir, inventer d'autres manières d'habiter) de transformer le champ de l'attention à ce qui importe. C'est tout l'objet du quatrième texte de ce recueil, enquête au grand air au contact des loups, des brebis, des bergers, des ciels nocturnes et des prairies, qui tente d'ébaucher les contours d'une politique des interdépendances. C'est un travail de longue haleine, mais il mérite d'être fait, parce que nous avons encore quelques millénaires à vivre ensemble sur cette planète cosmopolite de vie.

Dans quelle direction ouvrir ce champ de notre attention politique collective ? Le problème de notre crise écologique systémique, s'il veut être compris dans sa dimension la plus structurelle, est un problème d'habitat. C'est notre manière d'habiter qui est en crise. Et notamment par son aveuglement constitutif au fait qu'habiter, c'est toujours cohabiter, parmi d'autres formes de vie, parce que l'habitat d'un vivant n'est que le tissage des autres vivants. Le fait est que l'une des causes majeures de l'extinction actuelle de biodiversité est l'écofragmentation. À savoir la fragmentation invisible des habitats des autres vivants, qui les détruit sans qu'on s'en rende compte, parce qu'on a fait passer nos routes, nos villes, nos industries, sur les chemins discrets et familiers qui assurent leur existence, leur prospérité durable comme populations.

Cette importance de l'écofragmentation dans l'extinction a des implications philosophiques qui sont assez peu relevées : cette fragmentation ne trouve pas directement son origine dans la rapacité productiviste et extractiviste (bien que ce soit le visage contemporain et démultiplié de la destruction des habitats, qui appelle contre lui nos luttes les plus acharnées). Elle s'origine d'abord dans notre cécité au fait que les autres vivants *habitent* : la crise de notre manière d'habiter revient à refuser aux autres le statut d'habitants. L'enjeu est donc de *repeupler*, au sens philosophique de rendre visible que la myriade de formes de vie qui constituent nos milieux donateurs sont elles aussi, depuis toujours, non pas un décor pour nos tribulations humaines, mais les habitants de plein droit du monde. Parce qu'ils le *font* par leur présence. La microfaune des sols fait, littéralement, les forêts et les champs. Les forêts et la vie végétale des océans fabriquent l'atmosphère respirable qui nous accueille. Les pollinisateurs font, littéralement, ce que nous appelons, candides, le "printemps", comme si c'était un cadeau de l'univers, ou du soleil : non, c'est *leur* action bourdonnante, invisible et planétaire, qui appelle chaque année au monde, à la sortie de l'hiver, les fleurs, les fruits, les dons de la terre, et leur retour immémorial. Les pollinisateurs, abeilles, bourdons, oiseaux, ne sont pas posés comme des meubles sur le décor naturel et immuable des saisons : ils fabriquent cette saison dans ce qu'elle a de vivant. Sans eux, vous auriez peut-être des fontes de neige lorsque l'ensoleillement augmente vers le mois de mars, mais elles auraient lieu dans un désert : vous n'auriez pas les fleurs des cerisiers, ni aucune autre, ni aucun effet de la fécondation croisée qui fonde le cycle de vie des angiospermes (toutes les plantes à fleurs de la planète, qui forment plus des neuf dixièmes de la biodiversité végétale terrestre). Vous n'auriez qu'un hiver interminable. Un type d'être qui fait "de ses mains", si l'on peut dire, le printemps n'a pas sa place comme élément du décor, comme ressource. Il constitue un habitant, qui fait son entrée dans le champ politique des puissances avec lesquelles il va falloir négocier les formes de notre vie commune.

L'inattention politique aux vivants

Une part de ce que la modernité appelle progrès qualifie quatre siècles de dispositifs qui permettent de ne pas avoir à faire attention – aux altérités, aux autres formes de vie, aux écosystèmes.

Le personnage conceptuel qu'on vise ici, on pourrait l'appeler le "moderne moyen" (nous le sommes tous dans une certaine mesure, dans l'aire culturelle qui revendique d'être moderne). On le nommera ici, par souci de concision, le "momo".

Observons un phénomène colonial typique, puisque c'est souvent là que se révèle le mieux l'étrangeté du momo. Pour un colon occidental, lorsqu'il arrive dans les jungles d'Afrique ou les rizières à mousson de l'Asie, civiliser un espace dans lequel il s'installe, c'est traditionnellement faire qu'on puisse y vivre en toute ignorance des cohabitants non humains. C'est supprimer, contrôler, canaliser les fauves, les insectes, les pluies, les crues. Être chez soi, c'est pouvoir vivre sans faire attention. Or pour les autochtones, c'est l'inverse, le chez-soi implique cette vigilance vibratile, cette attention au tissage des autres formes de vie, qui enrichissent l'existence, même s'il faut composer avec elles et que c'est souvent exigeant, parfois compliqué. La concorde est coûteuse en intelligence diplomatique entre humains, elle l'est aussi avec les autres vivants.

Une grande part des techniques et des représentations du monde des modernes servent à cela, c'est leur fonction : se dispenser de l'attention, c'est-à-dire pouvoir opérer partout, en tout lieu, malgré l'ignorance et en toute insouciance, c'est-à-dire sans connaître un lieu et ses habitants. C'est un débranchement à l'égard de ce qui dans le monde vivant alentour exige une disponibilité généreuse, les tissages avec les pollinisateurs, les plantes, les dynamiques écologiques, les climats. C'est une métaphysique pratique, dont la fonction secrète mais puissante est l'interchangeabilité : tout doit être interchangeable, tous les lieux, toutes les techniques, toutes les pratiques, tous les savoir-faire, tous les êtres, les abeilles domestiques, les variétés de pomme, les souches de blé. Il s'agit d'être chez soi partout en homogénéisant les conditions d'existence de manière à ne pas avoir besoin de connaître l'éthologie des autres et l'écologie d'un lieu, c'est-à-dire les mœurs des peuples de vivants qui l'habitent et le constituent. Pour pouvoir se consacrer à l'"essentiel" aux yeux du momo : les relations entre congénères humains. Relations de pouvoir, d'accumulation, de prestige, d'amour, de famille, sur fond d'un décor inanimé, constitué par les dix millions d'autres espèces qui, soit dit en passant, sont nos parentes.

C'est très ambivalent comme phénomène, car sur certains points cela a produit des effets confortables, et avantageux. Il ne s'agit pas de prêcher bêtement et radicalement le contraire, pour passer de la modernité triomphante à l'antimodernité contrite. Mais d'apprendre à faire la part des choses : il y a des êtres envers lesquels il faut réapprendre l'attention. Car actuellement, le confort de la modernité s'inverse : à force de ne plus faire attention au monde vivant, aux autres espèces, aux milieux, aux dynamiques écologiques qui tissent tout le monde ensemble, on crée de toutes pièces un cosmos muet et absurde qui est très inconfortable à vivre à l'échelle existentielle, individuelle et collective. Mais, surtout, on génère un réchauffement climatique et une crise de la biodiversité qui menacent concrètement les conditions d'habitabilité de la Terre pour les humains.

Le paradoxe donc, c'est qu'à un certain degré, il y a un confort appréciable dans l'art des modernes de se libérer de l'attention exigée par le milieu et ceux qui le peuplent, mais que, dès qu'il dépasse un certain seuil ou prend une certaine forme, il devient pire qu'inconfortable : il rend le monde invivable. Le problème devient : quel est ce seuil et quelles sont ces formes, précisément, sérieusement ? Comment hériter intelligemment de la modernité, faire la part des choses dans nos legs historiques entre les émancipations à chérir et protéger, et les errances toxiques ? C'est une des grandes questions de ce siècle. C'est la question-boussole pour naviguer, en tenant ferme le cap, dans la houle entre les deux positions manichéennes que sont, d'un côté, les envolées antimodernes qui condamnent en bloc toute la "modernité", mal incarné, tout en jouissant de ses produits ; de l'autre, les attitudes hypermodernes, qui veulent accélérer sur le même vecteur du Progrès dont on sait désormais qu'il est un cap au pire, en défendant une doctrine odieuse du *TINA ("There Is No Alternative")* qui permet de ne pas réfléchir, militer, ni remettre en cause ce qui est toxique dans notre héritage.

Sortir du huis clos

Une espèce a transformé en décor de matière disponible pour ses tribulations humaines les dix millions d'autres espèces qui constituent sa famille élargie, son milieu donateur, ses cohabitants quotidiens. Et plus exactement, c'est le fait d'une certaine petite population de cette espèce, porteuse d'une culture historique et locale : car cette invisibilisation est un phénomène provincial et tardif, il n'est pas le fait de l'humanité entière. Imaginez un peuple abordant une terre peuplée de myriades d'autres peuples parents, et déclarant qu'ils n'existent pas vraiment, pas autant, qu'ils sont la scène et non des acteurs (ah oui, ce n'est pas une fiction qui exige beaucoup d'imagination, c'est aussi des pans de notre histoire). Comment avons-nous accompli ce prodige de cécité à l'égard des autres peuples du vivant ? On pourrait hasarder ici, pour exacerber l'étrangeté de notre héritage, une histoire-minute des relations que notre civilisation entretient à l'égard des autres espèces, et qui aboutit à la condition moderne : une fois le vivant avili ontologiquement, c'est-à-dire considéré comme doté d'une existence de second ordre, de moindre valeur, de moindre consistance, donc transformé en "choses", l'humain s'est trouvé seul à exister vraiment dans l'univers.

Il aura suffi que le judéo-christianisme fasse fuir Dieu de la "Nature" (c'est l'hypothèse de l'égyptologue Jan Assmann) pour la rendre profane, puis que la révolution scientifique et industrielle transforme la nature restante (*phusis* scolastique) en matière dépourvue d'intelligences, d'influences invisibles, à disposition de l'extractivisme, pour que l'humain se retrouve en cavalier solitaire dans le cosmos, entouré de matière bête et méchante. Le dernier acte impliquait de tuer la dernière affiliation : seul face à la matière, l'humain restait néanmoins en contact vertical avec Dieu, qui la sanctifiait comme sa Création (théologie naturelle). La mort de Dieu induit cette terrible et parfaite solitude, qu'on pourrait appeler le huis clos anthroponarcissique[8].

Cette fausse lucidité à l'égard de notre solitude cosmique a signé la sereine exclusion de tout le non-humain hors du champ du pertinent ontologiquement. Elle explique toute cette philosophie et cette littérature de "huis clos" des grandes capitales européennes et anglo-saxonnes. Le choix du syntagme n'est pas arbitraire : c'est bien désormais d'un *huis clos* au sens de la pièce de Sartre qu'il s'agit, mais la pièce fermée est le monde lui-même, l'univers, qui n'est peuplé que de nous et de nos relations pathologiques aux congénères humains, induites par la disparition de nos affiliations plurielles, affectives, actives, avec les autres vivants, les animaux, les milieux.

Ce thème omniprésent dans la littérature et la philosophie du XXe siècle, de la solitude cosmique de l'homme, érigée en grandeur par l'existentialisme, est d'une intrigante violence. Sous couvert de l'héroïsme de l'absurde camusien[9], sous couvert d'un courage de la vérité, cette violence consiste, par cécité, par refus d'apprendre à voir les formes d'existence des autres, en une négation de leur statut de cohabitants, postulant qu'en fait ils n'ont pas de capacités de communication, de "sens autochtones", de point de vue créatif, d'aptitudes au *modus vivendi*, d'invites politiques. Et c'est là le grand art, et donc la violence occultée du naturalisme occidental, qui a en fait pour vocation de justifier qu'on exploite toute la nature comme matière première à portée de main, au service de notre projet de civilisation – c'est de les traiter comme de la matière régie par des lois biologiques, en refusant de voir leurs invites géopolitiques, les alliances vitales, et tous les points par lesquels on partage avec les vivants une grande communauté diplomatique dans laquelle il s'agirait de réapprendre à vivre.

Le sujet humain seul dans un univers absurde, entouré de pure matière à portée de main comme stock de ressources, ou sanctuaire pour se ressourcer spirituellement, est une invention fantasmatique de la modernité. De ce point de vue, les grands penseurs de l'émancipation qu'ont pu être Sartre ou Camus, et qui ont probablement infusé leurs idées en profondeur dans la tradition française, sont des alliés objectifs de l'extractivisme et de la crise écologique. Il est intrigant de réinterpréter ces discours d'émancipation comme étant des vecteurs de grande violence. Pourtant ce sont eux qui ont transformé en croyance fondatrice de l'humanisme tardif le mythe suivant lequel nous étions les seuls sujets, libres, dans un monde d'objets inertes et absurdes ; voués à donner du sens par notre conscience à un monde vivant qui en serait dépourvu. Qui l'a déparé de ce qu'il a toujours possédé. Et que les chamanistes et les animistes décrits par Viveiros de Castro et Descola savent très bien : des relations sociales complexes de réciprocité, d'échange et de prédation, qui ne sont pas pacifiques, iréniques, pas selon la prophétie d'Isaïe, mais qui sont politiques en un sens encore énigmatique, et qui appellent des formes de pacification, de conciliation, de cohabitation mutualiste et respectueuse. C'est tout l'objet de l'épilogue de ce recueil.

Car il y a des significations partout dans le vivant : elles ne sont pas à projeter, elles sont à retrouver, avec les moyens qui sont les nôtres, c'est-à-dire à traduire et à interpréter. Il s'agit de faire de la diplomatie. Il faut des interprètes, des truchements, des entre-deux, pour faire le travail de reprendre langue avec le vivant, pour dépasser ce qu'on pourrait appeler la malédiction de Lévi-Strauss : l'impossibilité de communiquer avec les autres espèces avec lesquelles on partage la Terre. "Malgré les nuages d'encre projetés par la tradition judéo-chrétienne pour la masquer, aucune situation ne paraît plus tragique, plus offensante pour le cœur et l'esprit, que celle d'une humanité qui coexiste avec d'autres espèces vivantes sur une Terre dont elles partagent la jouissance, et avec lesquelles elle ne peut communiquer[10]."

Mais cette impossibilité est une fiction des modernes, elle contribue à justifier l'entreprise de réduction du vivant à de la marchandise pour faire tourner les flux économiques mondiaux. La communication est possible, elle a toujours eu lieu, elle est ourlée de mystère, d'énigmes inépuisables, d'intraduisibles aussi, mais enfin de malentendus créateurs. Elle n'a pas la fluidité d'une discussion de café, mais elle n'en est pas moins riche de sens.

Énigme parmi les énigmes, la manière humaine d'être vivant ne prend sens que si elle est tissée aux milliers d'autres manières d'être vivant que les animaux, végétaux, bactéries, écosystèmes, revendiquent autour de nous.

L'énigme toujours intacte d'être un humain est plus riche et plus poignante quand on la partage avec les autres formes de vie de la grande famille, quand on leur prête attention, quand on fait justice à leur altérité. Ce jeu de parenté et d'altérité avec les autres vivants, les causes communes qu'ils font lever en politique vitale, participe de ce qui rend si riche le "mystère à vivre" d'être un humain.

UNE SAISON CHEZ LES VIVANTS

ÉPISODE 1

DANS LE BROUILLARD DE LA RENCONTRE

Nous partons ce jour-là assez tard dans le soleil, lourds comme en début de saison, pas encore aiguisés par la neige, pas encore tissés des vents blancs. Nous sommes précisément là, dans le Sud-Vercors, parce que nous avons eu des informations, entendu des rumeurs : certains indices semblent indiquer que des loups se seraient installés ici, et qu'ils se sont peut-être reproduits. Est-ce qu'une nouvelle meute est née, inventant son territoire sur ces chemins familiers ? Des connaisseurs de la région nous ont indiqué cette combe sur la carte comme un haut lieu possible des aventures lupines en hiver.

Nous perdons du temps de soleil, en suivant sur nos petits skis tout-terrain, parfaits pour le pistage, la trace alambiquée d'un renard et l'empreinte de son bond vertical dans le manteau de neige pour chasser un campagnol. À la pause, sous le porche d'une cabane, nous trempons nos friands à la saucisse glacés dans le thé brûlant. La montée est ingrate dans la pénombre du sous-bois. Nous nous décalons sur une piste de ski pour avancer au soleil. La station est fermée par manque de neige, comme souvent ces dernières années. Les poteaux de remonte-pente penchent comme les échafauds d'un passé barbare, ou les totems d'un culte oublié. Sentiment de pister dans les "ruines du capitalisme". Nous montons dans le soleil froid, le crissement régulier des skis compose un chant de marche, qui donne la cadence.

Nous comptions dormir dans une grotte de la combe. Mais les textures de neige changent sous les skis, les peaux de phoque bottent, puis n'accrochent plus. Nous décidons de couper à cœur dans la combe, par la pente raide. La première partie de la descente en sous-bois est un état de grâce, on glisse entre les conifères en lévitation au-dessus de la poudre, en silence, seulement le bruit d'aile soyeux de la lame du ski qui projette son écume de neige. Et puis ça se complique, on se coince dans les broussailles, on invective les rosiers sauvages, on passe en ski-sanglier, dans des coulées sales, pour échapper en force aux griffes des ronces qui nous tricotent à la forêt.

Lorsqu'on arrive au fond de la combe, pas de traces de la meute, la neige est profonde, le couvert forestier est encore dense, la pente abrupte, ça ne ressemble pas du tout à la carte. On s'épuise quelques heures à chercher dans le versant d'en face l'ouverture de la caverne, elle est probablement obstruée par la neige. Le soleil tombe derrière notre dos. L'œil animal qu'est la peau sur la nuque et le dos de la main le sent décliner, avec sa parfaite lenteur. Alors monte tranquillement la petite angoisse de la nuit dans le blizzard. On se replie sur le plan B : une cabane non gardée, sur le plateau, derrière la Tête du Faisan.

L'orientation est difficile, il faut dresser l'esprit à être simultanément en plusieurs endroits de la carte, pour ne pas risquer de mésinterpréter les amers. On finit par arriver à la cabane, déjà occupée par la faune habituelle des montagnards. Sur le chemin, des traces de toute la guilde des ongulés, des mustélidés, des renards, mais pas un pas de loup. Aucun indice de la journée, bredouilles malgré les paysages avalés. Dans la langue d'un peuple sibérien de chasseurs, le mot "chance" se dit "silence de la forêt". Demain nous ferons moins de bruit.

On cuisine dans le refuge non gardé, tout le monde partage, gentiment forcé de goûter à toutes les fondues savoyardes, à tous les plats de saucisses au vin blanc et à l'oignon, aux cinq alcools différents hissés jusqu'ici dans les sacs à dos. On ne peut pas dire non, soudés à des inconnus contre le poêle, ravis juste du froid dehors, proches d'être si loin de tout, et à dix heures du soir nous partons marcher tous les deux, dans la neige immaculée, pour y écluser le vin blanc.

Nous avançons maladroitement sur un petit sentier de neige tassée par le passage des raquettes, vers le nord. Une grosse lune dessine bien les contrastes, nuages et horizons d'estampe, comme si un peintre japonais affinait au pinceau de calligraphie la ligne des arbres, derrière nous, dès qu'on tourne le dos. On parle de sociologie, ou quelque chose comme ça, emmitouflés dans les doudounes et les bonnets, deux amis légèrement chancelants, gris sur blanc, et joyeux.

C'est là qu'il perce la nuit. Un hurlement de loup parfait, juste à côté de nous. Nous nous immobilisons comme frappés par la foudre, chacun arrache le bonnet de l'autre, nous nous agrippons par les épaules. Un silence grand ouvert ensuite, comme celui en attente du répons de messe. Alors je réponds. Je hurle comme j'ai appris à le faire, pour correspondre à l'attitude, à la trame, à l'enroulé particulier de leur langue. Je mime au mieux, comme un voyageur médiéval en chemin vers le Levant, qui aurait appris à prononcer par cœur une phrase de salutation diplomatique dans la langue du peuple mythique des Cynocéphales (ces humains-fauves, à tête de canidés, réputés habiter les grandes steppes, au nord du lac Baïkal, comme le raconte le *Livre des merveilles* de Marco Polo). Mais sans en comprendre un traître mot.

Un silence à nouveau, presque amoureux, l'attente d'une réponse à une attention. Et il chante. Un cri magnifique, très monotone, presque trop parfait. Alors je réponds, il faut bien rester courtois, mais comment sortir de cette mascarade ? À nouveau, en modulant avec soin, plus haut cette fois, il chante, très près, juste derrière une crête à trente mètres de nous. Alors un deuxième loup répond, plus loin au sud : un hurlement plus profond, plus solide, plus bas aussi, et nous répondons ensemble, le loup caché et moi. Un troisième loup répond, là-bas au sud-est. Mais pas très loin, quelques centaines de mètres tout au plus. Le dialogue se prolonge sur quelques échanges encore, il répond toujours de bonne grâce.

Alors je fais chut avec le doigt sur la bouche, nous allons attiser sa curiosité. Souvent les loups viennent voir qui a hurlé, même s'ils savent ou pressentent que ce n'est pas un congénère. Dans le silence, les mains accrochées aux épaules de l'autre, nous attendons, en scrutant de toute la chaleur des yeux la crête où il doit émerger. Il hurle à nouveau, en supplique, et je me mords la lèvre pour ne pas répondre. L'attente est solide, la crête palpite, un seul épicéa l'habite, et personne ne s'y profile. Je me souviens alors de la première fois que j'ai vu un loup, c'était un loup noir sur une crête, c'était son profil sur l'air bleu qui me l'avait fait saisir, alors que sa couleur dans le crépuscule le faisait se confondre avec les buissons de sauge de la Lamar Valley dans le Montana. Mais ici nous sommes à deux heures de voiture de Lyon, sur le plateau du Vercors, une montagne familière où l'on ne s'attend pas aux rencontres mythologiques.

Nous rentrons au pas de course vers la cabane, les autres voyageurs sont sortis sur le seuil. Ils ont entendu. Je fais un appel dans le vent, long, modulé, presque langoureux. Et là, face à nous, à une centaine de mètres, dans la nuit, c'est une polyphonie qui répond : ensemble, tous les louveteaux de l'année, toute la portée qui est née à la fin du printemps. Leur chant s'enroule, excité, anxieux, aigu, joyeux, immaîtrisé, sans l'économie parfaite du chant des adultes, avec des jappements, des trilles, des glapissements, et le nombre. Reproduction confirmée (et en même temps on sourit de la disproportion : en vérité, la dimension scientifique de ce genre d'expérience n'en est pas la finalité ultime, elle nous sert volontiers de canevas pour des rencontres d'un autre type, d'une autre magnitude).

Une fois encore, je réponds, nous sommes tous dans un silence de chasse ou de temple, et la meute réplique encore. Cette fois avec les jeunes et quelques adultes, impossibles à compter. Puis nous hurlons tous en chœur ; pas de réponse. On entend à nouveau, quelques fois, le hurlement lointain d'un adulte qui cherche probablement le groupe, mais ce dernier est désormais silencieux. Le vent tourne et rend difficile de déterminer l'origine des chants lointains qui nous arrivent parfois. Les loups regroupés devant nous ne répondent plus. Les humains quant à eux sont dans une exaltation silencieuse : les hurlements ont gentiment sorti chacun de lui-même, dans un émerveillement ancien fait de perplexité et de gratitude. Au bord du poêle, les experts de la montagne, qui auparavant dissertaient sur la forme des flocons ou les mérites de leurs skis, bégaient comme des enfants et, par une étrange alchimie qui m'échappe encore, les gens se disent merci, comme si nous nous étions donné quelque chose, et puis ils rient en prenant la mesure du fait que personne parmi nous n'est l'auteur du don. Je soupçonne que cette gratitude qui ne trouve pas sa source, qui cherche en vain son destinataire, est un héritage malheureux des monothéismes de notre tradition, qui ont cantonné l'idée de don à ce qui est donné volontairement par un Dieu intentionnel. De telle sorte que les vrais dons quotidiens, l'eau qui désaltère, le soleil transformé en fruit qui fait notre chair, la beauté du martinet, et celle de la lumière traduite en paysages par nos yeux immémoriaux, nous ne savons plus qui remercier pour eux (désincarcérez le don de l'idée d'intention, et tous les bénédicités immanents deviennent possibles).

Dans cet affect partagé, il y a quelque chose de l'ordre du respect révérencieux, de la curiosité et de l'excitation. Le philosophe gallois Martyn Evans définit le "*wonder*" comme "une attention altérée, irrésistiblement intensifiée, pour quelque chose que nous reconnaissons immédiatement comme important – quelque chose dont l'apparition engage notre imagination avant notre entendement, mais que nous voudrons probablement comprendre plus complètement avec le temps[1]".

Quand on entend le chant, on se sent bien appartenir à cette histoire, à ce destin commun des vivants de la Terre. Et l'on pressent que cette attention intensifiée face à quelque chose qui est coloré d'importance dans son mystère même est un affect animal. C'est l'un des premiers affects, celui qui a doté le premier animal confronté à une forme étrange et inconnue, sortant d'un bois, ou sautant hors de l'eau qu'il lapait. La capacité d'être traversé par cet affect semble appartenir à l'équipement nécessaire pour apprendre à apprivoiser l'inconnu, pour inventer une nouvelle source de nourriture, un nouveau nid, une routine.

Imaginez l'énigme à laquelle l'évolution a dû faire face. Il y a peut-être quelque six cents millions d'années, elle a inventé avec les cerveaux les premières émotions, pour permettre aux animaux des réponses plus fines aux interrogations du milieu. Les arcs réflexes originels sont en effet très rapides, mais ils ne permettent pas de composer ensemble plusieurs informations contradictoires, alors que c'est la vie même. Une biche est au bord d'un précipice avec son faon, un loup apparaît. Si elle ne disposait que d'un réflexe de fuite, une réaction automatique, elle risquerait de sauter ; mais elle dispose d'un parlement des émotions pour composer la crainte du loup et le risque du vide, l'attachement à l'enfant et le goût de la vie, elle dispose pour guide du sel du vécu : les émotions ambiguës.

Parmi ces émotions, il fallut en inventer une faite pour *considérer* la nouveauté, face au double risque constant de la paranoïa (toute nouveauté est un danger à éviter) et de l'indifférence (rien de neuf n'est intéressant puisque je sais déjà vivre). Il fallut inventer la curiosité ardente pour quelque chose dont je ne sais pas encore si cela m'intéresse. C'est cet affect qui nous branche sur la nouveauté, sur l'étrange, et nous permet de les métaboliser.

L'évolution fait varier tout le temps les vivants. Tous les mammifères actuels proviennent d'un ancêtre qui, il y a plus de cinquante millions d'années, ressemblait à une souris. Alors, depuis ce point, chaque lignée de mammifères a dû inventer son régime étrange et ses habitudes excentriques (du fourmilier à l'humain, de la baleine au loup). Chaque lignée a tout eu à inventer face au milieu où elle s'est installée. Conséquemment, l'attention intensifiée pour quelque chose de neuf qui se colore d'importance, et nous transporte, face auquel il faut inventer une réponse pertinente, est un affect vital répandu dans l'évolution. C'est l'affect façonné pour réagir avec les égards les plus ajustés envers la nouveauté, pour la prendre au sérieux, l'intégrer en courbant autrement l'espace-temps qu'est la vie. Pour donner au discret événement inouï qui advient son statut d'énigme, et trouver chaque fois sa juste place, sans le considérer *a priori* comme un danger à fuir par réflexe, ou un bruit de fond négligeable. On possède cet affect en partage avec tous les vivants néophiles, curieux du nouveau – et tous les vivants sont néophiles à un moment de leur vie, puisque nous naissons tous innocents. Et que la vie, si elle est parcimonieuse en significations, n'est pas avare d'expériences nouvelles : chaque vivant a tout eu à rencontrer, et tout eu à considérer. Cet affect est une ascendance animale de l'animal humain, une ancestralité partagée.

Chez les humains il se teinte d'une double dimension dont j'ignore si elle est partagée par les autres vivants : l'éclat de réalité qui nous émerveille est simultanément vécu comme improbable et comme parfait. Un jour, pour la première fois, croiser un hippocampe. L'émotion est antique, elle n'est pas construite intellectuellement, elle est indépendante des savoirs et plus ancienne que tous. Comme le désir, l'attendrissement devant un nourrisson, la compassion devant un vulnérable. Elle est animale, et elle remonte en nous à la surface du temps. Le biologiste E. O. Wilson s'étonne ainsi de ce type d'émotions : "La vérité, c'est que nous n'avons jamais conquis le monde, nous ne l'avons jamais compris ; nous croyons juste exercer un contrôle. Nous ne savons même pas pourquoi nous réagissons d'une certaine façon à certains organismes, pourquoi nous en avons besoin de diverses manières, et si profondément[2]."

Malgré l'attitude moderne qui consiste à banaliser l'expérience du vivant en érigeant les sciences de la "Nature" en machine à détruire les prodiges, cet affect émerge pourtant intensifié, lorsqu'on apprend que l'érable dans la rue communique avec les lys des parterres fleuris, que les abeilles savent danser des cartes, les dauphins entendre les formes. Quand on regarde attentivement le visage d'un chat, variation fauve sur le thème du visage, masque si proche et si étrange, qui manifeste la perfection sans modèle d'une forme de vie. C'est aussi l'affect du corbeau fasciné qui rencontre pour la première fois un éclat d'étrange. Le nôtre, immergés cette nuit dans le chant de la meute. Dans le courant de cet affect, j'ai à nouveau vingt ans et des millions d'années.

ÉPISODE 2

LE BARBARE D'UN FAUVE

Nous sommes sous les étoiles, la neige fondue trempe nos doudounes, mais personne ne semble s'en apercevoir. Après le dialogue avec les loups, les montagnards me demandent, sur tous les tons, sous toutes les formes, irrités par la pauvreté de mes réponses : "Mais le loup, sait-il que tu es humain ? Croient-ils que tu es un loup ? Que tu appartiens à la meute ? Pourquoi répondent-ils s'ils savent que tu es humain ? Pourquoi hurlent-ils d'ailleurs ?" Aux premières questions, je m'obstine à répondre : je ne sais pas, je ne suis pas des leurs. S'il y a quelque chose de saisissant ici, c'est l'énigme du sens de cette interaction qu'est l'échange de hurlements. On dirait bien qu'il y a eu dialogue, mais en quel sens "dialogue" ? Quel jeu de perspective, mascarade, métamorphose ? Comme dans un premier contact, l'enjeu est bien de prendre langue sans langue partagée.

Dans la magnifique monographie *Le Rêve et la forêt* consacrée aux Athabascans d'Amérique du Nord, un Amérindien Nabesna dit à Marie-Françoise Guédon, l'anthropologue blanche : "Autrefois, les animaux étaient des gens comme nous et nous pouvions nous parler directement, mais les choses ont changé... Aujourd'hui ils nous parlent en rêve ou bien dans leur langage. Mais parfois tout redevient comme avant et le loup te parlera et tu comprendras. [...] D'une certaine façon, c'est comme si à la fois l'homme et l'animal se retrouvaient au commencement des temps, alors que la distance entre les deux sortes d'êtres était bien moins grande qu'aujourd'hui[3]."

Elle ajoute que pour les Nabesnas "cela ne signifie pas que les animaux sont censés penser ou vivre comme les humains, au contraire. Toutes les qualités mentales qu'on leur prête sont exercées par les animaux à leurs manières... C'est en tant que loup, dans toute sa réalité de loup, que le loup communique avec l'être humain ; c'est à son interlocuteur humain de se placer mentalement dans une réalité différente, un continuum impliquant à la fois l'être humain et le loup[4]". Il me semble qu'il y a dans ces dernières formules un bon guide d'enquête, des éléments de méthode pour une éthologie chimérisée d'animisme, une approche qui saurait se laisser affecter par des manières non occidentales d'entrer en relation avec les vivants.

De là, il y a certaines conjectures qu'on peut bricoler, suffisamment prudentes et raisonnables pour avancer quand même un peu sur cette question du sens de notre interaction.

Certes, à hurler de mon mieux pour ce loup derrière la crête, m'essayant à son art, je sais que j'ignore ce qu'il pense. Sait-il que je suis un humain ? À un moment il le sait puisqu'il se tait, mais l'a-t-il entendu, ou l'a-t-il vu en venant à ma rencontre ? (On lira le lendemain dans ses traces qu'il est venu nous espionner en contournant la crête.) Il m'écoute puis me répond. Il y a une teinte de perplexité dans ses réponses. Il finit par se taire. En hurlant avec des loups en Ontario, ou dans le Var, j'avais déjà fait l'expérience qu'ils me répondaient quelques fois, puis se taisaient, alors que leurs échanges entre eux sont volontiers beaucoup plus longs. Pensent-ils que je suis un loup au début de l'interaction *seulement*, jusqu'à finalement prendre la mesure de la mascarade, et se taire ?

Pour ce loup du Vercors qui a cherché à faire durer l'échange, il semblerait qu'il ait pensé, au début tout du moins, que je "parlais loup", que le dialogue avait du sens, puisqu'il l'a fait durer. Peut-être le continuait-il par perplexité, pour me faire parler, pour déterminer si oui ou non ce dialogue avait du sens. Cette piste aboutit à d'intrigantes déductions. Car elle se reconnecte avec une figure centrale du problème de la traduction entre étrangers, j'ai nommé le "barbare".

Le barbare au sens étymologique est celui qui, à l'oreille du Grec, fait "barbabar", celui qui parle par borborygmes inintelligibles : celui qui ne sait pas parler la *vraie* langue. Mais, plus finement, le barbare n'est pas un personnage, c'est le nom d'un *moment* dans la rencontre : c'est le moment où l'on ne sait pas encore si celui d'en face parle comme nous, ou s'il ne fait que produire des bruits. Pour les Grecs, les bêtes sauvages ne parlent pas, mais justement le barbare n'est pas une bête sauvage, il occupe la zone liminaire entre la bête et l'homme, cette zone d'indistinction : il vocalise, il semble même nous adresser des phrases, mais elles sont inintelligibles, et *on ne sait pas encore* s'il sait parler. C'est cette incertitude qui fait le barbare. Quand on s'attardera à le comprendre mieux, à apprendre sa langue d'abord bruit, quand on verra qu'il y discourt habilement, ou fait de la poésie, on l'appellera autrement : étranger, Perse ou Scythe, mais plus barbare. "Barbare", c'est donc ce nom transitoire pour quelqu'un au moment suspendu où l'on n'est pas sûr qu'il parle comme nous : on s'interroge et on l'interroge.

Or il me semble qu'une interprétation prudente de la situation reconnaîtrait au moins que ce loup qui me répond me prend littéralement pour un barbare, c'est-à-dire un de ces êtres dont il ignore *encore* si oui ou non ils sont capables de parler, c'est-à-dire de parler sa langue. C'est lui qui se demande si je suis barbare. Il hurle, je réponds, je semble parler, mais il est perplexe, peut-être ne sont-ce là que des borborygmes : il répond pour s'en assurer, il dialogue quelques instants pour savoir si je sais dialoguer, si tout cela a du sens, ou si c'est un malheureux malentendu.

Car je suis un barbare hellénisé, je fais du zèle, je mime de mon mieux, sans rien y comprendre, sa langue à lui, j'en aurais presque l'accent. L'expérience puissante, c'est celle d'être un barbare aux oreilles d'un animal sauvage. Je suis le barbare d'un fauve.

Parce qu'il doute.

Il essaie vraiment de communiquer, il répète. J'ai quelques secondes un visage de loup à son oreille. C'est un dialogue garou. Pour quelques instants, être un être de la métamorphose, un être inséparé, et loup et humain, de ceux qui peuplaient le temps du mythe à l'origine de notre temps, avant la séparation. Lorsque la communication était fluide.

Et puis la mascarade est éventée, retour à la malédiction de Babel, je ne suis qu'un barbare qui voudrait vous parler.

Ce n'est pas dire des loups qu'ils sont dotés de parole "comme nous" : j'ignore ce que cela signifie. Mais tout de même, il y a des implications philosophiques à ce dialogue. La philosophe Barbara Cassin écrit, concernant la traduction : "C'est qu'il faut au moins deux langues pour en parler une et savoir que c'est une langue que l'on parle, parce qu'il faut deux langues pour traduire[5]." Et c'est bien un raisonnement qu'on peut transposer à ce qui a lieu ici : il faut au moins deux langages pour en avoir un et savoir qu'on a bien un langage, parce que c'est par l'autre qu'émerge le nôtre, ses bizarreries et son commun. S'il y a possibilité d'être un barbare pour un loup, c'est qu'il y a tentative de traduction, et donc qu'il y a d'une manière ou d'une autre quelque chose comme deux langages. Plus simplement : s'il y a incompréhension et effort de sa part pour la percer, s'il y a un barbare quelque part, c'est bien qu'il y a du langage ici.

Pour une fois, c'est lui qui parle et l'humain qui baragouine : et comme un souverain hospitalier qui accueillerait un étranger, il fait l'effort de poser plusieurs fois sa question, pour savoir si je suis moi aussi *quelqu'un*, un être avec qui l'on peut communiquer.

ÉPISODE 3

DES MILLIONS D'ANNÉES REPLIÉES DANS UN CHANT

Mais quel était le sens de son chant à lui, de son hurlement premier ?

Ce comportement s'appelle un hurlement de regroupement. Il a lieu lorsque, après avoir passé la journée à faire leur vie de leur côté, à la tombée de la nuit ou un peu après, les loups d'une meute cherchent à se retrouver pour entreprendre leur vie collective. J'ai observé plusieurs fois ces rituels à la caméra thermique sur le plateau de Canjuers en été : tous les soirs, vers 22 h 15 (la *"golden hour"*), on commence par entendre quelques hurlements épars dans le paysage. On voit émerger de différentes crêtes des individus seuls, parfois à deux. Guidés par les hurlements, ils se rejoignent, convergent comme les affluents d'une rivière, et se retrouvent là où sont réunis les jeunes de l'année. Alors commencent des fêtes. Et puis un autre type de hurlement émerge : cette fois-ci il est collectif, et les loups qui le poussent sont ensemble, côte à côte. Cela s'appelle un "hurlement chorus". Il constitue souvent une cérémonie préparant une activité collective, par exemple de départ à la chasse : car, après lui, un des leaders démarre dans une direction et la meute le suit, la tonalité change. Ils passent à l'action, ils sont coordonnés, silencieux, déterminés.

Et l'esprit aimanté revient à cette question, qui nous obsède quand on est face à un caractère organisé chez un être vivant : *à quoi ça sert ?* Pourquoi cette lignée a-t-elle inventé cette manière originale de communiquer ? La forme que prend cette question depuis Darwin, c'est : quelle est la fonction pour laquelle le hurlement a été sélectionné dans l'évolution ? Certains disent que c'est pour créer du lien social. Se retrouver dans le brouillard. Effrayer de potentiels adversaires. Mais est-ce vraiment la bonne question ? Si nous avons un pouce préhensile, un cœur qui bat, des yeux qui voient les couleurs, ou un hurlement chorus, est-ce du fait d'une fonction précise, définie, unique ? Chaque héritage vivant a-t-il un destin imposé sous la forme d'une fonction sélectionnée ?

Pour saisir les enjeux philosophiques de cette affaire, il faut distinguer la fonction de l'usage d'un trait biologique[6]. En biologie de l'évolution, on appelle "fonction" d'un organe, parmi tous ses effets, celui sur lequel a porté la sélection naturelle, et qui semble en expliquer les propriétés (sa forme, son fonctionnement). C'est la *selected effect theory* de Karen Neander : la fonction d'un organe est son effet qui a été soumis à la sélection naturelle[7]. Par exemple, la fonction du cœur serait l'hémodynamisme, c'est-à-dire la circulation du sang oxygéné dans tous les organes, et pas le fait de produire un bruit rythmique (effet collatéral non sélectionné, même s'il peut être utile pour bercer les bébés).

Mais ce raisonnement masque la complexité de l'histoire, et la liberté subversive des vivants. D'abord parce que la question se pose : la fonction d'un organe est certes son effet sélectionné, mais sélectionné *quand* ? Ce caractère a peut-être des millions d'années, il a pu connaître différentes phases de sélection successives, hétérogènes, voire contradictoires : laquelle est la bonne, ou la vraie ? Les dinosaures coureurs avaient des plumes des millions d'années *avant* qu'ils puissent voler. Elles leur servaient à réguler leur température et à la parade. Dira-t-on que la fonction des plumes est le vol ? Souvent en effet on se contente de noter quel usage dominant est rempli *aujourd'hui* sous nos yeux par l'organe, et on le projette dans le passé comme sa *vérité*.

C'est que la biologie du comportement est encore hantée par l'adaptationnisme : l'idée suivant laquelle tout organe existe précisément pour *une* fonction mise en place par la sélection naturelle, et qui est celle que l'organe remplit de manière évidente aujourd'hui. Mais le vivant n'est pas intelligible comme le serait l'invention technique d'un ingénieur, dans laquelle chaque mécanisme est là parce qu'il a une fonction unique, exacte et anhistorique. En fait, face à l'entrelacs immémorial qu'est un corps façonné par l'évolution, le "à quoi ça sert ?" réduit à la recherche de la Fonction n'est pas exactement la bonne question.

D'abord parce que chaque vivant hérite de caractères dont la forme et le fonctionnement s'expliquent certes par la sélection naturelle, mais cette dernière a porté dans le passé sur une *multitude* de fonctions successives ; ensuite parce que des possibles riches bruissent ainsi dans cet héritage. L'individu dispose conséquemment d'une certaine marge de liberté pour en réinventer les usages. C'est parce qu'il a connu plusieurs fonctions dans le passé que le hurlement du loup est riche d'harmoniques complexes, de propriétés multiples, qui le rendent disponible pour des inventions d'usages, comme s'assurer de la barbarie d'un interlocuteur humain, par exemple.

Ce que j'appelle "usages", ce sont des manières *hic et nunc*, dans la vie individuelle, de détourner et d'utiliser des caractères ataviques en profitant des propriétés dont ils ont hérité, mais à *d'autres fins* que celles pour lesquelles ils ont été sélectionnés.

Conséquemment, un trait biologique n'a pas pour "vérité" une fonction unique et déterminée par l'optimalité : c'est la gamme historique et zigzagante des fonctions qu'il a connues sur les derniers millions d'années, la gamme de ses usages possibles maintenant, et celle des inventions qu'il facilite pour demain, qui est la vérité d'un organe ou d'un comportement. Et pas un unique "à quoi ça sert là ?"[8].

L'évolution a bien pu vous façonner un hurlement destiné à se retrouver dans le brouillard ou effrayer les ennemis (fonctions comme "effets sélectionnés"), elle n'a pas son mot à dire sur l'usage quotidien que vous en ferez. Et un cri de guerre, c'est une belle opportunité à détourner pour dire à voix haute la joie de ces nuits de printemps qui vous chantent dedans, pour jouer la sérénade, ou pour tromper l'ennui. La beauté de la chose, c'est que, parmi ces usages subvertis, certains peuvent être recrutés à nouveau par la sélection pour *devenir* des fonctions à l'échelle évolutive, et transformer les propriétés matérielles, héritables, du comportement. Imaginez qu'un loup détourne le hurlement martial hérité de ses pères pour chanter la sérénade, et que les femelles, par un de ces hasards de la vie, se mettent à y voir un critère intéressant pour élire leur amant, le père de leurs enfants. La capacité à chanter en virtuose passera dans le tamis de la sélection sexuelle, et l'espèce loup évoluera vers un chant dont les propriétés seront de plus en plus ajustées à l'art de charmer l'oreille d'une louve.

Conséquemment, il n'y a pas une fonction isolable au hurlement du loup : il emmagasine dans ses propriétés l'histoire des différentes fonctions qu'il a connues (au sens de ses effets sous pression de sélection), et il est chaque jour disponible pour être subverti vers une multiplicité d'usages encore inouïs.

C'est la manière élégante dont l'évolution a tissé pour chacun un passé d'héritages précis et structurés qui semblent nous déterminer (c'est notre corps et en lui nos matrices comportementales) mais, à la différence des Parques, elle n'a pas érigé la trame de ces héritages en destin. La liberté du vivant, c'est que bruissent mille fonctions passées dans chaque organe, et qu'il est conséquemment disponible pour l'invention d'usages.

La nuance conceptuelle que je propose ici entre fonction et usage a pour but d'ouvrir la voie à une philosophie du vivant qui assume les héritages biologiques sans les transformer en déterminisme : au contraire, ils constituent la condition de l'inventivité, de la nouveauté, et de la liberté. Ainsi de l'aigrette ardoisée africaine *(Egretta ardesiaca)* qui subvertit de nos jours l'usage de ses longues plumes : cette dernière s'est installée dans un nouveau milieu où les eaux sont boueuses, parfois à cause des activités humaines. En arrondissant ses ailes lorsqu'elle est à l'affût, en une ombrelle parfaite sous laquelle elle regarde, elle fait une ombre circulaire sur la surface de l'eau, ce qui attire les poissons à la recherche de l'ombre d'un nénuphar pour se cacher des oiseaux. Les fonctions passées (la plume a été sélectionnée pour la thermorégulation, la parade, le vol) nous renseignent certes sur les propriétés de l'attirail corporel et comportemental dont dispose chaque individu (les plumes sont chatoyantes, respirantes, portantes) mais, comme d'habitude avec la vie, chacun fait ce qu'il veut de ce que l'évolution a fait de lui, chacun subvertit, détourne, et invente à partir de la richesse de ses héritages.

La multiplicité feuilletée des fonctions du hurlement du loup le rend donc mystérieux au premier regard, cela contribue à l'expérience d'émerveillement lorsqu'on l'entend. C'est elle qui permet à l'imagination puis à la pensée de s'engager dans un processus d'inférences riche et paradoxal[9].

Le hurlement semble parfaitement ajusté pour faire des choses merveilleuses, mais sans qu'on puisse les lister toutes ou les hiérarchiser. Le message du hurlement ne s'épuise pas dans une traduction utilitaire ("venez !"), ou dans un raisonnement fonctionnaliste clos ("le hurlement du loup sert à se retrouver dans la nuit"). Ce dernier est l'arme que les évolutionnistes obtus utilisent pour masquer l'infini bruissement de l'histoire tapi dans chaque organe et chaque comportement.

Imaginez que vous croisez sur une autre planète une entité aussi élégante et complexe qu'un voilier, qui se déplace de manière autonome. Chacun de ses éléments est parfaitement dessiné, façonné. Chacune de ses parties semble hériter d'une histoire de mille usages différents, et pourtant il semble désespérément fonctionnel, mais pour des fins qui nous échappent en vérité, et qui sont ouvertes : c'est à cela que ressemble chaque être vivant – martinet, orchidée, cigale – si l'on n'écrase pas son histoire.

Lorsque les premières plumes sont apparues sur un dinosaure pataud, chevillé au sol, qui aurait pu prévoir qu'il ouvrirait avec elles, à quelques millions d'années de là, une nouvelle dimension de l'être : habiter le ciel, la vie en trois dimensions, l'art de danser très haut dans les chaînes de la gravité ?

C'est en ce premier sens que les caractères des vivants (organes et comportements) sont des intraduisibles. Cela ne veut pas dire qu'il est impossible de les traduire, mais au contraire qu'on ne peut jamais cesser de les traduire, de les retraduire autrement, pour faire justice à leur intime altérité, à leur historicité compactée, à leur inventivité d'usages, qui les érige en nœuds et en énigmes.

Au lieu de chercher une utilité ultime au hurlement du loup, au lieu d'en hiérarchiser les fonctions, enquêtons autrement sur son "pourquoi" : observons les usages que les loups font des hurlements, et des effets qu'ils produisent avec eux. On peut dessiner ainsi un paysage d'usages pluriel, qui comme un paysage est le fruit d'une histoire riche et ancienne.

Pour ce qui est du "hurlement chorus", par exemple, on a observé que les meutes qui répondent à une autre meute restent où elles sont, voire envoient un émissaire pour enquêter sur le hurleur – alors que les meutes qui ne répliquent pas lorsqu'elles entendent hurler à proximité s'en vont silencieusement (on appelle cela le *spacing*). C'est un phénomène qu'il faut apprécier sans conclure que c'est *la* fonction, même si l'on pressent qu'il y a là un usage de signalisation mutuelle qu'on pourrait dire géopolitique.

On a observé aussi que les meutes répondent plus volontiers si elles sont sur une dépouille, ou s'il y a des jeunes dans leurs rangs : ce qui semble indiquer que hurler en chœur est une manière de tenir une position.

Pendant la saison de reproduction, lorsque les hormones d'agressivité sont au plus haut, les meutes répondent plus volontiers : cela ressemble donc bien ici à un comportement de territorialité explicite, affirmée, qui semble dire “On est là, venez nous chercher”. Mais, à l’inverse, les lupologues ont observé plusieurs fois des meutes éviter une rencontre physique après avoir dialogué en hurlant : le hurlement serait alors un dispositif pour limiter les risques de confrontation physique entre meutes, une technique géopolitique d’évitement du conflit plus qu’un dispositif de marquage territorial, car le hurlement semble relativement indépendant des frontières géographiques.

On sait aussi que les loups hurlent plus volontiers dans le brouillard, pour se retrouver à l’oreille.

La litanie des observations permet de dessiner le paysage d’usages d’une puissance animale, le hurlement, sans pour autant conclure sur quel point précis l’évolution l’aurait déterminé à jouer un rôle unique : l’histoire est trop vieille pour aimer les rôles uniques, et le bricolage immémorial qui fait les corps vivants est riche de détournements infinis des usages.

Pour éclairer certaines étrangetés du hurlement chorus, on peut se déplacer à un plus haut degré de généralité. Suivant les hypothèses d’écologie comportementale, dans le vivant, les types de communication évoluent de manière divergente en fonction de la situation. Pour les échanges qui ont lieu entre alliés et parents, la communication évoluera vers la clarté et l’honnêteté du message. Mais pour les échanges entre individus ou groupes en conflit potentiel, la forme des communications évoluera différemment : vers des signaux plus à l’avantage de celui qui les envoie que de celui qui les reçoit. Conséquemment, des messages ambigus, capables de tromper, seront favorisés par l’évolution lorsqu’ils sont destinés à des belligérants.

Contrairement aux vocalises subtiles et riches en informations du loup *entre* membres de la meute (glapissements, aboiements, jappements…), le hurlement se fait à l’aveugle, sans savoir qui entend, c’est une bouteille à la mer, conséquemment il est prudent, d’un point de vue évolutif, de ne pas y livrer trop d’informations. Les juvéniles lorsqu'ils sont esseulés, sans adulte, poussent souvent des premiers hurlements de faible intensité, jusqu'à ce qu'un membre de la meute dont ils reconnaissent la voix leur réponde, alors ils chantent plus fort : c'est le *"poker howl"*, qui permet de ne pas risquer d'être entendu par des étrangers potentiellement malveillants.

Quand les meutes se rencontrent visuellement, il y a souvent attaque et poursuite, vraisemblablement parce que les informations sur la taille et les capacités belliqueuses de la meute adverse sont visuellement données. C'est beaucoup plus rare quand elles se rencontrent par le biais des hurlements. C'est peut-être parce que les loups limitent la richesse d'informations présente dans le hurlement. Lorsqu'ils hurlent ensemble, les loups s'harmonisent plutôt que de chanter en chœur sur la même note, créant ainsi l'illusion qu'il y a plus de loups qu'il n'y en a réellement. Malgré tous les protocoles mis en place, il est quasi impossible de compter les loups à l'oreille : la multiplicité des harmonies, les modulations amènent souvent l'auditeur à *surestimer* le nombre de loups. La relative rareté de confrontations *après* un échange de hurlements entre meutes suggère que l'incertitude à l'égard de l'autre groupe rend chaque meute plus prudente. C'est ce qu'on appelle *"the Beau Geste hypothesis"* : la polyphonie de chaque chant serait une manière de faire croire à l'autre meute à une plus grande multitude de loups, par référence à cette anecdote du roman *Beau Geste* de Percival Christopher Wren, où deux militaires esseulés dans un fort vont armer des mannequins aux créneaux pour faire croire aux assaillants qu'ils sont innombrables[10].

À la lumière de cette analyse, on pourrait conjecturer que le caractère mystérieux, insaisissable, surnaturel du hurlement chorus pourrait être l'effet collatéral, à notre oreille humaine, d'un phénomène géopolitique de contre-intelligence lupine (au sens d' *"intelligence service"*). Le mystère est éthologique, il est entretenu par les loups eux-mêmes. Le hurlement chorus est un chant opaque, métamorphique, spectral, pour ne pas délivrer à une meute inconnue trop d'informations exploitables sur la composition et la taille de la meute. Pour sembler plus nombreuse, plus puissante, plus insaisissable. Pour se nimber d'incertitude. Pour agrandir son ombre.

Toutes ces observations empiriques sont réunies dans une sorte de bible, ouverte sur mon bureau : la synthèse de tous les savoirs contemporains sur le loup, dirigée par des chercheurs qui y ont consacré leur vie, L. David Mech et Luigi Boitani, intitulée *Wolves: Behavior, Ecology, and Conservation*. C'est un grimoire écrit petit, surchargé de savoirs microscopiques et d'humilités. On y trouve des nuances de cet ordre : les loups mâles donnent de la voix à travers une octave, passant à une basse profonde avec un accent sur le *o*, tandis que les femelles produisent un baryton nasal modulé avec un accent sur le *u*. On y apprend que le hurlement se compose d'une fréquence fondamentale qui peut se situer entre 150 et 780 hertz et comprendre jusqu'à douze harmoniques.

Quand je soulève ce livre, et sa masse d'informations infinitésimales, volontiers inutilisables, il pèse entre mes doigts comme la preuve émouvante de notre obsession empathique envers les autres formes de vie, de notre qualité diplomatique : des milliers de pages, des vies entières vouées à comprendre un peu mieux d'autres manières d'être vivant. Les traités d'histoire naturelle, certains livres de biologie deviennent autre chose que des sommes scientifiques. Ils sont chargés d'une portée politique inaperçue. Des grimoires diplomatiques, compilant maladroitement (et sur un ton faussement naturaliste qui trompe les auteurs eux-mêmes et leur sert d'alibi pour leurs passions louches) les manières de comprendre comment vivent et se tissent à nous les cohabitants de la Terre. Et, de là, les égards ajustés à établir envers eux.

Ils sont chargés aussi d'une tonalité affective nouvelle : un désespoir de comprendre ces aliens familiers, d'y accéder, qui ressemble à l'obsession avec laquelle un amant transparent observe l'être aimé, beau d'être concentré sur une tâche, occupé à vivre, inaccessible – en un mot, c'est de l'amour interspécifique non partagé.

ÉPISODE 4

TOUT LE LANGAGE INSÉPARÉ

Quelle parenté et quelle altérité entre le hurlement lupin et le langage humain ? Le loup est pour nous un *alien kin*[11]. Tous les vivants, en fait, sont pour nous des aliens familiers, au sens de l'ancien français où "familier" signifie qu'ils font partie de la famille élargie, mais leur altérité est à certains égards incompressible, comme des civilisations d'une autre planète. Lorsqu'on va dans les parages de l'animal, émerge parfois l'intuition que l'on peut avoir un accès à l'étrangeté d'une autre manière d'être vivant que la nôtre, celle d'un loup par exemple, sans pour autant réduire cette étrangeté. C'est ce que j'appelle, conceptuellement, le motif de la "parenté alienne" ou "*alien kin*". C'est une manière d'essayer de formuler cette impression : les animaux autres que moi font partie de la famille mais, simultanément, ce sont des extraterrestres. J'ai conscience de mobiliser ici un imaginaire qui est celui de l'altérité la plus radicale, mais l'enjeu est de faire justice à leur manière différente d'exister. Et simultanément ils sont si "familiers" : j'entends par là notre "ascendance commune" – c'est la thèse indiscutable de Darwin dans *L'Origine des espèces* ; et ce sentiment d'évidence que nous donnent les autres animaux. Devant un autre vivant, il faut tenir ensemble que ce parent est un alien. C'est un paradoxe quotidien qu'on peut vivre, plutôt qu'un problème à résoudre.

Il faudrait arriver à sentir ce qu'est un alien familier, en tout cas essayer de trouver des manières d'en parler. "Dialoguer" avec un loup, alors. Il s'agit de résister à la tentation de laisser l'analogie d'un "dialogue" contaminer ce qu'elle prétend éclairer : comme toujours avec les aliens familiers, les analogies humaines servent d'heuristiques, d'outils pour découvrir, mais il ne faut pas transposer en bloc *toutes* les règles de déduction du mot d'origine vers le phénomène qu'on essaie d'éclairer, comme dans une métaphore. Le fait qu'il y ait quelque chose comme du "dialogue" avec le loup n'implique pas, par exemple, qu'on partage des informations élaborées, dans un usage du langage typique des dialogues humains.

On doit reconnaître en effet une certaine pauvreté "informative" du hurlement : c'est-à-dire qu'il ne délivre pas d'informations complexes, du seul fait qu'il n'y a pas de phrase, au sens où il n'y a pas de prédication. La prédication est ce phénomène linguistique et logique qui commence avec les phrases et permet d'attribuer une propriété à un sujet : "le ciel est bleu", "tu es un menteur". Avec la prédication apparaissent la vérité et la fausseté, la possibilité de l'erreur et du mensonge, parce que précisément apparaît la possibilité d'affirmer quelque chose à propos de quelque chose. Lorsque le langage consiste à proférer seulement un mot ("Bleu !") et pas une phrase, il n'y a pas de mensonge ni d'erreur possible, pas plus que de vérité, car rien n'est affirmé de rien.

Il y a néanmoins quelque chose comme une affirmation dans le cri du loup, une dimension constative, mais elle est plus présente dans la situation d'énonciation que dans la prédication au sens propre. Elle est indicielle : s'il y a cri et que vous l'entendez, c'est bien que je suis là, et donc la déduction induit chez tous ceux qui m'entendent que le cri signifie "je suis là".

C'est un parler d'avant la prédication : toutes ces "phrases" lupines, comme elles n'en sont pas, sont donc par-delà le vrai et le faux, ou en deçà, comme le "je-t'-aime" selon Barthes, qui n'est suivant son analyse "qu'un seul mot", avec des tirets : il est "toujours vrai", c'est une "action". "Il n'a d'autre référent que sa profération[12]" : formule si parfaite pour qualifier le hurlement du loup.

En plus de cette dimension constative, il y a dans le cri du loup une réelle dimension incitative (il appelle puissamment des comportements chez ceux qui l'entendent), mais aussi une dimension performative. Le performatif, théorisé par exemple par le philosophe John Austin, est une étrange fonction du langage humain, propre à une certaine catégorie de verbes : ces verbes qui décrivent une action et simultanément l'accomplissent. "Je vous déclare mari et femme." "Je te conseille de t'enfuir." "Je t'ordonne de venir." Mais la dimension performative du hurlement du loup n'est pas la même que celle du langage humain, pas exactement, puisque nous sommes là dans un monde d'aliens, et c'est elle néanmoins, puisque ces aliens sont nos parents. Dans son hurlement performatif le loup dit : "Nous sommes meute" et "Soyons meute" – et la meute est. Il fait, il refait la meute par le hurlement qui branche chacun, isolé au loin, sur le dedans de tous les autres. Le hurlement révèle aux autres loups, à dix kilomètres à la ronde, ma personne, mon état émotionnel, mon désir, ma fatigue, ma peur, comme la voix d'un ami au téléphone, après des années de silence, le rend présent dans la pièce, en entier, son style inimitable de vivre.

Le hurlement de regroupement fusionne ainsi plusieurs fonctions de la parole humaine : informatif, incitatif, performatif. Il y a tout le langage sans le langage dans ce hurlement. C'est simultanément un parler-de (je suis là), un parler-à (trouvez-moi) et un parler-faire. Il formule, dans un seul chant inséparé : "Je suis là, où êtes-vous ? Soyons meute" ; mais aussi il fait meute en disant. Il dit dans le même son "Je vous cherche et trouvez-moi", puisque la solitude est un manque qu'il faut combler en appelant.

Et le loup s'appelle aussi probablement lui-même, il se rappelle à l'existence dans le silence de la nuit. Comme un voyageur marchant seul dans un paysage nocturne, ne distinguant même plus ses mains, au point de douter de sa propre existence, se met à parler à haute voix pour lui-même. À s'appeler par son nom. Sa voix le hisse dans l'existence, comme s'il se tirait du néant par les cheveux, à la force de la parole.

La grande originalité du chant du loup, pour comprendre sa manière d'alien familier de faire sens, c'est qu'il est chanté sans destinataire précis, il est chanté à l'aveugle, il est chanté pour tous : il est chanté sans savoir qui va l'entendre. Que devient la parole lorsqu'elle n'est pas sûre de sa destinée ? Imaginez que vous hurlez dans la nuit sans savoir qui entend. Imaginez ce que vous diriez si vous ne pouviez savoir qui va entendre votre voix, votre message, votre présence, dans un cercle de parfois quinze kilomètres : ami, ennemi, proie, rival… ? Cela induit toute une série de propriétés du chant, qu'on a vues. Cela induit surtout que si l'on veut faire justice au sens du hurlement, à son contenu, dans un cadre perspectiviste (qui prend en compte tous les points de vue), il faut entendre ce qu'il dit à *tous* ceux qui peuvent l'entendre en même temps. Dans un seul chant inséparé, il y a une adresse à tous ceux qui sont tissés dans une relation avec le chanteur (de prédation, de conflit, d'amour, de défiance, de commensalisme, de jeu, de fraternité, de géopolitique…). Il s'agit d'inclure dans le hurlement son sens pour le corbeau qui se réjouit de la possibilité d'une dépouille fraîche à partager, celui pour les chiens, ces descendants ennemis et amants, le sens pour le renard commensal qui voudra rejoindre le festin si la chasse réussit, le sens pour les chevreuils qui se recroquevillent dans les broussailles…

Le chant du loup est un bouquet d'invites : le son matériel fonctionne pour chaque auditeur à la manière d'une *invite* spécifique, il appelle une gamme d'actions possibles[13]. Sa signification sémantique est secondaire au regard de sa signification "performance" au sens de Barbara Cassin : ce qu'il *fait* sur tous ceux qui l'entendent. C'est la gamme des invites du chant qui est son sens secret. Son sens autochtone : toutes ses invites pour tous dans le tissu de relations dont il est un nœud chantant[14].

Le hurlement, comme toute voix animale, possède en partage avec la poésie l'usage inséparé des fonctions du langage ; la concaténation magmatique des sens et des invites ; l'expression sans détours d'un complexe d'émotions et de désirs ; la profération d'une manière de vivre inouïe et irrésistible.

Et il faudrait les ressources de la poésie pour démêler la tapisserie de ce que le loup dit en puissance, simultanément, dans le même hurlement, devant nous, juste derrière la crête : ces invites que le chant contient et qui constituent l'équivalent animal de la signification pour nous.

Et ces invites diffèrent pour chaque témoin, mais chacune est *dans* le chant, dans la relation entre chant et vivants :

"Je suis là, venez, ne venez pas, trouvez-moi, fuyez, répondez-moi, je suis votre frère, l'amante, un étranger, je suis la mort, j'ai peur, je suis perdu, où êtes-vous ? Dans quelle direction dois-je courir, vers quelle crête, sur quel sommet ? C'est la nuit. Percez le brouillard d'une étoile sonore, que je la suive ! Et lequel d'entre vous est à portée de voix ? Ami ? *(Sotto voce.)* Ennemi ? Faisons meute ! Nous sommes meute. Allez ! Qui m'aime me suive ! Êtes-vous là ? Je suis l'incomplet, le vôtre, l'inconsolé. *(Allegro.)* Il y a fête à faire, nous sommes sur le départ, la cérémonie est avancée, et je suis fragment. Il y a quelqu'un ? J'ai hâte. Joie ! Ô joie !" *(Quelqu'un a répondu.)*

Un seul hurlement.

ÉPISODE 5

PISTER LES CHANTS À LA TRACE

Le lendemain matin, nous sommes sur les skis avec le premier soleil, tout à l'excitation de la séance de pistage qui nous attend. Tout ce qu'on a entendu cette nuit a laissé des traces, rien n'existe sans en laisser, et l'on va pouvoir faire ce lien rare entre les empreintes, leur richesse d'informations, et l'interaction qu'on a eue *in vivo* avec les loups. La seule fois où ce genre de lien m'a été donné, c'est lors d'une séquence de pistage l'hiver précédent, dans les Alpes dignoises.

Nous partions un matin de janvier vers un col dont le versant opposé était parcouru par une piste, juste sous la crête. Nous devisions joyeusement comme la neige seule sait faire cet effet et, lorsqu'on arriva au col, il y avait des empreintes. Extrêmement fraîches, parfaitement dessinées, sans l'érosion caractéristique d'une trace sur laquelle le temps est passé. Un loup. On le suivit un peu, ses empreintes s'immobilisaient sur la crête, avec la trace en L caractéristique d'un arrêt examinateur. En prenant la position du loup, on saisit que l'endroit qu'il examinait était exactement la route qu'on avait prise pour monter au col, sur le versant d'en face, quelque cinq minutes auparavant. Mais après cette inspection, le loup démarrait, avec dans les traces quelque chose comme de la précipitation, ou de la peur. Il redescendait vers la piste juste sous la crête, hors de notre vue. Mais au lieu d'y rester, il descendait encore dans un bosquet, nettement effrayé, et s'enfuyait sous la piste entre les arbres. Nous étions passés la veille au soir : aucune trace. Dans le hameau, nous étions presque seuls : personne n'était sorti avant nous le matin. Aucun chien n'aurait pu arriver par cette route, et de toute manière aucun chien n'aurait fait peur au loup de cette manière. L'hypothèse éclata dans nos esprits : ce qu'il avait examiné, ce qui lui avait fait peur, c'était la meute à skis et raquettes qui arrivait au col en riant, c'était nous. Il était juste devant nous.

En suivant le loup fuyard, on tomba très vite sur la trace d'un second loup. Leurs empreintes se confondaient.

Le trot était de grande ampleur, en course rapide, et la piste contournait le hameau duquel nous arrivions : ils accéléraient dès que possible. Ils étaient là, ils fuyaient devant nos pas. Dans les traces, c'était notre propre reflet réfracté dans leur comportement que nous regardions. Nous les suivions réagissant à notre bruyante arrivée. S'ensuivit une traque effrénée sur leurs traces, où nous faillîmes égarer quelques amis. La suite d'empreintes s'enfonçait dans un sous-bois, et nous vîmes un premier individu s'écarter de la voie pour aller explorer une autre voie de fuite possible. Puis, quelque cinquante mètres plus loin, un second, puis un troisième : les tailles de leurs empreintes permettaient de distinguer les individus. Ils étaient au moins quatre dans cette trace unique, animal polymorphe tout entier caché dans une seule ligne d'empreintes, comme différents sens dans un seul mot.

Nous les suivîmes avec l'ardeur des loups, patinant à skis dans la neige épaisse, puis fracassant sur notre passage les branchettes des conifères du sous-bois en jouant des épaules, nous appelant : "Tu les as ? Je les ai perdus ! Ils sont là ! Je les ai retrouvés ! Ils se sont regroupés, ils montent vers la crête ! Ils sont juste devant !" Le rythme était harassant, un par un les pisteurs s'arrêtaient sous un arbre, sur une souche, souffle coupé, les poumons brûlés par l'air glacé, joyeux mais vidés, pendant qu'au-dessus, les loups les plus avides continuaient à suivre les traces.

Arrivés au sommet de la crête qui surplombait le hameau, nous étions sûrs de les voir en face : le paysage était vide d'arbres, ils étaient à notre merci, enfin nous allions pouvoir jeter sur eux le filet libre du regard, enfin nous allions capturer sans saisir la beauté dense de ces spectres. Et, bien entendu, ils n'y étaient pas.

En quelques minutes, on retrouva à la jumelle leur trace sur le versant d'en face : ils avaient débaroulé la pente à toute vitesse, et grimpé le versant suivant, repassé un nouveau col, et disparu derrière lui, dans le temps qu'il nous avait fallu pour grimper seulement le premier flanc de colline.

Désespérés, ravis, sans souffle et amples comme les vents d'ici, on riait sur la crête, dans le sous-bois, de nos faces rougies, des blousons déchirés, des bâtons et des skis restés accrochés dans les arbres, des amis pantelants déposés comme les cailloux du Poucet le long de la traque, qui nous appelaient avec envie du fond des bois : "Alors, vous les voyez ?" Non, ils sont déjà loin, fantômes. Se voir seulement dans le miroir que sont les traces des autres.

Nous n'avons pas le même corps, l'espace n'est pas le même pour eux que pour nous, comme ces vautours qui sont capables de faire cent kilomètres en *quatre* battements d'ailes et quelques minutes ; les loups ont des cœurs d'une autre magnitude, l'air passe dans leurs poumons comme une forge mythologique qui ne nous est pas donnée. Ils sont capables de courir plus de cent kilomètres par jour, et ce plusieurs jours d'affilée, dans des pentes improbables. Les loups n'aiment pas les zigzags de nos sentiers de grande randonnée : sans pitié pour les pisteurs, ils aiment les pures ascensions, les kilomètres verticaux, les sentes de chamois qui vont droit de la source au col. Nous les avions manqués, nous n'avions jamais été aussi proches d'eux.

Retour à ce matin dans le Vercors, après l'échange de hurlements : cette fois-ci nous allions pouvoir suivre dans les traces la séquence de passé où ils avaient dialogué avec nous. Nous partons à la recherche du premier chanteur, celui qui nous a surpris derrière la petite colline. Nous le trouvons très vite : je suis perplexe devant la petitesse de ses traces, sept centimètres griffes non comprises. Mais la foulée ne trompe pas, quatre-vingt-dix centimètres au moins, cela ne peut pas être un renard. C'est un jeune de l'année. Du point de vue développemental, les loups poussent très vite, leur silhouette s'allonge dès les premiers mois comme des fleurs graciles, de manière à avoir de longues pattes effilées dès leur premier hiver, pour pouvoir suivre la trace de la meute dans la neige. Et puis le pied va s'étoffer et grossir d'année en année. J'étais pourtant persuadé la veille que c'était un jeune adulte, car le hurlement semblait grave, mais en réfléchissant il était trop monotone, pas assez modulé, sans les basses caractéristiques : c'est probablement que, lorsqu'il est seul, le louveteau de l'année a un hurlement plus construit, moins excité et glapissant que lorsqu'il hurle de concert avec les autres jeunes autour de lui. On isole une trace en L, d'arrêt, d'où il a lancé le premier hurlement. Il regarde bien dans la direction où nous étions. Il est à une cinquantaine de mètres de notre position nocturne, trente à vol d'oiseau. On le suit. Et ses traces vont dans notre direction. Mais pas vers la crête où nous l'attendions, il fait un détour, il se dirige vers une lisière de forêt, il la suit sous les arbres. Et sur la crête, déporté vers la gauche, il y a un gros rocher vertical, et juste derrière ce rocher, on distingue nettement la trace de son arrêt.

Et lorsqu'on s'accroupit sur ses traces, on comprend clairement la situation : il s'est posté aux aguets derrière le rocher pour nous observer, son museau seul dépassait, comme mon nez désormais, et lorsque nous mimons sa position, nous voyons nettement le petit vallon au-dessous où nous l'attendions dans la nuit : il est bien venu à notre rencontre, mais il a contourné, rusé, le lieu où nous l'attendions, il nous a espionnés l'espionnant, il est venu prendre connaissance de notre nature, après avoir pris langue avec nous. Et puis ses traces disparaissent dans un vallon caché et partent dans la direction des autres hurlements, vers de vrais loups cette fois.

On a alors suivi notre premier chanteur, la neige commençait à tomber, un vent léger déchirait des étoffes de brouillard sur les aiguilles d'épicéas, le jeune loup s'enfonçait dans un sous-bois pentu. On peinait à le suivre dans la neige transformée par les changements de température (la forêt d'épicéas piège les courants thermiques nocturnes montant de la terre, qui induisent le refroidissement du sol pendant la nuit, de sorte que, dans le microclimat du sous-bois, la neige regèle moins facilement et reste plus molle qu'ailleurs).

On retrouve finalement une trace, dure à lire, trouble, plus grosse que celle du louveteau, qui sort du bois pour s'engager vers un petit col en goulot. On glisse le long de cette empreinte dans la neige épaisse et douce, les skis parallèles à la voie, une piste unique, où on ne voit que les traces d'un seul animal, son pied postérieur exactement posé dans le pied antérieur, dans ce qu'on appelle un "recouvrement parfait", caractéristique du loup. Et tout à coup elle explose en grenade et irradie : une puis deux puis trois puis quatre pistes sourdent de la trace unique, comme un delta aux bras nombreux s'ouvre en aval d'une rivière, comme si l'animal s'était multiplié en lui-même, quatre individus au moins divergent au niveau du col et s'élancent dans la pente, se retrouvent et se séparent encore à perte de vue dans la neige.

Au niveau du col, on isole un premier individu, sa trace est massive, douze centimètres de large et de long, probablement le mâle reproducteur, le père, il est au centre du sentier. Nous sommes excités parce qu'une hypothèse que nous soutenons depuis longtemps va être mise à l'épreuve par la vie même : l'idée que lorsqu'ils arrivent à un col, lorsqu'un nouveau paysage se donne au nez et aux yeux, les loups, comme les humains, s'arrêtent pour explorer l'horizon neuf.

Au col, il y a un rocher avec un marquage de sentier humain, un trait de peinture jaune, au point-clé du col, l'endroit qui gouverne le passage et donne le point de vue optimal sur la vallée devant. Et au pied de ce caillou où tout humain s'arrête, le long de la magnifique trace en ligne droite du père loup, il y a la trace en L caractéristique : il s'est arrêté, il a humé le bouquet d'odeurs tissant les souvenirs des animaux qui peuplent ce flanc de forêt devant lui, ce bouquet qui monte le long des vents anabatiques pour se donner à son odorat d'une impensable délicatesse.

On essaie maladroitement de prendre une photo depuis le point exact où serait son museau, avec les genoux dans les traces de ses pattes antérieures puissantes, pour voir une fois le col comme il l'a humé : traduire, traduire l'intraduisible, c'est la tâche impossible et nécessaire du traducteur de poésie, parce qu'il faut bien perforer la barrière des significations des autres, et que l'altérité incompressible des formes de vie est aussi ténue qu'un duvet de mésange.

La seconde trace est celle d'un subadulte, un adolescent, presque aussi massive que celle du père (environ dix centimètres). La troisième est probablement celle de la mère (onze centimètres de long mais un peu plus gracile dans la largeur) : il y a dans ses traces celles d'un louveteau de l'année, probablement les traces de notre premier chanteur qui a retrouvé la famille dans le sous-bois sans que nous nous en apercevions. Les traces s'élancent dans la pente. Celles du mâle reproducteur, le meneur, s'approchent au plus près de la cabane où nous avons hurlé. Nous trouvons la zone d'où la meute nous a répondu, c'est un ballet de traces illisibles, intraduisible, mais nous voyons distinctement la cabane à moins de cent mètres de nous, ils nous voyaient comme en pleine lumière, car la nuit était claire, nous étions sous leurs yeux, et pourtant ils ont répondu deux fois, c'est encore mystérieux. Le jeu des traces est d'une richesse prodigieuse dans le brouillard qui monte.

Nous avons longuement suivi leur trame, dénombrant entre sept et neuf individus au bas mot, un vrai clan paléolithique, avec toujours ce sentiment étrange qu'ils sont chez eux, qu'ils dégagent une forme de souveraineté sur le territoire qu'on ne sent pas chez la plupart des autres animaux, je n'arrive pas à l'expliquer, ce n'est peut-être qu'un sentiment, mais je crois qu'il a un soubassement éco-éthologique.

En les pistant sur plusieurs kilomètres, on a pu lire des comportements intrigants dans les traces : par exemple une scène de dominance, nommée "soumission active" par les éthologues. Ce qu'on voit dans la neige est éloquent : la femelle avance avec une foulée de plus d'un mètre, parallèlement à elle le subadulte a une foulée de taille analogue, tout à coup il bifurque vers la femelle et sa foulée passe à dix centimètres de long, avec les pieds rentrés vers l'intérieur, alors que la foulée de la femelle ne rétrécit pas. Les deux traces se rejoignent, il y a un arrêt, on imagine les lèchements de babines, l'étrange rituel aussi clair pour eux et obscur pour nous qu'une de ces poignées de main alambiquées qu'inventent les adolescents. On voit bien dans les traces que le plus jeune loup "fait l'enfant", il joue un rôle en acteur consommé : l'évolution a détourné ces signes qui appellent chez les adultes des comportements de soin et de tendresse, pour leur donner toute une gamme de sens, parfois l'amour entre adultes, parfois la soumission. Ici c'est quelque chose comme un renouvellement par le corps des vœux de vassalité : "Je me place sous ta protection et j'accepte ton autorité." Et puis la trace reprend, unique cette fois, avec une seule piste, le subadulte dans les pas de la capitaine qui est probablement sa mère.

Peut-on traduire l'intraduisible ?

Plusieurs fois, on a suivi les départs en arabesque des patrouilleurs, qui semblent se dédoubler depuis la trace unique dans la neige. Et par comparaison on a vu les tentatives de patrouilles exploratoires par un des louveteaux, peu dégourdi : il démarre en épi par rapport à la trajectoire commune de la meute, fait quelques mètres, puis la foulée ralentit, comme effrayée, et, au lieu de bifurquer pour revenir dans le courant, il revient sur ses pas, peut-être à reculons, en tout cas un renoncement. On voit les traces de la mère qui sort elle aussi du groupe d'un mètre ou deux, vers lui, comme pour le rassurer et le rabattre vers le groupe.

Un peu plus loin, les traces redevenaient plus claires : les loups avaient quitté en groupe la zone de hurlement et ils faisaient une seule piste bien nette, en ligne droite dans la neige du sous-bois. On a suivi sur plusieurs centaines de mètres cette piste avec une seule empreinte visible, en ligne droite, et au moins cinq ou six individus dedans, qui posaient donc parfaitement leurs deux pieds (avant puis arrière) dans la même empreinte, sans la moindre erreur : dix pieds à la suite posés dans une seule et même trace d'orfèvre.

Mais dans certains vallons, lorsque la texture de la neige changeait, quelque chose de fascinant se dessinait : en effet, lorsque la neige devenait moins profonde, on voyait apparaître entre les empreintes régulières de la meute, tous les soixante centimètres, de petites empreintes de louveteau, qui semblaient sourdre de l'animal unique et polycéphale qu'on suivait. Car les louveteaux allongent la foulée pour mettre les pattes dans le pied des grands lorsque la neige est profonde mais, chaque fois que la neige devient superficielle, les traces des petits réapparaissaient *entre* celles des grands, ils se détendent et vont à leur allure propre, ils cessent de s'efforcer à aller au pas de la meute.

Et puis quelques mètres plus loin, dès que la neige redevient profonde, ils allongent à nouveau la foulée et on ne voit plus qu'une seule trace pour toute la famille. On a ici la confirmation qu'une origine de cet usage étrange, qui consiste à courir tous dans la même trace, revient bien à un perfectionnement collectif de la course dans la neige : il y a un épuisement caractéristique à enfoncer le pied puis le ressortir à chaque pas dans ces conditions météo. Alors le premier fait l'effort pour tous les autres, qui jouissent de la route ouverte et stabilisée par l'éclaireur. Alors que je faisais part de cette conjecture à haute voix, devant les traces, je me suis retourné et j'ai suivi des yeux les empreintes de mes skis vers l'amont, et quelques mètres derrière j'ai vu que mon ami avait ses skis exactement dans les traces des miens, et nous nous sommes souri.

Mais si c'était si simple, ce ne serait pas vivant. Une seule fonction ne permet pas de traduire le sens réel d'un comportement, on l'a vu. La logique du feuilletage bruissant des fonctions et des usages à l'origine d'un trait, qu'on a explorée plus haut avec le hurlement, s'applique à tout. Par exemple, on a longtemps cru et répété, comme le disent les manuels de zoologie, que la capacité de chaque loup à placer son pied postérieur exactement dans la trace de son pied antérieur provenait d'une adaptation à la course hivernale dans la neige : cela limite l'énergie perdue. Je l'ai cru aussi, jusqu'à ce qu'une expérience vienne enrichir ce récit trop univoque. C'est l'expérience de devoir marcher en silence pour ne pas être entendu des autres animaux, et les approcher de plus près. L'exigence de la furtivité est partagée chez les mammifères, c'est avec des corps analogues et pour des problématiques vitales communes qu'on la rencontre. Quand on essaie de marcher silencieusement, on se rend vite compte que c'est à l'instant où on lève les yeux pour sonder les sous-bois qu'immanquablement, on pose le pied sur une branche, dont le craquement fait lever les oiseaux, crier le geai, et fuir les attentifs. Lorsqu'on perd de vue là où l'on pose le pied. Or le grand drame des fauves quadrupèdes, c'est qu'ils sont tenus à la furtivité, tout en étant structurellement incapables de voir jamais où ils posent leur pied arrière. La solution inventée par leur lignée évolutive est évidente : il suffit que le corps apprenne à le positionner toujours exactement là où l'on a posé le pied avant, en sûreté, même derrière notre dos. À la lumière de cette hypothèse, on saisit mieux pourquoi le lynx comme la lionne, dans leur marche d'approche vers la proie, museau dressé vers la cible, toutes antennes déployées, placent délicatement, et à l'aveugle, leurs pieds exactement dans l'empreinte de leurs mains. Courir dans la neige, être furtif : les deux fonctions, les deux usages sont présents dans ce comportement du loup, les deux ont dû connaître des pressions de sélection ou d'apprentissage, avec peut-être d'autres encore ignorés, et combinés ici avec les contraintes anatomiques de la course. C'est dans ce tissage multimillénaire de sens, d'ajustements au monde, et de contraintes, que réside l'arcane, le secret de chaque trait vivant dont nous héritons. Et qui le rend si disponible aux inventions les plus prodigieuses, pour faire face aux problèmes de vivre qui émergeront demain. L'historien de l'art Edgar Wind, dans son travail sur les "mystères païens", au sens des significations secrètes cachées dans les peintures de la Renaissance, montre que les couches de signification s'accumulent dans chaque tableau, parfois contradictoires, divergentes, composées, mais c'est elles qui lui donnent sa richesse artistique, sa capacité à rayonner de sens, son caractère inépuisable. Il écrit : "Un grand symbole est l'opposé du sphinx : il a encore plus de vie une fois l'énigme résolue[15]."

Il en est de même pour les significations dans le vivant : une fois qu'on en a trouvé une, qu'on a résolu une énigme, il n'est pas désenchanté, mais plus vivant, parce qu'un peu de lumière rend visibles les jeux possibles entre ce sens élucidé et tous les autres qui bruissent autour de lui.

ÉPISODE 6

ÊTRE UNE BANDE ET QU'IMPORTE L'ESPÈCE

Le blizzard a commencé à nous pousser, il amenait un brouillard très dense, les traces des loups nous embarquaient dans la forêt loin de notre chemin de retour. Nous avons dû les abandonner, en disant au revoir, pour peiner à skis vers le col où nous étions garés.

Après quelques kilomètres, la neige a commencé à tomber, et nous sommes arrivés à la combe de la veille. À la perpendiculaire de notre tracé, nous sommes tombés sur la piste de la meute, qui avait quelques heures tout au plus : ils étaient passés le matin même, comme au trot de parade, clan souverain, d'abord sur une seule ligne, puis explosion en delta d'individus en croisant le sentier humain. À nouveau, cet effet senti d'une dynastie féodale, pourquoi ? Les traces ont une tonalité d'existence caractéristique ici : un message expansif, démonstratif, presque m'as-tu-vu, très détendu, roulant des mécaniques, ne se cachant pas un instant. Pas du tout les traces fébriles du chamois, ou vigilantes et en lisière du chevreuil, non : en plein soleil, en plein milieu, nonchalantes, curieuses, exploratrices, vectorisées par un groupe qui rassure et donne de l'assurance. Il y a quelque chose d'éthologique, au-delà de l'humain, dans l'effet de bande : quelque chose qu'on a tous ressenti, parfois du dedans, dans un bar entre amis, et souvent du dehors, quand on est dans la rue, un effet "quand on arrive en ville". L'effet de bande est une ascendance animale partagée par plusieurs espèces, celles qui se sont aventurées dans cette forme de vie sociale originale. C'est une convergence existentielle. Du dedans : en bande on est plus fort, plus assuré, moins inhibé, moins personnel, plus acéphale et en même temps plus fort en gueule ; du dehors : une bande fait un peu peur, elle a une membrane qui l'entoure, elle est son propre territoire. Deux individus et une bande, ce n'est pas le même phénomène éthologique quand on le croise sur un trottoir ou en forêt. Une bande est autonome, comme un banc de poissons elle est métamorphique, elle est dangereuse, elle se forme et se déforme, elle est tournée vers le dedans, elle peut négliger le dehors, et pourtant elle a des antennes et des yeux dans le dos, on ne la surprend pas, elle n'est pas en danger à la surface de sa peau comme les solitaires. Elle est tournée dedans, moins attentive au dehors, et pourtant plus expansive envers le dehors, plus affirmative, plus exploratrice, plus joyeuse, plus bruyante, plus chez elle. C'est un effet de cet ordre que produisent parfois les empreintes d'une meute de loups. Comment lire dans les traces un être-au-monde, une tonalité d'existence ?

Pister, ce n'est pas lire, comme je l'ai longtemps cru et écrit. C'est analogue, parce que lire est un détournement du pistage originel, du geste perceptif et mental de l'interprétation de séquences suivies de signes dans la boue qui font une histoire. Mais lire est une forme très particulière du pistage, induite par la dimension strictement intentionnelle du message écrit et sa forte charge sémantique et symbolique. Pister, c'est bien plus ambigu et suspendu que lire : c'est traduire. Traduire des signes donnés par un vivant qui est simultanément alien et parent. Traduire des "intraduisibles". Le concept d'"intraduisible" est très élégant parce qu'il dit l'impossibilité de traduire, au sens où on n'aura jamais le "vrai" sens, ce qui permet de formuler une règle de probité toute simple, mais sans pour autant dire qu'il faut arrêter de chercher à le faire. Au contraire, un intraduisible, il faut continuer indéfiniment à le traduire. C'est un concept proposé par la philosophe Barbara Cassin pour qualifier ces mots qui appartiennent idiomatiquement si profondément à une langue que toute tentative de les traduire par un seul et même mot échoue : c'est par exemple la *saudade* des Brésiliens, le *Dasein* allemand, le *spleen* anglais… Face à ces intraduisibles, on n'est pas voué à se taire, il faut bien traduire, mais traduire revient alors à retraduire encore, à multiplier les tentatives pour essayer de faire justice. Je crois qu'on peut dire la même chose de ce qui nous occupe ici : face aux comportements, aux formes de vie des autres vivants, on est voué à traduire des intraduisibles. Le sens est toujours en suspens, on court après, on ne cesse de retraduire, on a toujours peur du malentendu, mais il est parfois créateur – et certes le dictionnaire parfait des autres formes de vie n'existe pas, mais il faut bien vivre, et vivre ensemble.

Il était temps de rentrer, le brouillard cachait tous les chemins et les reliefs. À un moment, dans le blizzard, transi de froid, poussant sur les bâtons comme un automate pour avancer vers le monde des grandes villes, j'ai suivi un sentier où étaient passés des humains à raquettes, des cerfs et d'autres animaux intraduisibles. Ce sentier devait bien nous ramener chez nous et, sur ce sentier même, il y avait les traces fraîches d'un louveteau de six mois.

Il avait quitté la meute au col et, dégourdi, il explorait ce chemin sur le flanc de la combe, c'était notre chemin, le seul qui nous restait, avec l'espoir qu'il menait bien au foyer chaud. Je ne distinguais presque plus que ses petits pieds de loup dans le brouillard, comme s'il nous guidait. Au bout de quelques centaines de mètres, on a compris que c'était probablement une femelle. L'urine était entre les pattes, vers l'arrière des postérieurs et pas vers l'avant comme chez les jeunes mâles, ni sur le côté comme chez le leader. (Notez que, chez les loups, seul le mâle leader lève la patte pour uriner, alors que chez les chiens *tous* les mâles le font, ce qui laisse songer que tous les chiens domestiques, même seuls, même roquets, sont persuadés dans leur for intérieur d'être des mâles alpha.)

L'animal qu'on suivait dans le brouillard était une enfant louve dégourdie qui avait quitté la meute en haut du col précédent et explorait seule ce flanc de montagne. À plusieurs reprises, elle quittait le sentier, patrouillait quelques mètres sur un côté pour sentir ou voir quelque chose, on était pris d'une légère tristesse de la perdre, elle nous quittait, et puis invariablement elle revenait sur le sentier, qu'on suivait en skiant sur ses empreintes, avec la joie de la retrouver. C'est le même genre de patrouille qu'on voit lorsqu'on suit une meute : ils sont tous dans une seule trace, et régulièrement un individu curieux part faire une arabesque de droite ou de gauche, puis revient dans la ligne.

Là, la ligne était constituée par ce sentier, avec les traces humaines, celles des cerfs, et j'ai eu le sentiment étrange qu'on appartenait tous à la même grande meute multispécifique, une bande que l'enfant louve guidait dans le brouillard. Elle avançait en éclaireur sur un chemin commun. C'était une belle journée.

ÉPISODE 7

L'ART DES VARIANTES VIVANTES

Un mois plus tard, janvier. Nous sommes de retour presque au même endroit, dans le brouillard, sur une neige dure comme du roc. Nous pistons le même territoire-loup, mais par l'autre face du Vercors, à l'ouest du mont Aiguille. Nous cherchons la meute. Nous sommes quatre, à skis de randonnée nordique. Nous pressentons qu'ils ont des raisons de passer sur ce petit flanc de montagne sauvage. Nous remontons dans la forêt, sur de vieilles pistes forestières, constellées du recrutement de jeunes pousses de conifères, des pistes oubliées depuis longtemps. Nous nous perdons presque, la géographie des animaux n'est pas sur la carte.

La piste disparaît à pic dans un cours de torrent. Je déchausse, désespéré : des heures qu'on n'a rien vu, rien trouvé, et pas moyen de passer. Il fait froid, et l'hospitalité laisse à désirer. Je descends en glissade jusqu'au lit du torrent, dans l'espoir de trouver un départ de piste forestière sur le flanc d'en face, pour me retrouver coincé dans un couloir d'avalanche. Je me retourne dépité, pour faire signe à la bande : "Demi-tour. On renonce, c'est pas possible."

Et là, traînant des pieds où je suis passé une minute auparavant, entre mes traces de bottes, il y a une empreinte parfaite, en diamant, donc un loup. Puis une autre. Puis les traces de toute la meute : neuf individus qui sont descendus dans le torrent inaccessible, traversant nonchalants la coulée d'avalanche. On est au fond du bush, il n'y a plus aucune piste humaine nulle part. Ils sont descendus pour se désaltérer : on voit où ils ont percé la fine couche de givre sur le ruisseau, avec leur museau, pour laper l'eau, à tour de rôle, dans le même puits. Je hurle dans le vallon, chant dévalant le torrent, au cas où ils seraient encore à portée de voix, pour les prévenir que nous sommes dans les parages. Un couple de pics noirs me répond.

On prend la meute en chasse. Ils nous font les montagnes russes habituelles. Ils montent tout droit sur la crête dans des pentes boueuses et impraticables, ils redescendent tout droit dans des couloirs de glace presque verticaux, et c'est reparti. Leurs trajectoires pour nos corps sont presque impossibles. On les maudit : "Y a pas de respect, y a pas de respect pour les pisteurs !" on répète en pestant, en riant. Depuis le sommet d'une crête, on voit sous nos pieds un couloir de glissade : la neige a été écrasée et emportée de manière continue, ils sont descendus en faisant luge de leurs postérieurs. Enfin, ils nous ramènent sur une piste forestière.

Ils la suivent sur quelques centaines de mètres, puis ils la lâchent pour se jeter à nouveau dans un canyon impossible… On les suit encore, aimantés, en peinant dans la pente, le sourire crispé, et ils retrouvent enfin une piste humaine.

Ces deux fragments de pistes forestières n'étaient pas sur nos cartes, oubliées. Ce qui est fascinant, c'est que la meute a ses propres logiques de déplacement. Leur trajectoire n'erre pas, elle file comme une lame de couteau. Ils vont quelque part, on le sent, c'est évident dedans (ce sera confirmé au bout du chemin). Ils connaissent bien mieux leur territoire que nous, ils le savent comme un forestier le connaît.

Ils savent *a priori* où ils veulent aller, et alors ils planifient la trajectoire optimale. J'ai la carte sous les yeux, et je ne trouve pas la trajectoire minimale.

J'apprends là une chose étrange : quand on est égaré en forêt, il est curieusement salvateur de trouver des traces de loups car, si les loups sont passés par là, cela indique que le chemin débouche sur quelque chose et va de manière optimale chevaucher les pistes humaines, nous ramener à la "civilisation". À un moment, l'un d'entre nous part en éclaireur remonter un ruisseau pour chercher plus haut une piste praticable. Au même instant, je vois que les loups sont passés juste à notre hauteur, et je me surprends à lui dire : "Ça ne sert à rien que tu montes là-haut : si les loups sont passés ici, c'est qu'il n'y a pas de piste plus pratique au-dessus." On se tait en se regardant. On pressent l'étrangeté zoocéphale du raisonnement : prendre les loups comme guides dans la forêt. Je songe à un conte tanaina, des Amérindiens d'Alaska, que j'avais pris jusque-là pour un élément de folklore : ce conte conseille au marcheur égaré en forêt d'appeler le loup à l'aide pour retrouver son chemin[16]. Au regard de *Pierre et le Loup* et du *Chaperon rouge*, il s'agit d'une assez pure inversion du motif de nos fables "perdu dans la forêt" : le grand danger ici est le salut là-bas. Peut-être ce conte amérindien trouve-t-il une part de son origine dans cette confiance ressentie sur le terrain envers les choix d'orientation du loup : il est une meilleure boussole que la carte IGN, on a tendance à croire, expérience aidant, qu'en le suivant, on tombera vite sur une piste oubliée des cartographes, un chemin parfait pour rejoindre un point-clé du territoire, un raccourci pour optimiser une belle trajectoire hors de la forêt, vers un carrefour, un point névralgique du paysage, que la meute rejoindra pour le marquer d'un blason.

Au bout d'une longue poursuite dans le sous-bois, en effet, la meute nous ramène, de piste perdue en sentier déserté, sur la grande voie centrale où passent tous les randonneurs, en fond de vallée. Nous entendons les skieurs avant de les voir. Nous sommes dans les pas des loups, camouflés par la lisière. Nous débouchons sur le chemin humain par le point de vue du loup. Voir un instant l'espace de passage des humains par leurs yeux, cachés en orée du bois. Sentir qu'ils ont examiné prudemment le lieu ("la voie est libre ?"), pour ensuite se diriger droit sur la piste en question, et la remonter en trottinant.

On avait pourtant emprunté cette piste la veille, sans voir leurs traces. Des centaines de passages de skieurs et de chiens rendaient leurs empreintes quasiment illisibles. Mais comme d'habitude, quand on les a vues une fois, elles apparaissent partout, elles se lèvent dans le paysage, et nous les suivons encore sur les traces laissées par les skis, que les loups empruntent (les skis tassent la neige pour eux), en slalomant, explorant, humant les bords du chemin. Ce qui fascine dans cette affaire, c'est le changement spectaculaire de leur piste. Nous les suivions en continu depuis au moins un kilomètre dans le bush et il n'y avait aucun marquage territorial, pas de traces d'urine, pas de grattis. Et là, à peine la meute débouche-t-elle sur le sentier achalandé d'humains, de chiens, de renards, et d'autres, que tous les cinquante mètres trône bien en vue un drapeau : urines, excréments, grattis. À tous les ponts, il y a un marquage, à l'entrée et à la sortie, comme à tous les croisements. C'est donc nécessairement en réponse à la présence des autres espèces (les humains, les chiens…), c'est forcément un aménagement géopolitique.

Ce qui est intéressant, c'est que ce n'est pas un dialogue monospécifique. À côté des marquages des loups, on isole des marquages de renards, de chiens et de mustélidés. On ne sait pas encore ce que cela veut dire, mais ce sont bien des blasons et des drapeaux : il y a une sorte de dialogue muet avec d'autres espèces. La dimension de signalisation géopolitique est explicite. Le sens nous échappe complètement, mais cela doit avoir un sens : il *y a* communication interespèces.

Comment comprendre cet usage de la métaphore du blason et du drapeau pour qualifier le marquage territorial des carnivores, et lupin en particulier ? Concrètement, les loups disposent de glandes, autour de l'anus et entre les doigts, riches d'une potion dont ils enduisent leurs excréments, ou qu'ils frottent dans la terre (le grattis). Cette potion recèle une large palette d'informations pour un museau de loup : elle révèle l'identité de celui qui a marqué, la meute auquel il appartient, son régime actuel, sa disponibilité sexuelle, et jusqu'à son état émotionnel (son degré de stress par exemple). C'est en ce sens que c'est un blason, ou un passeport biométrique érigé en blason. Mais le marquage est aussi une limite territoriale conventionnelle, qui n'empêche physiquement personne de passer, mais constitue une borne qui, alignée aux autres, dessine une frontière d'odeurs, que les autres meutes vont respecter ou franchir parfois, selon l'humeur et le projet. C'est en cela qu'elle constitue un drapeau.

On reprochera volontiers à ce genre de formule de constituer des métaphores anthropomorphiques, et pourtant je voudrais montrer ici que cet usage est épistémologiquement défendable, qu'il constitue même la méthode d'une éthologie enfin capable de faire justice à l'intime altérité des autres formes de vie que la nôtre.

C'est ce que j'appelle une éthologie perspectiviste. L'anthropologue Eduardo Viveiros de Castro, dans *The Relative Native*, évoque en passant les liens entre perspectivisme et éthologie[17]. Le perspectivisme, comme cosmovision de certains peuples animistes, postule que le visible et l'invisible sont relatifs aux capacités de celui qui perçoit (il faut entendre ici "visible et invisible" au sens large de sensible et insensible, accessible et inaccessible). En toute rigueur, chaque animal ne voit pas, ne configure pas le monde depuis son esprit, mais depuis son corps : c'est son corps avec ses puissances de sentir et de faire propres qui fonde sa perspective sur le monde. C'est la grande idée du perspectivisme. Or ce corps, c'est précisément un effet original de l'écoévolution qui lui donne ses puissances uniques et ses perspectives.

Le point de vue de chacun, alors, n'est pas "dans le corps" (comme un esprit), c'est le corps lui-même, rien d'autre que le corps, mais le corps épais d'ancestralités composées ensemble, qui interprètent le présent toujours à nouveaux frais. Par exemple la conversion et le détournement de la laissée enduite de phéromones en signalement géopolitique sont une réinterprétation magnifique par le corps carnivore de la fonction excrétoire qu'il hérite de son ancêtre mammifère. Composée avec cette autre ancestralité qu'est l'odorat subtil et discriminant, cela invente une allure de vie inimaginable avant, cela ouvre aux loups une dimension de l'être : la géopolitique des odeurs.

Le perspectivisme amazonien n'est pas réductible à une éthologie des perspectives, d'après les mots mêmes de Viveiros de Castro, mais c'est un opérateur puissant pour l'éthologie comparée. Dire que les laissées sont des blasons et drapeaux n'est pas une métaphore anthropomorphique, c'est une analogie d'éthologie perspectiviste.

Il faut expliciter exactement ce que ce genre de formule signifie, le type d'opération mentale et sensible qu'elle implique. Cela signifie : la laissée est vue par eux à peu près comme nous voyons blasons et drapeaux. Il ne faut à nouveau pas entendre "voir" ici au sens sensoriel : la perspective est une métaphore visuelle pour parler de quelque chose de plus fondamental – la manière de faire l'expérience, de conférer une signification. Cela signifie : les loups font l'expérience de la laissée de manière analogue à notre expérience du blason ; elle signifie quelque chose d'analogue, elle active des choses analogues, elle est prise dans des usages analogues. Ce n'est pas une métaphore, car il n'y a pas de domaine source (le monde humain, avec ses blasons), ni de domaine dérivé (le monde loup, avec ses laissées). C'est une éthologie du "voir comme", fonctionnant avec des analogies sans domaine dérivé ni domaine d'origine, mais où chaque forme ne prend sens que comme variation par rapport à l'autre[18]. Ce sont des variantes, qui ne se définissent pas par rapport à un original, mais par rapport à d'autres variantes, par leur écart envers d'autres variantes. Philosophiquement, c'est fascinant, une variante. C'est là un raisonnement typiquement évolutionnaire, acrobatique comme la vie elle-même : la territorialité *en soi* n'existe pas, il y a certes un ancêtre commun au loup et à l'humain, mais sa territorialité était déjà une variante, dont loups et humains héritent, mais comme des variantes de la variante. L'origine n'est *pas* l'original, il n'y a pas d'original, de patron, de modèle : juste des variations, des flux de variantes qui ont des airs de famille, du fait de leur source commune ou de leur convergence évolutive.

Merleau-Ponty a une intuition analogue, bien qu'il ne voie pas clairement le fonds évolutionnaire qui la rend décisive, lorsqu'il parle des masques à transformations inuits des Inua (dans lesquels une face animale s'ouvre sur une face humaine). Il écrit que ces masques offrent une "extraordinaire représentation de l'animal comme variante de l'humanité et de l'humanité comme variante de l'animalité [...][19]". Chaque forme de vie est une variante des autres, mais il n'y a pas de patron, seulement des variantes.

À l'origine de la territorialité des humains et des loups, il n'y a donc pas d'essence de la territorialité, mais "le disparate des autres choses[20]". La territorialité, alors, est une idée que l'on recompose par analogie entre mille manières d'être territorial, elle est une certaine gamme de manières de se rapporter à l'espace vécu, qui n'a nulle part de modèle, mais volontiers des origines, chaque fois détournées, subverties dans chaque forme de vie.

Comme elle est préindividuée, on n'a pas de mot décent pour la dire. Alors on utilise la similarité de relation avec des dispositifs territoriaux pour la circonscrire : les loups voient et interagissent avec la laissée *plus ou moins comme* nous voyons et interagissons avec des dispositifs de type drapeaux et blasons.

Manier des analogies d'éthologie perspectiviste nous libère simultanément de l'anthropomorphisme simpliste ("les laissées *sont* des blasons"), de la naturalisation abêtissante de l'humain ("les blasons humains *ne sont que* des laissées") et du réductionnisme éthologique ("les laissées ne sont que des stimuli qui se déclenchent par conditionnement opérant").

Utiliser ce type d'analogies est donc de bonne guerre épistémologiquement, tant qu'on se souvient que la comparaison porte précisément sur la *relation* nous/blasons et eux/laissées, et pas sur la nature ontologique des uns et des autres.

Il est bon de se souvenir, enfin, que l'analogie sert essentiellement à faire ressortir le commun sur fond de *différence* : les différences d'usages qu'ils font de la laissée par comparaison avec ceux que nous faisons du blason. Le concept ici n'est pas un lit de Procuste où l'on range le disparate en élaguant les différences de chacun, mais un mètre de couture avec lequel on s'intéresse à voir par où le comparé déborde toujours du mètre, comment, et de combien[21].

Ce genre d'analogies perspectivistes est de bonne guerre pratiquement, enfin, parce que, dans une perspective de diplomatie interespèces, l'acte de nommer a plus une vocation pragmatique que d'exactitude scientifique : celle de rendre possible un accès au monde de l'autre, une interaction avec l'autre, de rendre imaginables des dispositifs de mise en dialogue.

ÉPISODE 8

LES TRADUIRE AU PRINTEMPS

C'est l'équinoxe, le temps est splendide. Nous sommes de retour sur le Vercors. Le ski de printemps est sensoriellement celui de la plus grande plénitude : la neige éclate de lumière, elle est en cristal, en nappes et en ruisseaux, le ciel vrombit de bleu et la peau rissole doucement, les lèvres sont d'argile, elles se craquellent aux commissures, et les feuillus bourgeonnent ensemble avec le désir d'aller, et la soif. Partout, parades sonores des passereaux.

Cette fois-ci, nous cherchons à nouveau la grotte où nous désirions dormir la première fois. Nous croisons les cartes, les données, les indices : elle est introuvable, nous tournons pendant une heure, nous pelletons de la neige à la recherche d'une entrée obstruée par un névé, rien, de la bête pierre humide. Alors je lève les yeux et, haut dans la paroi, à trois mètres de falaise, la bouche d'ombre : la grotte est là. Il faut escalader pour y accéder. Le passage est peu sûr, nous risquons de dérocher, mais il y a de la neige en dessous, et trop d'enthousiasme en dedans pour faire demi-tour maintenant. Lorsque j'arrive à l'orée, un orifice d'un mètre cinquante de diamètre, le souffle court, je m'assois dans l'argile humide, une résurgence coule du fond de la grotte, et sous mes yeux, sur le seuil, il y a une laissée de loup, puis une deuxième à quelques centimètres, et des poils rongés de sangliers. Mais comment sont-ils montés ici ? C'est inconcevable : nous avons eu besoin de toute notre bimanie de primates, de ces pouces opposables forgés par des millions d'années de vie arboricole, faits pour grimper aux branches des jungles. Et eux sont montés, comme par magie, avec leur vigueur quadrupède, leurs pattes griffues, leur sens de l'équilibre. Mais pour quoi faire ?

La grotte est froide, c'est un boyau horizontal qui plonge profondément dans la pierre, le couloir se rétrécit très vite, au point qu'il est nécessaire de passer à quatre pattes, puis de ramper, et enfin de se contorsionner dans des goulots, de profil et de biais, pour avancer. Au bout de deux mètres, je trouve sur le sol une première laissée de carnivore, probablement du loup, et puis, un pas plus loin, une autre laissée, une troisième, une quatrième : c'est étourdissant, je n'en ai jamais trouvé une telle densité. Sur les dix mètres que je parcours en rampant, il y a des laissées à chaque pas. Mais qu'est-ce que c'est que cet endroit ?

Ma première hypothèse est que c'est une ancienne tanière. Les laissées ne sont pas fraîches, elles semblent dater de l'été précédent, elles auraient pu être conservées par la glace. Si elles avaient été plus anciennes, la fonte de printemps, renforçant la résurgence, les aurait embarquées, au moins essorées. À chaque tournant je me demande si je ne vais pas tomber sur la louve, je m'arrête pour entendre le glapissement des louveteaux au bout du tunnel, je m'interroge : ne faudrait-il pas faire demi-tour, ne pas les déranger ? Mais un sens au fond de moi me répète qu'il n'y a personne : aucune empreinte dans la montée, aucune dans l'argile, les laissées sont anciennes – ils ne sont plus là.

Il y a cette émotion préhistorique de la grotte, le sentiment d'être passé dans une dimension parallèle, un autre temps, un temps mythique régi par d'autres règles : le silence, le confinement, la pauvreté sensorielle, les échos, tout ceci confère une solennité à ce parcours, physiquement éprouvant. Je m'écorche les genoux sur les pierres en rampant, je suis couvert de boue, je déchire mes vêtements contre les parois qui se resserrent contre moi. Le faisceau de la frontale éclaire à peine, source d'ombres mythologiques, le goulot qui finit par devenir trop petit pour mon corps d'humain. J'attends là quelques minutes, guettant les bruits, attendant une révélation quelconque, et puis je fais demi-tour dans le silence de la terre.

Sur le chemin du retour, j'examine mieux les laissées : au premier regard, on croyait que toutes étaient lupines. En fait il y a aussi du renard. Certaines sont impossibles à identifier. On s'interroge même sur le risque que ce soit aussi une litière de blaireau, parce que certaines laissées ont la texture particulière qu'on a vue dans les litières du Jura, mais le blaireau "pote", il creuse des trous pour recueillir ses excréments, ici rien de tel.

Le mystère est entier : est-ce bien une ancienne tanière ? Il y a des os de micromammifères qui constellent le sol de la grotte. Est-ce un abri d'orage, qui recueille les animaux, et chacun aurait territorialement marqué le lieu en réponse aux odeurs omniprésentes des occupants de la tempête précédente ? C'est une énigme, nous ne comprenons pas l'usage du lieu, son sens animal. Son sens multispécifique nous échappe. L'émotion, en vérité, est d'une autre nature ; nous avons le sentiment diffus que c'est un lieu rituel, un lieu de culte : les marquages avec leur signification complexe chez les carnivores, les ossements qui font songer aux grottes ornées paléolithiques, la dimension initiatique de l'entrée inaccessible, du tunnel en goulot qui plonge dans le cœur de la terre… Le lieu ne semble pas utilisable, par son caractère inconfortable, qui ne permet pas de se retourner ou de se coucher, dont la dimension d'habitat est très pauvre.

L'émotion est celle d'un lieu regorgeant de significations, du fait de la densité unique des laissées surtout, des dizaines, partout, sur le sol, quand on sait que chez les loups elles jouent un rôle complexe, riche en messages, en annonces, blasons et drapeaux. Mais ce sentiment est probablement une projection ; la dimension cultuelle en tout cas. Quant à la dimension rituelle, elle fait sens, il me semble : c'est un espace difficile d'accès, dont la dimension utilitaire n'est pas évidente, et constellé de marquages ; cela ressemble à une ritualisation animale au sens de comportements sans utilité vitale, mais dotés de sens qui nous échappent.

Nous redescendons difficilement, en varappe, éberlués par le fait qu'ils parviennent à monter. Nous sommes silencieux, nous avons multiplié les hypothèses, fait fleurir les conjectures ; finalement nous nous taisons, acceptant le mystère.

Dormir là-haut est exclu. Nous devrons dormir à la belle, sur le plateau enneigé. Nous montons un camp dans un petit patch de prairie, sous un pin à crochets, entouré de neige, sur un petit promontoire qui domine le plateau.

La nuit est claire, limpide, une lune pleine monte du col. Partout, la neige est irisée de la lumière nocturne, mais il ne fait pas froid. Nous sommes trempés de boue, méconnaissables, devenus golems. Je regarde mes mains couvertes d'argile, la chair confondue avec la terre, comme embarqué dans le processus mythique par lequel un fragment de boue est devenu le premier humain – mais en sens inverse.

Il faut faire un feu, nous n'avons pas le choix. La température va descendre, et la boue a trempé pantalons et chaussettes lorsque nous rampions dans la grotte : il faut les faire sécher avant que le mercure passe sous zéro. Nous sécurisons un petit foyer, en trempant de neige le cercle d'herbe autour du feu, puis nous construisons un déflecteur de chaleur avec de larges éclats de bois mort, comme une proue de navire protégeant le foyer, pour qu'il tamise l'arrivée d'air et nous renvoie la chaleur du feu. Déjà les chaussettes fument devant les flammes, pendant que nous agitons nos orteils au-dessus des braises en riant du retour de la vie en eux, qui circule (est-ce que tous les retours à la vie chatouillent ?).

Nous parlons longuement de la grotte, de son mystère, sans rien affirmer, sans plus chercher à savoir, juste en multipliant les évocations possibles, les chemins de sens, les échos. En dévorant notre repas, enjoués de vin chaud, nous attendons, en vérité, l'heure d'appeler les seigneurs du lieu : l'heure des retrouvailles, où habituellement les loups qui se sont séparés dans la journée lancent des hurlements de regroupement pour se réunir et entreprendre leurs opérations nocturnes. C'est dans ce point de leur éthogramme (la cartographie de leurs comportements spécifiques) que nous entendons nous insérer pour dialoguer à nouveau avec eux : si nous hurlons à ce moment-là, dans cet interstice où les individus séparés attendent des nouvelles des frères et de la meute, ils pourraient bien nous répondre.

22 heures, on voit comme en plein jour (la lune). On s'approche de la combe pour qu'elle porte nos cris. Le silence est aussi parfait que le reste. Je lance un premier hurlement qui rebondit dans la combe et résonne encore longtemps après que j'ai fermé la bouche. Nous attendons, le vent est glacé ici, hors de l'abri, le temps s'est densifié, mais le suspense n'a même pas le temps d'exister : après quelques secondes, un loup répond. C'est la foudre habituelle, l'émotion est intacte, le mélange d'extraordinaire et d'évidence (mais comment est-ce possible, qu'un loup sauvage inconnu réponde à nos appels ? Et simultanément : pourquoi pas ? Nous sommes des vivants comme lui, partageant des puissances vocales et des problématiques vitales).

Il est très loin, c'est saisissant : son hurlement dans le vent semble venir de l'ouest, plein ouest, sur la montagne d'en face, à plus de cinq kilomètres, peut-être même sur la crête suivante. Le son nous arrive dans le vent, comme un spectre, peu localisable, comme d'un autre monde, si loin, et pourtant perçant la malédiction de la distance. Son chant est long, mélodieux, interrogateur, presque lascif, on sent presque la joie de moduler la longue plainte, la joie de hurler, d'annuler la distance, d'aller à la vitesse du son, transcendant avec le corps les limites du corps. La joie de s'entendre et de se retrouver dans ce paysage nocturne, désolé, solitaire.

Nous hurlons encore, le dialogue dure, il répond à chacun d'entre nous individuellement, quatre fois, cinq fois, puis nous nous taisons ensemble. Je songe à cet aveu d'un chanteur lyrique, interprète des opéras les plus raffinés, entendu un jour à la radio : "Le chant… C'est ce qui me reste du loup."

Personne d'autre n'a répondu : pas de nouvelles de la meute. Pas de chant des autres individus isolés. Je fais l'hypothèse qu'ils sont loin, très loin à l'est, alors que nous les pensions dans le bas de la combe, juste à l'ouest. Mais aucun autre chant n'est venu de l'ouest, qui nous semblait être l'épicentre de la meute. Néanmoins la femelle a pu choisir une nouvelle tanière, ils pourraient être n'importe où.

Nous allons nous coucher, légers comme seule la résonance le permet : le sentiment que nous pouvons dialoguer avec le monde, que, malgré son étrangeté, il nous entend, il nous répond ; que nous pouvons, l'espace de quelques échanges, déchirer le mythe moderne du mutisme de l'univers. Qu'en fait, si l'on fait le travail diplomatique de traduction, d'intercession, si l'on se déplace dans cette zone frontière où les formes spécifiques se brouillent, il est possible d'entrer en contact avec tous les aliens familiers.

C'est en fait un singulier pouvoir du loup qu'on érige trop vite en propriété de tout le cosmos vivant : la convergence évolutive qui fait que notre voix peut mimer la sienne, que notre mode de vie ressemble au sien, que nous sommes lui et nous suffisamment individués et sociaux pour que l'appel fasse sens à son oreille, et qu'il ait envie d'y répondre, c'est bien une étrangeté, un point de rencontre spécial entre deux formes de vie par ailleurs incommensurables. La communication n'est pas aussi aisée avec les araignées épeires, les buses variables (bien qu'on s'entre-siffle volontiers) et les hêtres, bien qu'on cherche sans relâche des relations de résonance avec eux. Encore un point par lequel le loup est un animal intercesseur : ambassadeur des relations de résonance possibles avec les autres vivants, nos *alien kins*, ces animaux intraduisibles.

Mais intraduisibles, on l'a vu, au sens dynamique : au sens où l'on ne doit jamais s'arrêter de les retraduire, encore et encore, pour faire justice à ce qui a lieu, à ce qu'ils sont, à la relation. Lorsqu'il décrit la "pensée sauvage", la pensée dans son "état sauvage[22]", commune à toute l'humanité, Lévi-Strauss la décrit bifide : elle possède une "dévorante ambition symbolique" qui se conjugue d'un autre côté avec une "attention scrupuleuse entièrement tournée vers le concret[23]". C'est bien à ça que ressemble la retraduction infinie du sens des vivants. Alors nous reprenons nos palabres sauvages sur le sens du hurlement, nous revenons sur le métier, nous retissons encore des phrases et des sens pour approcher l'animal mythologique qu'est tout animal, une fois qu'on lui a restitué son épaisseur de millions d'années, son bruissement d'ancestralités sédimentées, son art de les faire jouer simultanément à la surface du présent (en un mot : vivre).

Que se passe-t-il si l'on tente de penser l'évolution comme accumulation sédimentaire d'ascendances animales, parfois végétales, bactériennes aussi, dans chaque corps vivant ? Ce que j'entends par "sédimentation" des ascendances (ou ancestralités) animales n'est pas identique à la sédimentation géologique, où chaque couche est d'autant plus inaccessible qu'elle s'est déposée il y a longtemps. Le vivant se sédimente temporellement comme la roche, mais la différence entre lui et elle, c'est que dans le vivant les couches d'ancestralités sont toutes simultanément *disponibles à la surface*, et se composent ensemble malgré leur ancienneté différente : dans l'acte d'écrire ces lignes, le pouce opposable offert par les primates il y a trois millions d'années s'allie à l'œil-puits, que j'hérite d'un ancêtre du Cambrien (cinq cent quarante millions d'années), et les deux s'allient à l'écriture, technique apparue il y a quelque six mille ans.

Les ancestralités animales sont comme des spectres qui vous hantent, en remontant à la surface du présent. Des spectres bienveillants, qui vous viennent en aide, qui font de vous un *panimal*, animal total, métamorphe comme le dieu Pan, lorsque le besoin s'en fait sentir, pour inventer une solution inouïe au problème de vivre. C'est le petit primate quadrumane inventeur de votre pouce opposable qui remonte à travers vous et vient à la rescousse, chaque fois que vous utilisez votre main pour serrer de gratitude la main d'un ami, pour tenir délicatement un stylo, ou *swiper* d'impatience dans le combat quotidien avec votre téléphone.

C'est le paléomammifère qui a inventé l'attachement parental qui remonte en vous, comme un spectre, à travers les millions d'années, depuis l'intérieur de votre corps, chaque fois que vous vous attendrissez devant un petitou (la néoténie, cet attendrissement spontané devant les enfançons de toute espèce, est un invariant mammifère : ce n'est pas votre sentimentalité humaine qu'il révèle, mais votre empathie animale).

C'est la vision des couleurs de votre ancêtre frugivore à fourrure, en qui l'évolution a placé les ressources optiques pour déceler le mûrissement subtil des fruits de la jungle, avec ses teintes jaunes, orange, puis carmin, qui s'active en vous chaque fois que vous jouissez de la beauté d'un coucher de soleil (qui est d'abord, pour l'œil animal, le mûrissement d'un paysage). Pourquoi, sinon, le moindre pourpre serait-il plus attirant que tout vert ?

C'est ce même ancêtre qui vous souffle l'émotion à l'oreille, quand ça bourdonne dedans, parce qu'est apparue sur l'écran de cinéma la bouche vermeille de Laura Harring dans *Mulholland Drive* de David Lynch (lèvres rouges, réminiscence non genrée d'un fruit originel). Mais c'est aussi mille autres ascendances vivantes en vous, cent réminiscences personnelles, qui prennent ensemble dans un alliage incandescent pour contribuer à cette émotion, feuilletée de temps et polyphonique d'une ménagerie intérieure.

Nous avons tous, nous vivants, un corps épais de temps, fait de millions d'années, tissé d'aliens familiers, et bruissant d'ancestralités disponibles.

Et ces ascendances sont partagées. C'est l'idée que par héritage commun ou par convergence évolutive – parce que deux formes de vie ont pendant un certain segment de leur histoire évolutive partagé les mêmes conditions écologiques et les mêmes relations avec d'autres formes de vie – se sont sédimentés, chez des formes de vie qui peuvent être prodigieusement éloignées sur l'“arbre” du vivant, des dispositions, des comportements et des tonalités affectives qui se ressemblent : des manières partagées d'être vivant.

ÉPISODE 9

SE COMPOSER UN CORPS

Revenons autour du feu, abrité derrière le déflecteur, dans la nuit du Vercors. L'énigme qui cette fois-ci nous travaille de l'intérieur, c'est celle de la distance du hurlement. C'est la première fois que nous sommes fascinés par ce phénomène : nous pouvons communiquer avec les loups à des abîmes de forêts, de prairies, de pierriers.

Confronté à la portée inhumaine de sa réponse, tout là-bas, sur la montagne d'en face, on comprend la magie propre de ce dispositif qu'est le hurlement : il permet de transcender l'horizon. Pour se retrouver dans le bush le plus dense. Pour suppléer aux limites de la vue : là où elle ne porte pas, le son porte. Si la vue n'agit pas sur ce qu'elle voit, si le regard n'alerte pas le corps lointain sur lequel il se pose, la voix le peut : elle touche, littéralement, à distance, magie naturelle. Elle touche le corps d'un proche au-delà de l'horizon, en poussant les invisibles particules d'air les unes contre les autres, par-dessus les crêtes, au travers des forêts profondes, jusqu'à iriser la surface délicate et cachée de son tympan, en cercles d'ondes, comme la pierre sur un lac. Les vivants ont cet art : jouer avec les lois de la physique.

Si le son va plus vite que mes pattes, pourquoi ne pas voler sur les ailes du son pour dialoguer et toucher les autres, bien au-delà de la distance que mes pattes peuvent couvrir ?

Un groupe d'humains serait peu capable d'une telle prouesse, bien que des peuples d'Amazonie, comme les Aigles, de la famille Tupi, aient inventé des langages sifflés exactement pour la même raison : communiquer à travers la densité de la jungle, là où la vue est prise dans les lianes.

Ce qui est fascinant dans le hurlement, c'est qu'il constitue une puissance corporelle originale, qui rend possible un style de vie singulier : la forme de vie inventée par les loups dans l'espace ouvert par les puissances propres de leur corps vivant (leur tissage d'héritages concaténé dans un *corps*, ce grand mystère, attracteur étrange, dont tout provient).

Cette forme de vie bien particulière inventée par les loups, c'est celle d'une alternance entre socialité intense, souvent nocturne, et une solitude choisie, souveraine, élective, souvent le jour (mais il n'y a pas de règles : c'est vivant). Et ce justement parce que malgré le fait qu'on a couru seul, toute la journée, dans les forêts, les montagnes et les plaines, chacun dans la direction qu'il choisit, on peut toujours se *retrouver* n'importe où, quand bon nous semble, quand ça nous chante.

Tous les animaux n'ont pas ce pouvoir de retrouvailles qui *permet* l'effraction solitaire. Les marcassins, eux, doivent suivre la mère : s'ils la perdent de vue ils ne la retrouveront pas. Leur socialité est forcée au contact constant des autres par leur incapacité à se retrouver. Lorsqu'un jeune mâle part, c'est pour vivre sa vie seul. Il ne reviendra pas. Il n'alterne pas les phases. Les hardes de biches se séparent peu. Les groupes de chamois sont tenus ensemble par la nécessité de guetter le prédateur, et le risque de s'isoler. Les espèces exploratrices sont rarement sociables : ou bien elles ne se quittent pas lorsqu'elles nomadisent, ou bien elles vivent en solitaire (et elles ont certes d'autres étrangetés corporelles, qui leur ouvrent un espace pour d'autres formes de vie inouïes).

Mais les loups sont dotés de ces trois puissances du corps, trois ancestralités parmi mille autres, d'anciennetés différentes, qui ici se composent pour rendre possible une certaine forme de vie : d'abord ce désir néophile d'explorer ce qu'il y a *derrière* ; ensuite des pattes-cœur à l'endurance parfaite pour avaler l'asphalte des routes de montagne, dévorer les crêtes ; enfin le hurlement comme instrument de retrouvailles.

Corne de brume, il effondre la muraille de la distance et dit ma présence à ton oreille comme un murmure, alors que je demeure invisible dans une forêt lointaine. Le hurlement pour se retrouver par-delà le visible. “Notre corps est plus sage que notre esprit”, dit Nietzsche[24] – en tout cas c’est lui le grand prodigue en ouverture de possibilités d’existence.

Dans l’approche inséparée du vivant défendue ici, la dynamique évolutive prend un autre visage que la seule “théorie de l’évolution” par variation-sélection. Elle devient la sédimentation de dispositifs dans le corps, produits par une histoire : des ascendances. Et ces ascendances entrent dans des constellations particulières à chaque moment du drame qu’est la vie d’une lignée ou d’un individu. Ces constellations de puissances corporelles vont inventer littéralement un espace de possibles, une aventure de l’existence jamais vue jusque-là : cette manière d’être vivant comme un loup, comme une tique, comme une sauge des prés, comme un humain. Si l’ancestralité animale, végétale, bactérienne est la forme que prend le trait sédimenté lorsqu’il est latent et replié dans un corps ; l’ascendance quant à elle est la forme dynamique que prend l’ancestralité quand elle *remonte à la surface du présent* pour se conjuguer avec d’autres, et donner le faciès si étrange et pourtant nécessaire, si élégant dans son bricolage, de chaque forme de vie, spécifique et individuelle[25]. Le poète Novalis redécrit de manière libératrice ce que notre tradition nomme Nature. Il écrit : “J’appelle Nature cette communauté merveilleuse où nous introduit notre corps[26].” C’est de ce corps-là qu’il parle : épais de temps, tissé d’aliens familiers, bruissants d’ascendances disponibles.

Dotés de ces trois puissances corporelles, les loups ont pu inventer cette forme de vie originale : ils peuvent allier la solitude quiète à la vie sociale intense, à la chaleur communautaire ; l’ivresse souveraine de la retraite en montagne, seul au sommet, et la calme disparition de l’ego dans le collectif, lorsque la meute bouge comme un seul corps, dans l’effort, la chasse ;

le recueillement dans les souvenirs lorsqu'on est isolé sous la pluie d'automne, insensible à son ruissellement sur la fourrure, perdu dans des rêveries de loup, et l'intensité dramatique des discordes, des conflits politiques entre dominants, des alliances et coups de force. Mais le droit non négociable de se retirer *dans son coin*. (Droit inestimable dans les familles nombreuses, et la meute n'est qu'une famille nombreuse.)

L'espace des possibilités d'existence ouvert par leurs puissances du corps permet de comprendre mieux, alors, la forme de vie particulière des loups.

Exercice d'ethnographie par les traces : ils se séparent le jour, s'isolent, vaquent à leurs démons personnels, jouissent des sensations, des odeurs, des enquêtes qu'ils mènent chacun de leur côté, et cultivent ainsi la joie de se retrouver le soir, en quelques hurlements, pour lancer la vie collective, sa discipline, sa coopération, son attention concernée aux signes des autres, à leurs émotions, avec le respect des hiérarchies, l'étiquette de la vie collective, les rangs sociaux, les dominances à rejouer, à déjouer, à ruser, à mettre en cause, les relations complexes, les amitiés ambiguës, l'affection pour un cousin dont la sœur vous a dans le nez, tout ce qu'on peut imaginer comme drames infinitésimaux (mais définitoires pour chacun) de la vie d'une famille élargie.

Une famille qui travaille ensemble, collabore, qui agit tantôt comme une expédition d'explorateurs ; tantôt comme une patrouille militaire aux frontières ; comme un clan paléolithique de chasseurs de gros gibier ; une école multigénérationnelle qui prend soin des petits, où chacun joue un rôle dans leur éducation ; une file indienne de cartographes qui redessinent des frontières par l'odeur, déposant les blasons de la meute et les drapeaux du territoire sous forme de laissées, pour remplacer ceux que le mauvais temps a délavés…

Et puis arrive l'aurore aux crocs de rose, et chacun se sépare, fatigué de l'activité intense, de la hiérarchie, de l'attention à donner à tous et à chacun, lassé de faire passer le projet collectif devant le désir nomade intérieur, et cette odeur de fleur que je suis seul à sentir ; et alors chacun va son chemin, qui vers la crête, qui le long de la rivière, qui au fond de la forêt.

Les plus amoureux ou amis, les plus timorés, restent ensemble, à deux, parfois à trois, un autre reste avec les bébés, le couple dominant se retire dans sa tente faite d'un bosquet surplombant le ruisseau.

Mais les têtes brûlées, ceux qui souffrent le plus de la hiérarchie lupine, s'éloignent, vont explorer, enfin libres, loin des disciplines militaires et des obligations hiérarchiques, de nouveaux ciels, de nouvelles sources, manger en premier, sans suivre l'étiquette, dormir les pattes en l'air en regardant passer les nuages, courir où bon me semble, et ne pas poser la patte exactement dans la patte du coureur de devant, qui a mis sa patte exactement dans l'empreinte du leader ; sentir, tout respirer, se rouler dans les choses, se rouler dans le cosmos tout entier, enivré des odeurs de musc et de menthe sauvage, et de l'odeur de défi d'un lynx qui a marqué lui aussi sur ce même tronc ; et sur ce pont de bois regarder les truites pendant des heures (est-ce que ça se mange ? Il faudrait essayer) ; tout goûter, tout tenter, ne rien faire, flâner, s'ennuyer ferme, et puis le soleil tombe là-bas, et l'on sent monter dedans la petite solitude, l'envie d'un masque de loup à lécher, l'envie de l'excitation d'être ensemble, de l'odeur chaude des autres comme d'une fumée qui nous baigne, l'envie des autres ; le désir de faire, c'est-à-dire de faire ensemble, d'être un seul corps, une pure rivière de crocs, filante et personne comme le vent, capable de capturer tout ce qui pourtant s'y refuse, résiste, se débat, de prendre la force de vie de tout ce qui vigoureusement veut vivre, et l'incorporer, la dérober sous forme de chair, un seul grand corps capable de mettre à terre des bêtes comme le ciel, des cerfs aux bois de forêt, des sangliers-collines fumantes ; être ensemble, la bande infernale, inarrêtable, les cadors, les caïds, les cousins, le rire partagé du cercle intérieur, qui donne chaud, le coup de langue que me donne un proche, juste en passant, comme un humain en passant pose sa main sur le dos d'un ami pour dire "Je te vois", "Tu existes fort", "Je suis là".

Tout à coup, je sens le flanc chaud d'une louve contre moi pendant qu'on attend le départ à la chasse, son flanc avec son poids qu'elle fait peser sur mon flanc, la joie pure qu'elle s'abandonne ainsi contre mon pelage de loup, ce signe de confiance, ce signe silencieux de désir de contact, la sensation euphorique du seul contact du corps de l'autre, innocent, chacun regardant ailleurs, les oreilles dressées vers les mouvements de la meute, des louveteaux, vers la lune ; la loyauté et l'attachement que ce contact dit sans avoir besoin de rien dire (je suis là, je suis mieux contre toi qu'ailleurs, tout est dit) ; allez, ça va démarrer, elle se lève, elle trottine vers la rivière, elle a soif, je la connais, et je la suis, même si je n'ai pas soif, parce que le centre chaud du monde se déplace, non plus avec moi, mais devant moi désormais.

Pendant qu'elle lape l'onde dans la nuit, je regarde la rivière en amont, se perdre dans ses méandres, ils m'appellent, je veux les explorer, mais un hurlement retentit derrière nous dans la clairière où nous étions avec la meute, c'est notre leader, la femelle qui nous guide, elle nous appelle pour le départ à la chasse, nos quatre oreilles sont bandées vers sa voix, et nous la rejoignons, mon museau aimanté devant moi par la queue loquace de Louve. Il n'y a pas vision plus familière : suivre la pointe de fourrure d'une queue aimée, le champ de vision occupé par le rythme gracieux du balancement de sa croupe devant, à travers les paysages alentour rendus évanescents par la vitesse. La silhouette devant d'un autre loup au trot, c'est là, le foyer du loup. En moi, devant moi, en moi, devant moi, ainsi circule le centre du monde-loup, c'est son battement journalier.

Mais à l'aube, oui, à l'aube, à l'heure où blanchit la campagne, je partirai, le museau libre enfin, aimanté par mille odeurs données par les vents, par leurs promesses, et je remonterai cette rivière jusqu'à sa source, enfin seul, enfin tranquille, jusqu'à sa source.

C'est l'aube, nous paressons dans les duvets. Le ciel est encore sans nuages, il n'a même pas fait froid, nous avons dormi comme des bienheureux.

ÉPISODE 10

UNE SAISON CHEZ LES SURVISAGES

En bricolant ce style de vie qui passe de la solitude flâneuse à l'action collective la plus tissée, les loups ont inventé ce faisant, d'ailleurs, encore autre chose : la joie des retrouvailles.

Cette joie folle, échevelée, glapissante, qu'on leur voit si souvent à la caméra thermique quand ils se retrouvent le soir. Des heures, nous les avons observés sur le plateau de Canjuers, les yeux vissés au viseur, le corps statufié dans le mistral de la nuit, pour ne pas faire trembler l'image, pétrifiés par l'intimité de la scène. Tout à coup le père loup arrive le premier dans la clairière où les petits ont passé la journée. C'est l'hallali, un chaos d'amour et de crocs fond sur lui, sans pitié, on va lui faire sa fête : six louveteaux et louvettes, les grands frères, les grandes sœurs, tout le monde entre dans la cérémonie. Courses folles, léchages de babines, rituels mystérieux, jeu de positions corporelles.

Ces sarabandes sont à nos yeux aussi énigmatiques que l'étiquette d'un royaume raffiné et lointain, mais le fond vital qu'on partage avec eux décrypte néanmoins sans équivoque la tonalité émotionnelle de ces rituels (tous les animaux sont, à différents degrés, des éthologues-nés, artistes pour décrypter leurs congénères – et les autres espèces). C'est de l'allégresse pure, qui trouve mille parades et parures pour s'exprimer dans toute sa richesse, puisque vivre animal, c'est aussi inventer des manières d'exprimer les émotions intenses que l'on a en partage. Et si la poésie parlée nous manque, en tant que loups, nous aurons la poésie des attitudes corporelles, des vocalisations, des mouvements d'oreilles et de queue. Nous aurons l'éloquence complexe du masque facial, orfévré par l'évolution pour enrichir les possibilités d'expression. Un carnaval au fond des bois.

Ces comportements produisent un profond effet miroir sur nous, pour qui veut bien enquêter sans préjugé sur l'animalité humaine. Car ces fêtes de retrouvailles sont des expressions très intimes de leur affectivité intérieure, et pourtant elles prennent des formes codifiées dans ce qu'on appelle leur éthogramme : le catalogue des séquences comportementales qu'ils partagent comme espèce. À y bien regarder, c'est quelque chose qui existe aussi chez nous. L'acte de *prendre dans ses bras*, spontanément, un ami qu'on retrouve après des mois d'absence, ou le proche qu'on va quitter pour toujours, n'est pas universel dans les cultures humaines, qui peuvent pour des motifs culturels le mettre à distance, mais il est très répandu, et spontané chez les enfants. Il est aussi trouvable chez d'autres primates sociaux, qui utilisent spontanément ce comportement (le *hug*) pour exprimer leur affection, rassurer, tisser du lien. Je fais l'hypothèse que ce comportement est une ancestralité animale de l'humain, un héritage d'un ancêtre primate social dont la conformation corporelle permet l'embrassade face à face, en position redressée (ce qu'être un loup, un cerf ou un chat ne permet pas). Une ancestralité animale analogue aux jeux corporels qu'on voit dans les retrouvailles de loups. Un élément mobile, culturellement modulable, de l'éthogramme humain. Mon argument est aussi fragile que vécu : les chats n'expriment pas ainsi l'affection, ils se frottent les joues et le flanc ; et, pire, ils supportent mal les démonstrations d'affectivité primate : le *hug* les fait paniquer, parce qu'être enserré dans les bras d'un proche les effarouche, alors qu'il nous calme. Une ancestralité animale : c'est-à-dire que prendre quelqu'un dans ses bras n'est pas un code culturel arbitraire, ou une décision personnelle souveraine et libre, c'est la manière spontanée dont notre corps animal exprime, active et réalise de l'amour. Le contact tactile, comme le fait d'être serré, c'est montré, confère d'ailleurs des formes de satisfaction sensorielles et psychiques profondes. Or voilà le point de mon argumentaire : ce geste n'est pas un code culturel pur, et pourtant il est intime, il est profondément signifiant, il exprime avec justesse des émotions supérieures, et pourtant il est animal. Cela nous rappelle que certaines des manifestations intimes de nos affects humains les plus hauts sont en fait profondément et strictement animales, ce sont des dispositions de nos corps, héritées de notre histoire évolutive. À partir de là, l'animalité humaine n'a plus rien à voir avec la bestialité, la férocité, le grossier… Elle est faite d'ascendances et d'affects animaux qui peuvent être déclinés ou subvertis, mais qui continuent de s'exprimer jusque dans nos comportements les plus quotidiens, les plus exigeants, les plus riches… Les ascendances animales sont partout, dans la totalité de nos comportements, et se manifestent en mosaïques, qui peuvent être détournées, décalées par la culture et la décision individuelle, nos styles intimes de faire avec ces héritages, mais elles sont là à chaque instant, et c'est cela, l'animalité des humains. Quelle joie d'être un animal, alors.

L'humanité n'est qu'une certaine animalité ; poignante et supérieurement signifiante pour nous, certes, mais comme celle du loup l'est pour lui-même.

À la lumière de ce genre d'idée, une conclusion s'impose : nous sommes bien des animaux, mais tout va bien, ce n'est pas grave, ne vous en faites pas. Pas de dignité perdue ni de vecteur d'ascension dérobé dans cette formule. Pas de restitution non plus à une primalité plus pure. La question n'est alors plus de savoir si l'humain est un animal comme les autres, mais *de quelle manière*. De quelle autre manière. Quel type d'animalité est l'humanité ?

Revenons désormais, mieux attentifs aux parentés aliennes, à nos loups qui dansent, jappent et spiralent, pour fêter leurs retrouvailles. Comment exprimer des émotions sociales riches si vous n'avez pas la parole ? L'évolution a répondu de multiples manières à cette question. Chez le loup, un indice se donne à nous par la formule "masque labial du loup". Ce terme zoologique sert à qualifier la bande de fourrure blanche qui court sous le museau du loup, le long de ses babines, jusqu'à sa gorge. Cette bande contraste avec le front sombre au-dessus, qui va de la truffe jusqu'au sommet du crâne, qui, lui, a donné son origine au "loup" de carnaval. Il est intrigant que les biologistes nomment "masque" la partie basse (le masque labial blanc) quand la culture populaire a appelé "masque" la partie haute, sombre (le loup de carnaval). En somme, un visage de loup, ce sont deux masques. En fait, c'est tout le visage qui est un grand masque composé. Ce masque est un produit de l'évolution : les symétries, les ornements servent à accentuer les expressions du visage. Par exemple, les deux taches blanches au-dessus des yeux du loup, dans la position des sourcils humains, sont comme un maquillage de mime : elles stylisent et accentuent les positions de regard qui disent l'intérêt, la peur, la surprise, la soumission ou la majesté.

Le masque lupin est capable de mille jeux : la colère drue plisse verticalement les rides du front, comme des trombes, lorsqu'il faut mimer la férocité pour faire passer un message. La colère est un affect indigne quand on le subit et le fait subir, mais c'est un outil intéressant parfois quand on l'utilise comme un masque : chez les loups, ce masque de foudre permet de maintenir la cohésion sociale, en rejouant les hiérarchies, *sans* avoir besoin de recourir à la force. Le masque permet d'accentuer les regards impérieux, les mines qui savent *jouer la* dominance et maintenir un ordre. À l'inverse, la quiétude lisse tout le front, lorsqu'il s'agit d'apaiser un louveteau effrayé.

Ce sont là des masques politiques, des masques à usage quotidien pour assurer le *modus vivendi*, des masques de pacification et de souveraineté. Regardez comme ils accentuent la capacité du visage du plus gros loup à se faire passer pour un louveteau qui fait fondre, et l'instant d'après pour un roi en majesté.

Le masque du loup fonctionne comme un masque de théâtre nô, ou de danse tribale, mais avec la mobilité délicate et incarnée d'un visage, son expressivité intime et viscérale, sa manière unique d'exprimer un soi, un flux d'affects, le drame intérieur dialogué qu'est une vie. Le masque animal est comme un paysage qui se transformerait sous les yeux. Des émotions complexes font vibrer tous les traits du visage, comme une houle émergeant de la mer intérieure. C'est un masque métamorphique : il se plie et déplie pour exprimer de la manière la plus pure, la plus éclatante, la plus artistiquement captée, la vie intérieure.

On s'étonne parfois que le regard du chien puisse exprimer, suivant le lexique de son maître, l'amour le plus inconditionnel, le plus authentique. Mais il n'y a là aucun effet magique de la domestication, ou de révélation du fait que les autres animaux seraient capables d'une sentimentalité plus sincère que nous. C'est bien plutôt – autre paradoxe – qu'il existe une expressivité exacerbée du visage des autres animaux sociaux, ceux qui ne se sont pas embarqués dans l'aventure du langage humain (il faut bien compenser). Le chien descend en droite ligne du loup : il dispose des mêmes puissances d'expressivité. Regards au sens approfondi par la métamorphose des traits autour des yeux, par les symétries signifiantes. Il regarde avec tout le visage. C'est l'écoévolution, encore, qui a fait de *Canis lupus* un grand maître de l'expression émotionnelle par le masque-visage, à des fins de fluidification, d'intensification, et d'ordonnancement de sa vie collective. Il y en a un écho chez le chien, détourné par ce dernier, exapté, pour communiquer avec *nous*.

Si les biologistes ont nommé la face du loup un “masque”, c'est un indice qu'ils ont obscurément pressenti qu'il est *plus* qu'un visage. C'est un visage stylisé pour affiner, amplifier et enrichir l'expression d'une gamme d'émotions et de messages. La tradition occidentale du dualisme hiérarchique Homme/animaux a avili leur face en “gueule”, bestiale, un sous-visage. Mais la plupart des masques animaux sont autre chose : des survisages. Parce qu'ils accomplissent supérieurement l'art du visage humain : l'expressivité.

Et partout ces masques ont été inventés par la vie. Il y a le masque du lynx boréal, plus expressif qu'un carnaval. Il y a celui du grand koudou africain, formule muette de l'élégance minimaliste. Il y a celui du blaireau américain, à faire pâlir d'envie toute peinture de guerre iroquoise. Il y a celui du banal chardonneret de nos jardins, qui désespère d'avance tout poète. Ces parures incorporées indiquent comment faire justice à la face animale. Adolf Portmann, biologiste des apparences, relève que la face animale est indiquée aux autres vivants par toute une série d'atours, de contrastes, de symétries. Il ajoute, et cette formule cisèle l'essence du survisage des animaux : chez l'animal, “le plus haut degré de l'existence individuelle, la possibilité de manifester des états intérieurs, est au service de la rencontre[27]”.

Par ce détour qui restitue aux animaux leur survisage, c'est le visage *humain* qui devient tout à coup mieux intelligible, plus sensible. Le sourcil, par exemple. Le masque du loup est doté d'un sourcil de fourrure plus bavard qu'une pie. Notre visage aussi.

Par une de ces analogies perspectivistes, on pourrait enquêter un moment ici sur le mystère que constitue le sourcil humain. À y bien regarder, c'est une tache étrange de poils perdue au milieu du visage d'un primate devenu glabre. Son maintien sur le visage des humains lorsqu'ils ont perdu leur fourrure est assez énigmatique. Certains ont conjecturé qu'il a été sélectionné pour protéger les yeux contre les rayons du soleil de midi, mais on sait désormais se méfier des histoires univoques sur l'origine d'un trait.

On pourrait conjecturer plutôt que notre sourcil est une survivance du même type d'usage qu'en font les loups, les lynx et d'autres. Du fait de l'historicité entrelacée, feuilletée, détournée de tout trait vivant, on peut faire l'hypothèse que la ligne stylisée des sourcils s'est *aussi* maintenue sur le visage humain (par sélection naturelle ou sexuelle) comme deux traits de pinceau pour *accentuer* l'expressivité de nos émotions. Mille visages signifiants impliquent en effet un usage artiste des jeux de sourcils, des expressions les plus spontanées aux plus volontaires. Le cinéma muet est le dernier âge d'or de cet usage animal du sourcil. Mais dès qu'on ne sait pas parler la langue d'un interlocuteur, et qu'il faut bien communiquer, regardez comme les sourcils s'activent et reprennent toute l'amplitude de leur fonction expressive. Dès qu'on dialogue avec un nourrisson, notre visage animal sait très bien quoi faire : il rappelle à la surface son art immémorial du survisage animal, et nous voilà à jouer du sourcil comme on joue du violon. Le soin que certaines personnes apportent au travail de leur ligne de sourcil révèle encore l'importance expressive de cette virgule vivante : on peut sculpter son masque animal, tissant deux créativités.

Les sourcils de chaque visage humain sont en ce sens la réminiscence au présent d'un masque animal, le reste actif d'un survisage. "Réminiscence" parce qu'on l'a oublié, et non parce qu'on serait devenu autre chose qu'un animal. Il est redoublé chez nous par la parole dans sa vocation expressive. Mais la parole cache autant qu'elle montre, et le masque animal conféré par le sourcil humain est tout aussi important pour nous aujourd'hui qu'il l'était *avant* le langage humain : nous n'avons pas perdu le masque animal en devenant humains, il s'est simplement composé avec la parole. Le visage d'Audrey Hepburn est un pur masque de louve : le même art antique s'y hérite, s'y recrute, s'y active. Nous ne sommes pas déchus de la gloire visuelle du monde animal, nous y appartenons pleinement.

Mais ces tissages du visage humain avec la prétendue gueule des bêtes sont plus intimes encore. Ils plongent jusque dans nos cultures : leurs survisages habitent nos parures. Revenons à l'œil du loup : si on l'examine bien, tout le pourtour de l'œil lupin forme une tache mobile claire. Il y a son front sombre, troué de taches blanches autour des yeux, et au centre la prunelle du loup, souvent sombre, parfois miel. Sombre, blanc, sombre : c'est une invention évolutive assez courante, parce que la propriété bio-optique de cette forme est d'*accentuer le contraste*. C'est une forme prégnante (une gestalt) qui confère plus de saillance au regard et à son expressivité. C'est Nikolaas Tinbergen, fondateur de l'éthologie, qui l'a montré en premier pour les goélands argentés : en utilisant des leurres, il a réalisé que les bébés réagissaient plus intensément à une baguette portant un motif sombre/clair/sombre qu'au bec de la mère lui-même (bec clair porteur d'une tache plus sombre), pour inciter la becquée. Mais il semblerait que cela s'applique aussi aux humains, aux loups, à beaucoup d'autres.

Ce motif très présent dans le vivant (un contour clair autour d'un œil sombre), qu'on retrouve chez la fauvette grisette comme chez la vache jersiaise, est en fait une solution à un problème évolutif abyssal lorsqu'on veut bien y prêter attention : comment indiquer aux autres, aux congénères, que c'est bien là, dans les yeux, dans le regard, que se joue le plus éloquemment l'expressivité du dedans caché. Le vivant, depuis les bactéries unicellulaires, a dû inventer le corps symétrique, avec son axe fondateur antérieur-postérieur. Puis lorsque l'évolution, il y a quelques centaines de millions d'années, a placé les organes de la perception *et de l'expression* sur la face, il a fallu trouver comment indiquer aux autres que c'était *là* qu'il fallait regarder, que c'était là qu'il fallait interagir. Certaines formes d'autisme rendent visible qu'il n'y a rien d'évident à chercher les yeux de quelqu'un pour communiquer avec lui : on y voit une attention qui circule indifféremment sur tout le corps de l'autre, sans s'arrêter sur le visage. C'est que le caractère solaire, irradiant du visage doit être indiqué, appris, entretenu dans le vivant, puisqu'il lui a fallu inventer l'expressivité à partir de la matière inerte, qui n'a pas d'avant ni d'arrière, de tête, de chef, de cap (tous synonymes originellement). Il y a dans les arts martiaux cette leçon éthologique suivant laquelle c'est quelque part autour des yeux de l'autre qu'on voit la suite des événements, c'est aussi vrai en amour, c'est ce que le vivant a dû s'enseigner à lui-même.

C'est ce qu'ont bien compris ces animaux artistes qui se maquillent, les humains. Certains motifs du maquillage ne sont pas de pures inventions de l'imagination humaine, des créations arbitraires : ils sont bio-inspirés. Ils accentuent les pouvoirs éthologiques du survisage humain, ils stylisent encore notre masque animal.

Les deux cas les plus nets sont justement deux amplifications de contraste pour accentuer l'intensité du regard. La première technique est l'eye-liner. En accentuant le contraste entre pupille et fond de l'œil par l'ajout d'une enceinte féline sombre, il mime la profondeur du regard de la panthère (elle dispose de naissance de cette ligne noire autour de l'œil). C'est exactement la même structure sombre/clair/sombre qu'utilise le masque naturel du loup. Hommes et femmes de théâtre fardent de noir le tour de l'œil avant de monter sur scène : ils savent depuis toujours que cela en accentue l'expressivité. Mais cette technique a été inventée par l'évolution des millions d'années avant les acteurs, par la lignée des grands félins, comme par d'autres.

L'eye-liner trouve son origine historique dans la poudre de khôl qui fardait les yeux des Égyptiens des deux sexes. Cette filiation est un indice, un détail révélateur d'une filiation plus profonde, qu'on peut pister jusque dans nos salles de bains. L'Égypte antique était familière des métis d'animaux et d'humains (avec ses dieux thérianthropes, à têtes de fauves, d'oiseaux, de serpents...). Cette culture antique était aussi familière des survisages de la panthère et de l'antilope : c'était leur faune quotidienne. Et c'est de l'Égypte antique que provient une part de notre tradition du maquillage des yeux : dessiner le tour de l'œil, comme on le voit sur les fresques, et probablement aussi assombrir les cils. Il n'est pas imprudent de conjecturer que le trait de khôl égyptien, donc l'eye-liner, est une technique bio-inspirée qui confère volontairement à l'œil humain l'intensité du regard de la panthère. Une technique qui capture le même amplificateur de contraste que l'évolution a peint sur le survisage des grands félins. Dans une culture où votre déesse a une tête de lionne, où les animaux ne sont pas des bestioles mais des divinités, prendre leur survisage pour modèle dans l'apprentissage d'une expressivité intensifiée fait parfaitement sens. Jusqu'à aujourd'hui, même les plus obtus ressentent douloureusement la puissance esthétique d'un survisage de panthère. La tradition antique y a puisé des leçons de beauté, au sens vivant : la beauté comme manière d'habiter une forme. La panthère, comme le loup, a un visage habité, un survisage, parce que sa lignée a tenté cette aventure de l'expressivité visuelle plutôt que celle du langage parlé pour résoudre le problème d'exprimer les mille feux de son dedans caché.

La seconde technique biomimétique du maquillage humain est le mascara : il capture le regard de l'antilope, par l'accentuation de la longueur et de l'épaisseur des cils. Ce travail du cil trouve très probablement son origine dans l'Égypte antique. On peut raisonnablement conjecturer que le mascara originel s'inspire des cils interminables de l'antilope africaine, par exemple de la gazelle de la reine de Saba, aujourd'hui éteinte (*Gazella bilkis*, aux cils interminables). Pour s'approprier ses puissances esthétiques (le nom "gazelle" est issu du mot arabe *gazâl*, qui signifie "élégante et rapide"). L'antilope n'évoque pas une femme parce qu'elle a de longs cils : c'est l'inverse, c'est le maquillage des cils qui a repris à l'antilope cette puissance corporelle qui rend plus éloquent le regard, pour la réinterpréter dans un visage humain (au matin devant la glace, en reposant le mascara : “Antilope : activée !”).

Ces idées trouvent leur origine dans une anthropologie du vif, une philosophie des formes de vie ; il nous faudrait, pour les mettre à l’épreuve, des historiens de la parure sensibles à l’éthologie comparée, au sens esthétique partagé entre vivants.

Allons plus loin : cette métamorphose en deux animaux simultanés par la trousse de maquillage est encore plus saisissante dans sa richesse expressive, car elle consiste à capturer aussi le pouvoir imaginaire double et contradictoire de ces animaux. Devenir dans le même temps la proie farouche et le prédateur empathique, avec toute la gamme d’émotions et d’attitudes que cela recèle dans le rapport à l’autre.

Devenir un *panimal*, animal total, une chimère dotée des cils de l’antilope et du tour d’œil noir de la panthère, de la puissance expressive de l’une et de l’hypnose de l’autre. La densité émotionnelle et sémantique inconsciente de ces parures est littéralement immémoriale. Il y a bruissant en elles des échos anciens comme la vie, éloquents comme la contradiction.

Ce matin devant la glace, se métamorphoser en panthilope, ou pas.

Loin de les assigner au genre féminin, on peut rouvrir ces deux parures au grand air de leur origine : le dialogue que la savane entretient avec elle-même, par la bouche des proies et des prédateurs. On peut réanimaliser ces deux parures : ce n’est pas un retour à du plus primal, à du plus authentique, ni même à du passé – mais une restitution à soi-même, un enrichissement intérieur de toute la ménagerie du passé vivant qui remonte à la surface, une hospitalité pour toute la diversité présente qui toque à la porte du visage humain, du dedans, pour parader, et métisser les corps, métisser les puissances. Se maquiller : “activer en soi les pouvoirs d’un corps différent[28]”.

ÉPISODE 11

TANT DE MANIÈRES D'ÊTRE VIVANT

Retour aux neiges du Vercors. Au matin, café chaud, siroté en affût au soleil, l'œil sur le plateau, mais nous ne sommes pas attentifs, nous papotons, nous pépions comme des oiseaux – si un cerf passait sous notre nez, nous ne le verrions pas (les pisteurs du dimanche). Hier soir, nous avons entendu un hurlement en réponse, mais aucun signe de la meute.

Les paquetages sur le dos, nous chaussons les skis de l'Altaï, dotés de peaux de phoque intégrées, très courts, larges et stables, idéaux pour suivre les animaux dans les reliefs les plus accidentés, la peau de phoque ralentissant la glisse, s'adaptant au rythme du suivi de chaque empreinte dans la neige.

Nous décidons de partir vers l'est : c'est là qu'on espérait trouver la meute, mais le silence d'hier dans cette direction me fait penser qu'il n'y a personne. Nous croyons que la meute est loin à l'opposé, à l'ouest, où l'on a entendu le hurlement. La veille, nous n'avons trouvé aucune trace venant de l'est au fond de la combe, ce qui renforce notre hypothèse que les loups ne sont pas là. Nous prenons cette direction néanmoins, pour des nécessités d'orientation : c'est le seul chemin qui nous permettra de descendre dans la vallée pour remonter de l'autre côté, en slalomant entre les pierriers et les falaises.

On espère trouver d'autres traces, des cerfs, des renards, des martres. Le ciel est d'un bleu très pur, il fait déjà chaud, la neige étincelle, elle est encore dure et cassante de la nuit, nous avançons sur la crête en attendant qu'elle ramollisse suffisamment pour que la descente soit réalisable : il faut une texture assez molle pour que les carres des skis puissent mordre et permettre de tourner serré entre les arbres. Nous avançons dans la gaieté du matin, les becs-croisés, les mésanges, les geais font leur vocifération quotidienne, débauche d'énergie expressive sur le plateau désert. Nous n'avons pas vu un humain.

Alors que je joue des coudes pour creuser une brèche entre deux arbres, une empreinte me saute aux yeux.

Elle est très discrète, à peine marquée. À côté il y a des traces de sangliers très profondes, mais cette trace-là a à peine entaillé la neige, elle ne s'est pas enfoncée, elle a juste écrasé les cristaux superficiels, ce qui les configure différemment, de telle manière que la lumière solaire se réfléchit dans un style différent : elle renvoie les rayons dans un très léger jaune, irisé, à peine perceptible. C'est une trace de canidé. On en retrouve une série en ligne, dans un bosquet où la neige est restée molle grâce au couvert des arbres, qui ont piégé les rayons thermiques remontant du sol pendant la nuit et les ont empêchés de s'évanouir dans l'atmosphère. C'est un loup. Non, il y en a plusieurs, au moins trois. La trace arrive en face de nous, comme à notre rencontre, et l'orientation du pied est claire : elle va exactement en sens inverse de nous.

Nous revenons sur nos pas pour la suivre. Elle est parfois invisible, on la perd sur la neige dure, plusieurs fois, pour la retrouver ensuite, dans l'irisation délicate d'un éclat de neige, dans la trace d'une griffe qui a marqué, dans le dessin presque invisible de la pelote centrale, aux bords convexes, très acérés, très lupins. Nous avons rarement suivi une piste aussi fragile, aussi évanescente. Sa discrétion n'est pas due à son ancienneté, au contraire, la trace n'est pas érodée, elle est très précise, très fraîche ; mais les animaux sont passés au cœur de la nuit, lorsque la neige était dure comme du béton, les pas ne marquent quasiment pas. Dans un passage plus mou, nous sommes frappés : ils ne sont pas trois mais au moins cinq, six à mon sens (mais je ne trouverai jamais confirmation du sixième). Ils courent de manière indisciplinée, la neige est solide, il n'est pas nécessaire d'être à la queue leu leu. Lorsqu'un obstacle l'exige, ils se séparent, tout le clan s'effile comme des bras de rivière, pour se retrouver plus loin. C'est là que nous pouvons les compter. Le noyau de la famille. Le gros mâle ne semble pas là : la plus grosse trace est bien inférieure à celle qu'on avait mesurée pour lui.

La piste disparaît et réapparaît comme par enchantement. Lorsque l'un de nous deux la retrouve, il la pointe à l'autre, dans l'excitation de la traque : "Ils sont là !" Il faut quelques instants de cécité éberluée au second pour parvenir à capter le détail révélateur, la brisure ténue, la forme fantomatique que le premier a vue dans le sol. Mais une fois capturé, ce détail infime devient évident, il n'y a plus que lui, il s'impose à la perception comme une forme prégnante sur le fond de neige, et avec elle tout le loup est reconstitué, avec son trot tranquille, et toute la meute ensuite. La petite entaille au sol sécrète dans l'imagination, reliée en constellation aux autres indices, toute la vie passée par là. Le détail presque invisible fait lever les présences, il redessine toute la trajectoire, l'allure de course, la rivière de pattes et de croupes, les queues levées, les museaux à ras de neige, le buissonnement des trajectoires, la course collective et en même temps l'initiative individuelle dans le choix des chemins.

Ils vont vers l'ouest, on les suit donc en revenant sur nos pas. Les traces sont de cette nuit, désormais c'est sûr. Et au fur et à mesure que s'égrènent les mètres de piste, cela devient plus évident, le doute devient plus volatil ; nous n'osons pas l'affirmer à haute voix, la tension monte dans la traque, nous accélérons sans nous concerter, l'attention est plus vibratile, la voix plus grave ; nous le pressentons, avec une émotion ambiguë, interloquée : ils viennent vers nous, vers l'endroit où nous avons hurlé quelques heures plus tôt. Toute la meute vient à notre rencontre. L'usage des temps se brouille dans l'esprit, ce qui est souvent le cas en pistage : on parle spontanément au présent ("ils sont là, ici ils s'arrêtent"...), parce que la trace est une présence-absence, un passé qui percole au présent, et il faut reconvoquer l'image de l'animal dans toute sa corporéité pour suivre son absence. Cela crée des effets de rencontre étranges, comme un dialogue avec des spectres, comme vivre sur plusieurs plans de temps en même temps, traverser le passé au présent, faire lever le passé dans les interstices du maintenant, voir le passé se déplacer en fantôme parmi nous.

Ils filent droit vers notre campement. Ils viennent de l'est. Là où, hier, personne n'a répondu. Le silence complet. Nous avions conclu qu'ils n'étaient pas là, qu'ils étaient loin à l'ouest, à l'opposé, où un loup a répondu.

Mais ils étaient bien là. Ils nous ont entendus. Ils se sont tus. Et ils sont venus.

Ils sont venus, peut-être depuis des kilomètres. À un moment, nous levons les yeux. Obnubilés par le suivi de leur piste, nous avions oublié où nous étions. Lorsque nous regardons alentour, le choc nous immobilise : nous sommes juste au-dessous de notre bivouac de la veille. Les traces lupines sont là, sous nos skis. Elles marquent des arrêts, qui sont orientés très nettement dans une direction, et, lorsqu'on la prolonge du regard, on tombe exactement, à trente pas de là à peine, sur l'arbre qui nous a servi d'abri. Ils sont venus jusqu'à nous, en réponse muette à nos hurlements, à nos appels. L'émotion est particulière : nous pistons les loups vers nous-mêmes. Je suis leur trace vers moi, vers mon ancien moi, qui riait là-haut en discutant au bivouac, bien au chaud. D'ici, je nous vois dans la lueur des flammes, derrière un petit feu bien sécurisé et un déflecteur de chaleur, buvant le vin chaud, je fronce le museau pour sentir l'odeur de charcuterie qui descend de ce campement, où deux voix enjouées se répondent, mes vibrisses se hérissent, je goûte les odeurs, mes oreilles virevoltent puis se ploient vers les sons qui tombent de ce bivouac, pour en recueillir chaque goutte, je suis sous la pleine lune, dans la nuit, en silence, avec mon clan, et là-haut, à quelque trente enjambées, il y a deux bipèdes, qui font leurs vocalises particulières, qui pépient comme des oiseaux ; ils sont drôles, insouciants comme des louveteaux, ils ne nous voient pas, obnubilés qu'ils sont par leur propre meute, autour du feu, et nous restons là longtemps, à les écouter babiller, quelle énigme ; le vent tourne légèrement et nous envoie leur fumet, l'un d'eux a cette odeur que je connais bien : c'est le moi ancien que j'étais hier. Il nous a appelés, et nous sommes venus ; toute la meute je suis venu.

Ils n'avaient pas répondu cette nuit, mais ils ont avancé à notre encontre. Ils ont bien *répondu* en un sens, mais c'est ce sens qui est fascinant, car ils ont répondu sans répondre comme on l'attendait. Pas d'acte réflexe en réaction à un stimulus, pas d'instinct qui les condamne à hurler si on le déclenche : leur refus de répondre est aussi une réponse, c'est une réponse plus active encore, parce que c'est une *retenue*, la vertu inverse de la démesure féroce qu'on fantasme aux fauves (*"I'd prefer not to howl"*, dit Bartleby le loup).

Puisqu'ils sont venus, le fait qu'ils n'ont pas répondu apparaît bien comme une puissance d'affirmation existentielle : ce n'est pas qu'ils n'ont pas répondu parce qu'on a mal mimé, et pas réussi à activer leur réflexe de hurlement. C'est la manifestation chez eux d'une intériorité décisionnelle complexe. Ils imposent ce sentiment d'un acte affirmateur de leur part, d'autant plus qu'ils se soustraient à notre autorité. Et notre biais humain de maîtres de la terre nous amène à prendre d'autant plus au sérieux la consistance ontologique d'un autre qu'il se soustrait à notre appel. Comme le dit tristement Xénophon : "Les humains sont ainsi faits qu'ils méprisent ceux qui se soumettent, et respectent ceux qui leur résistent." C'est un invariant animiste assez comique : ceux qui résistent semblent toujours avoir un peu plus d'intériorité et d'existence que les autres.

À un moment, ces loups se sont dit quelque chose comme "Tiens, si on allait voir". Pourquoi sommes-nous intéressants pour eux ? Parce que nous sommes nouveaux ? Parce que nous chantons, mal, mais nous chantons bien leur chant ? Parce que nous sommes en un lieu important pour eux (la grotte) ? Parce que nous avons tenté d'établir une communication ? Si c'est le cas, c'est assez fascinant : c'est qu'ils sont réceptifs à l'idée de prise de contact interspécifique. C'est qu'ils ont des aptitudes à la diplomatie interespèces. C'est qu'ils sont curieux des bipèdes engagés dans le *middle ground* entre les formes de vie.

Ils sont donc bien venus en un sens à notre appel, mais pas comme un chien qui vient quand on le siffle. Leur manière *décalée* de répondre dit toute la puissance de leur initiative dans l'interaction, de leur obligeance souveraine : ils se plient à l'interaction demandée par un autre, mais en lui imposant leur propre style. Ils n'ont pas répondu vocalement, mais ils ont inventé une manière de répondre qui n'était pas commandée par notre appel : ils ont fait ce qu'ils voulaient de notre demande. Ils ont ainsi activé la forme la plus haute de dialogue, celle où l'on répond bien à celui qui interroge, mais en refusant la normativité de sa question, en en faisant autre chose. Un peu comme lorsque, assis ensemble à la terrasse d'un café, on demande à un ami, avec une petite angoisse : "Quelle heure est-il ?" et qu'il répond : "Peu importe l'heure, profite de ma présence..."

Dialoguer sans subir la contrainte toujours latente dans une question : c'est comme si la meute reprenait mot pour mot à son compte la phrase que Nietzsche s'applique à lui-même dans *Ecce Homo* : "Je suis trop curieuse, trop incrédule, trop pétulante pour permettre que l'on me pose une question grosse comme le poing[29]."

Quelle étrange émotion d'être l'objet de la curiosité d'un animal, qui vient vous voir depuis bien loin, dans la nuit, pour savoir qui vous êtes, alors même qu'il sait que vous n'êtes pas qui vous prétendez être, qu'il sait que vous n'êtes ni de la meute, ni même un loup ; et pourtant il enquête. Inversion nourrissante : être l'objet de l'enquête d'un fauve.

ÉPILOGUE

L'ALLIAGE INCANDESCENT

Le pistage, au sens large d'une sensibilité enquêtrice envers le vivant, est une expérience très nette d'accès aux significations et aux communications des autres formes de vie.

Le pisteur, c'est en fait n'importe quel praticien du monde vivant intéressé aux signes, et cela inclut pêle-mêle des promeneurs décentrés d'eux-mêmes, des forestiers qui s'interrogent sur le comportement des arbres, des paysans et des agroécologues qui enquêtent sur les dialogues entre les racines, les campagnols et les rapaces (il y a un lien), des naturalistes qui questionnent chaque forme vivante, des cueilleurs autochtones enquêtant sur les repaires et habitudes des tubercules, des chasseurs amazoniens Runa Puma adeptes d'une pensée sylvestre… Plus largement, est pisteur tout humain qui active en lui un style d'attention enrichi au vivant hors de lui : qui l'estime digne d'enquête, et riche de significations. Qui postule qu'il y a des choses à traduire, et qui essaie d'apprendre. Dans ce style d'attention, l'on est tout le temps en train d'engranger des signes, tout le temps en train de faire des liens, en train de noter des éclats d'étrange, et d'imaginer des histoires pour les rendre compréhensibles, pour déduire ensuite les effets visibles de ces histoires invisibles, à chercher désormais sur le terrain. La richesse ensorcelante du paysage vivant, son cosmos étourdissant de significations, sa manière de vous immerger comme une vague de *sens* (dans ses deux dimensions tissées) émerge alors, comme un cachalot des profondeurs de la mer monotone.

Ce style d'attention se déploie au-delà et en dehors du dualisme moderne des facultés, qui oppose la sensibilité au raisonnement. Pister est une expérience décisive pour apprendre à penser autrement car, lorsqu'on est dehors à flairer les indices, on ne se débarrasse pas de la raison pour devenir plus animal (dualisme moderne avec inversion du stigmate), on est simultanément plus animal *et* plus raisonnant, plus sensible et plus pensant.

L'épuisement caractéristique d'une fin de journée de pistage, où justement l'on ferme ses sens parce qu'on est éreinté de sentir, de réfléchir, d'interpréter, de faire lever des invisibles : c'est précisément le symptôme qu'il faut non pas soustraire la pensée prétendument aliénante à la sensibilité prétendument authentique (mythe antimoderne), pas plus qu'il ne faut retrancher la sensation trompeuse à la pensée pure (mythe platonicien qui a nourri les sciences galiléennes modernes). Mais qu'il s'agit plutôt d'articuler ensemble, dans un *style d'attention complet*, toutes les composantes de la disponibilité humaine au dehors. De déployer ensemble toutes les antennes vibrantes de la sensation, perception, interprétation, déduction, intuition, imagination. C'est par un alliage incandescent d'une sensibilité vibratile aux autres dans leurs altérités, d'une perception participante, d'une activité interprétative et imaginative extrêmement audacieuse et très prudente, d'une activité déductive rigoureuse et sauvage, d'une création d'hypothèse échevelée dans l'heuristique et très raisonnable dans la conclusion, d'une disponibilité générale aux signes, d'un usage enquêteur du corps animal sentant et marchant, que l'on peut retisser des branchements sensibles, puissants, aux territoires vivants. Pour dépasser la cécité des modernes, pour recréer des affiliations aux vivants, en leur reconnaissant leur richesse de significations. Pour essayer, bien qu'on se trompe souvent, de les traduire un peu.

Cette sensibilité n'existe, dans les pratiques riches du vivant, que parce qu'elle est indissociablement tissée à la pensée, et aujourd'hui elle peut s'enrichir des savoirs des sciences du vivant non réductionnistes qui émergent partout. Elle est enrichie de l'intelligence sous sa forme la plus rigoureuse, la plus cartésienne, de l'activité de raisonnement, qui ne peut être jetée avec l'eau du bain de la modernité sans céder à un irrationalisme complaisant, mais qui doit être reconnectée à la sensibilité la plus vibratile, la plus généreuse, et expurgée de ce qui n'a *jamais* été l'essence des sciences ou du raisonnement mais son folklore violent (l'objectivation aveugle, la pure quantification, la désanimation). L'enjeu est de tisser ces savoirs à la sensibilité la plus poétique, pour imaginer la poésie la mieux informée, la sensualité la plus attentive au grain exact de la peau d'un tremble, de l'écorce d'une rivière, du courant d'un nuage, du mouvement d'une forêt.

C'est pourquoi le goût actuel pour l'animisme, pensé comme connexion mystique et sensible à la nature, opposé à la rationalité occidentale conçue comme objectivante et aliénante, constitue une position problématique. D'une part, il tend à réactiver la croyance très ethnocentrique selon laquelle les peuples premiers n'enquêtent pas. Qu'ils accèdent à la vérité de leurs écosystèmes simplement en écoutant parler les arbres et les nuages, par la perception mystique, strictement "sensible" et affective. Cette approche est paradoxalement d'une grande violence envers l'animisme : elle oublie que la spécificité de l'enquête dans d'autres formes culturelles que la nôtre, ce n'est pas qu'elle est absente, c'est qu'elle est continue, immersive et partagée par tous. Ce n'est pas qu'il n'y a pas de réflexion analytique chez les chasseurs-cueilleurs, c'est qu'elle est diffusément là tout le temps, tissée au reste. Contrairement à notre tradition où elle est officiellement localisée dans des actes isolés de "recherche". Nous sommes, depuis les théoriciens grecs, les clercs médiévaux et jusqu'aux chercheurs de métier actuels, la seule civilisation qui a autonomisé et confisqué le champ de l'enquête, en professionnalisant le métier d'enquêteur (on appelle cela un scientifique, ou un expert), aspirant tout le savoir légitime comme produit de l'activité de quelques-uns. C'est une confiscation d'une grande violence, qui invisibilise que tout le monde, dès qu'il est en prise avec la vie, enquête. Les praticiens de tous les pays, autochtones amazoniens ou paysans de la Creuse, passent leur temps à enquêter, sans protocoles expérimentaux officiels ni *peer-reviewing*. Certains sont brillants et captent mille choses inconnues des autres, mènent des enquêtes précises, intuitives, imaginatives et pourtant finalement exactes, aboutissant à des savoirs fascinants, comme on le voit aussi bien chez les agroécologues et permaculteurs australiens que chez les pisteurs bushmen du Kalahari. Certains, c'est comme pour tout, sont plus obtus, appliquent des recettes, s'arrêtent sur des certitudes dogmatiques, projettent des sens qui ne sont pas là, raisonnent par habitudes de pensée, par facilité, par superstition. Mais l'enquête est là, elle est partout, c'est le nom caché de la vie[30].

De là, c'est cette enquête diffuse, vécue, offerte à tous, branchée sur le sensible, qu'il faut réactiver envers le vivant, et pas une sensibilité romantique et mystique d'un côté, ni un raisonnement d'allure scientifique, réductionniste, confisqué par les experts, qui n'est que le cache-sexe de l'extractivisme (il faut en effet réifier la nature en matière inanimée pour en justifier l'exploitation à tout crin).

D'autre part, ce goût pour l'animisme pensé comme connexion sensible opposée à une approche rationnelle passe par l'idée que l'accès aux invisibles, aux significations et aux communications des autres vivants est amoindri par le travail des sciences, par leur usage du raisonnement et du langage. Or, le paradoxe infernal de cette idée tient en une phrase : aujourd'hui, lorsque les opposants aux sciences s'élèvent contre notre réduction du vivant à de la matière brute en prenant pour levier de leur critique le fait que les arbres communiquent et échangent des nutriments, ils oublient quelque chose : ce sont précisément des sciences (les sciences du vivant réanimantes) qui ont généré ces savoirs émancipateurs à l'égard du vivant. C'est en ce sens que l'on entrevoit que certaines sciences sont aussi un opérateur pour faire sauter les coutures du naturalisme de l'intérieur. Ce qu'il faut soustraire aux sciences, ce n'est pas les beaux savoirs multiples qu'elles donnent sur les dynamiques invisibles ou les comportements cachés des vivants, c'est leur folklore moderniste d'objectivation et de réduction : mais cela exige de faire passer le scalpel beaucoup plus finement que ne le fait une opposition entre Science et Sensibilité.

Pour sortir alors de cette opposition stérile entre raison analytique froide, qui nous mettrait à distance de l'expérience vivante, et sensibilité immersive prétendument libérée de la pensée, il ne s'agit pas de parier sur le minorisé contre le dominant, car c'est le dualisme hiérarchique lui-même le vrai dominant, et ce faisant on le pérennise. Il faut penser en dehors de ce dualisme : non pas parier l'un contre l'autre, non pas valoriser une attitude *soustraite* de l'autre. C'est à mon sens la grande leçon de l'expérience pratique du pistage sur le terrain.

On accède par là à un sens élargi, non amputé, de ce qu'est la sensibilité : le dispositif de captage du réel qui instrumente un humain, c'est le tissage de toutes les puissances des sens et de la pensée, dans le creuset du corps branché au dehors, et pas les unes au détriment des autres, les unes annihilant les autres, la raison nous coupant de la vérité des sens, ou les sens illusionnant la raison. Qu'on puisse jouir des deux sensibilités soustraites l'une à l'autre séparément, c'est un fait, lorsqu'on lit l'équation de la force de gravitation plutôt que de regarder le ciel qui tourne, ou lorsqu'on jouit des étoiles comme des diamants piqués dans un velours noir, indépendamment de leur nature astrophysique. Mais que l'on soit voué à osciller entre l'une et l'autre exclusivement, c'est une aberration bien moderne. Il existe partout des pratiques de la pensée et des sens qui mobilisent spontanément les deux, et ce sont en elles que réside la clé pour ouvrir des passages vers les territoires vivants qui nous fondent.

On voit le même phénomène chez le permaculteur : il a besoin de passer sa nuit sur internet à glaner des savoirs, pour le lendemain avoir une perception enrichie de ce qui se passe dans sa forêt-jardin ensorcelante, accédant à l'invisible, immergé dans son design parmi l'étrangeté des vivants, qu'il a appris à traduire par un dialogue avec d'autres permaculteurs, des blogs, des manuels de biologie, des observations d'autres agriculteurs dans le passé, des articles de microbiologie des sols ou d'éthologie des vers de terre.

À certains égards, cette approche partage l'affect philosophique du vitalisme : c'est bien la vie, le fait vivant, qui est le grand mystère et la grande puissance autour de laquelle tout gravite, et pas la culture, l'esprit, la conscience, la morale, la raison… Mais il s'agit ici de donner du corps à cette fascination pour la vie en regardant sérieusement le vivant : en métabolisant les savoirs biologiques les plus pointus et les plus ouverts, pour leur restituer leur puissance mythique, en les subvertissant au passage.

C'est une tentative de contourner en sifflotant les dualismes entre science et fiction, poésie et exactitude, sensibilité et raison, pour forger une sorte d'alliage incandescent de toutes les facultés vivantes : les sens les plus aiguisés, le corps le plus mobilisé, l'imagination la plus sauvage, les raisonnements les plus serrés, la sensibilité la plus vibratile, la fabulation et le savoir. Pour préparer la rencontre avec le monde, et inventer de nouvelles relations, riches des égards ajustés, envers les autres manières d'être vivant.

En un sens, l'expérimentation secrète à l'origine de cette "saison chez les vivants", de tout ce périple de mots, revient à une énigme : comment écrire au temps du mythe ?

Car qu'est-ce qu'un mythe ? Lévi-Strauss proposait cette définition autochtone : "Si vous interrogiez un Indien américain, il y aurait de fortes chances qu'il réponde : *une histoire du temps où les hommes et les animaux n'étaient pas encore distincts*[31]." Dans les cosmologies amérindiennes, ce temps du mythe n'est jamais complètement passé, il hante toujours le présent, il est à sa lisière, prêt à fondre sur nous dès qu'on est inattentif, dès qu'on ne cherche plus à verrouiller la différence entre eux et nous (dès qu'on ne crée plus d'ouvrages défensifs pour masquer la "connivence originelle" entre les formes de vie[32]).

Tout un projet d'écriture mythographique, ou mythopoiétique, émerge de ces expériences de pistage enrichi. Écrire au temps du mythe. Le traverser pour quelques moments suspendus. Nous avons un jeu en forêt : quand on croise un arbre courbé qui fait une arche, on se raconte que c'est un portail du temps du mythe. Quand on passe de l'autre côté, tout est identique mais tout a subtilement changé ; l'accès aux mystères est facilité, les catégories modernes bien stabilisées n'ont plus cours, on peut enfin voir les ancestralités animales de nos corps à la surface, activées juste là, sous la peau. On entrevoit les animaux et les arbres sous leur vraie forme, celle d'aliens familiers. On pressent les possibilités diplomatiques d'un monde vivant partagé.

J'entends par *diplomatie interespèces* une théorie et pratique des égards ajustés. Les égards ajustés commencent par une compréhension de la forme de vie des autres, qui tente de faire justice à leur altérité : elle implique donc de tailler un *style ajusté* pour parler d'eux, pour transcrire leur allure vitale par les mots – ce qu'ils ne feront pas. Et c'est en un sens toujours un échec, on ne fait jamais justice, mais c'est pour cela qu'il faut palabrer sans fin, traduire et retraduire les intraduisibles, réessayer. Il faut arriver à parler d'eux avec le langage qu'on utilise pour parler de nous, pour montrer qu'ils ne sont pas de la matière physique, de la "Nature" ; mais en ployant ce langage de manière que leur étrangeté apparaisse. Il faudrait qu'on puisse lire ce texte de la même manière que s'il commençait par : "Vous venez d'atterrir sur une autre planète (c'est en fait la vôtre), et vous rencontrez une forme de vie inouïe, et vous voilà à faire de l'ethnographie extraterrestre : ils n'ont pas la parole argumentée, le langage sémantique, les mêmes formes cognitives que vous, et il faut restituer que ce n'est pas une déficience, pas un manque[33]." Comme des extraterrestres, ils inventent leur propre échelle de valeurs : ce sont bien des mœurs que l'on décrit, des mœurs épaisses et tissées, épaisses de millions d'années, tissées aux mœurs des autres vivants. Et inventives d'être épaisses de temps et tissées d'altérités.

Ce sont des mœurs, des éthos, parce que ce sont les leurs et qu'elles sont indépendantes de nous : c'est la différence avec le discours ethnographique colonial sur les formes de vie indigènes, qui les évalue toujours subrepticement à partir de l'échelle de valeurs des colons érigée en normes (la raison contre la superstition, l'organisation "optimisée" contre la coutume, l'énergie réalisatrice contre la "paresse" autochtone).

Ils ont surtout un autre *corps* que nous, et comme le corps épais de temps et tissé d'aliens est ici-bas, pour tous, le configurateur des possibilités d'existence, ils incarnent et activent *d'autres manières d'être vivants*. Il faudrait imaginer un guide des corps prodigieux. Comme un guide naturaliste, non pas voué cette fois à nous apprendre à reconnaître les oiseaux ou les champignons, mais à nous faire accéder à l'énigme embarquée et palpitante que constitue le fait d'être un autre corps, un corps de vautour ou de chêne centenaire, en tant qu'il ouvre un espace inouï de possibilité d'existences.

L'enjeu revient à restituer la plénitude de leur forme de vie tout en conservant sa parenté, malgré l'absence chez eux de certains de vos attributs les plus spectaculaires (comme le langage humain) – mais *avec* lui.

Le tissu du vivant est une tapisserie de temps, mais nous sommes dedans, immergés, jamais devant. Nous sommes voués à le voir et le comprendre de l'intérieur, nous n'en sortirons pas.

C'est ce que rend visible une *approche inséparée du vivant* : une philosophie simultanément éco-évo-étho, c'est-à-dire sensible aux tissages horizontaux avec la communauté biotique tout autour (écologie dénaturalisée), sensible aux tramages verticaux avec la manne des ancestralités plongeant dans l'immémorial (évolution démécanisée), et attentive au pouvoir du vivant d'ouvrir des dimensions de l'être : l'espace pour des formes d'existence inventives (éthologie philosophiquement enrichie).

L'écologie dénaturalisée est ouverte aux dimensions politiques des relations interespèces ; l'évolution démécanisée travaille sur les sédimentations d'ascendances disponibles et la réserve exaptative qui rend possibles des relations nouvelles ; l'éthologie enrichie est une éthologie du "voir comme" construite sur l'*analogie perspectiviste* comme méthode. Elle accueille la dimension biosémiotique des communications et des conventions, des accords, des mœurs et des coutumes des vivants.

Le pistage enrichi est le versant sensible et pratique d'une approche philosophique inséparée du vivant, c'est un style d'attention. Une manière d'être sur le qui-vive : un qui-vive disponible à la prodigalité des signes du vivant épais de temps et tissé d'aliens familiers. Un qui-vive immergé, toujours dedans jamais devant. Chacun y donne à voir sa manière irrésistible d'exister par des signes, de manière détournée ("Et sans le saule, comment connaître la beauté du vent ?" dit Lao She). Et sans le sol, comment connaître la fabuleuse existence des vivants ?

Et c'est bien sûr sur la Terre que vous avez atterri, la bonne vieille Terre, mais c'est une planète étrangère pourtant, une exoplanète, dès que vous restituez à ses habitants, abeilles qui dansent des cartes, arbres qui dialoguent avec des champignons, bactéries qui s'allient à votre digestion, le statut ontologique qu'ils méritent :

êtres de la métamorphose, aliens familiers. Alors s'ouvre l'inexploré, vaste comme le monde, et ce qu'il exige de nous : l'enquête exploratrice, diplomatique, assignée à leur faire justice. À inventer les règles d'une cosmopolitesse, pour partager cette bonne vieille nouvelle Terre.

LES PROMESSES D'UNE ÉPONGE

À chaque repas, nous accomplissons un geste d'une portée rituelle majeure. Un culte des ancêtres qui n'a pas été révélé jusqu'ici. Plongeant trois doigts dans un pot de gros sel pour en jeter une poignée dans une casserole, comme la sorcière jette une substance magique dans la potion. Ou saisissant négligemment la salière pour, comme le moine zen son gong, la secouer rythmiquement trois fois au-dessus de l'assiette : nous *salons*.

C'est un rituel quotidien, dont on aperçoit peu les protagonistes immémoriaux : ceux envers qui il rend son culte discret.

Nous avons en effet besoin de manger du sel tous les jours pour maintenir notre équilibre métabolique (c'est la pression osmotique). Nous pouvons nous maintenir sur la terre ferme "seulement parce que notre corps abrite une énorme quantité d'eau salée[1]". Mais d'où vient que nous sommes composés d'eau salée, et voués quotidiennement à la malédiction de reconstituer *de l'extérieur* cette salinité intérieure ?

Le métabolisme qui est le nôtre fonctionne grâce à des pompes ioniques qui font circuler sodium et potassium à partir des différences de concentration et de charges électriques des ions. Dans les neurones, ces pompes permettent la communication entre cellules. C'est-à-dire que toute l'activité nerveuse et cérébrale a besoin de ce sel. Pour lire ces lignes, votre corps active ces pompes à sodium. Tout votre éveil en dépend. Mais d'où vient que ces pompes constitutives fonctionnent avec du *sodium*, c'est-à-dire du sel ?

Notre besoin de sel, en fait, est un héritage secret de notre long passé aquatique : de ces quelques milliards d'années où nos ancêtres ont vécu dans un milieu océanique dont la salinité était forte. Ce faisant, ils incorporaient dans leurs échanges avec le milieu une eau salée, au point de devoir réguler leur salinité *interne*. L'évolution a saisi cette opportunité pour utiliser les forces électriques des ions sodium, de manière à faire fonctionner les pompes à circulation de matière et d'énergie qui fondent l'activité métabolique de l'organisme humain actuel.

Ce besoin actuel de sel, d'eau salée destinée à gorger les tissus vivants, est le souvenir organique de la mer emmenée avec nous sur la terre. Au Paléozoïque, vers la fin du Dévonien, il y a trois cent soixante-quinze millions d'années environ, lors de la terrestrialisation, les tétrapodes qui sont nos ancêtres[2] sont sortis de l'eau pour explorer la terre ferme. Mais la mer est restée au-dedans comme un souvenir de chair, incorporée en nous sous la forme des besoins en sel nécessaires pour fonctionner, c'est-à-dire vivre. Comme ces aqueducs antiques, oubliés, qui servent de fondation à une ville nouvelle.

Le sel est nécessaire à un organisme qui a été fait dans la mer, par la mer : qui y a trouvé la matière première même de sa constitution. Cette eau salée dans laquelle nous baignions constitue les sept dixièmes de notre organisme, encapsulée dans nos tissus[3]. L'eau salée qui coule dans nos veines n'est que la rémanence concrète de l'eau de mer des océans primordiaux, cette eau qui constituait notre élément originel, amniotique, constitutif. L'hypothèse neutre pour défendre cette idée est l'expérience de pensée suivante : un animal qui aurait évolué *depuis le début* sur *terre* ne serait pas constitué par les mêmes *besoins physiologiques* en sel.

Manger du sel, alors, c'est reconstituer en soi le milieu originaire : la part d'océan qu'on a emportée avec nous lorsque nous sommes sortis des eaux. (Se souvenir de l'océan chaque fois qu'on sale. De ce qu'on lui doit ?)

Ceci est plus clair encore lorsque l'on se souvient que, parmi nos ancêtres directs, le *premier* animal vivant dans la mer était une *éponge* – que les choses soient claires, pour que chacun comprenne bien la nature de son propre corps, c'est-à-dire le mystère d'être constitué essentiellement d'eau, et d'eau qu'il faut ressaler tous les jours pour ne pas périr.

Ou, plus rigoureusement, les éponges actuelles, les spongiaires *(Porifera)*, formant l'embranchement basal des métazoaires, sont les formes de vie probablement les plus proches de ce que fut l'ancêtre commun à tous les animaux. Les éponges de mer, qui nous semblent si inertes, sont bien des animaux. Nous descendons en droite ligne d'une éponge gorgée d'eau de mer. Métaphoriquement, c'est notre ancestralité la plus constitutive du point de vue du rapport à l'eau qui nous emplit.

Songez-y lorsque vous utilisez une éponge naturelle sous la douche : vous frottez votre corps avec celui de votre ancêtre (l'animal actuel qui ressemble le plus à votre ancêtre, puisque bien entendu les éponges actuelles se sont un peu transformées depuis, ce sont en fait vos cousines). Se laver avec une éponge naturelle, voilà un autre culte des ancêtres accompli en secret et inconsciemment : un rituel de connexion sensuel et silencieux avec tout le règne animal, dont elle est comme l'ancêtre commun au creux de notre main.

Et l'eau elle-même qui nous constitue, qui emplit et active les deux tiers de notre corps, a transité hier par les océans et les nuages, elle a été orage et ruisseaux, elle y retournera demain. Chacun d'entre nous est aussi une citerne d'eau de pluie à ciel ouvert. Il y a tout cela dans l'expérience d'une douche. De là, l'on pourrait presque accéder à la sensation physique d'avoir *été* une éponge. Cette sensation pourrait-elle nous servir à réinvestir le sens du rituel quotidien et inquestionné de saler ?

Descendre de ceux qu'on éradique

Le sens de toute cette histoire se déploie un peu plus clairement à la lumière d'un dessin riche d'enseignements philosophiques, qui méritent d'être dépliés. Ce dessin, du *cartoonist* Dan Piraro, est une élégante manière de relier la question de notre évolution à certains enjeux écologiques contemporains.

La clé de tout le dessin, c'est la queue de poisson mort qui émerge discrètement à la surface tout à droite, alors qu'un peu plus loin un poisson analogue se transforme en créature qui monte sur la terre, qui devient mammifère puis primate : il se transforme graduellement en cet humain même qui vide sa poubelle toxique sur la créature qui figure *son ancêtre*. La ronde spatiale des personnages se referme en une boucle temporelle : le présent impactant le passé, qui est la matrice du futur.

L'expérience de pensée profonde à laquelle nous convie ce dessin, c'est celle, assez tautologique, de nous remémorer que, bien que nous descendions de formes de vie qui nous semblent bien frustes, celles-ci étaient pour autant les ancêtres de ce que nous sommes. La leçon philosophique qu'on peut en extrapoler, armé des plus récents mouvements tectoniques en biologie théorique de l'évolution (qu'on explicitera plus loin), est celle-ci : chaque espèce, jusqu'à la plus simple (du point de vue de ses types cellulaires différenciés par exemple), jusqu'à celle aux réflexes les plus stéréotypés à nos yeux, chaque espèce actuelle est potentiellement l'ancêtre de formes de vie porteuses de traits *analogues* à ceux que nous valorisons le plus haut chez l'espèce humaine.

Il faut ici entendre le mot “simple” au sens descriptif, pas normatif : “simple” ne signifie pas “moins évolué”. Tous ceux qui sont vivants aujourd’hui sont aussi évolués les uns que les autres ; c’est un fait, ils ont évolué aussi longtemps, ils se sont épanouis et réalisés, ils sont ajustés à leur monde qu’ils enrichissent.

Il n’y a pas d’organismes “simples” au sens évolutif : il y en a au sens anatomique (unicellulaires sans noyau, unicellulaires avec noyau, multicellulaires, multicellulaires aux cellules différenciées…). Il y en a au sens métabolique, et en un sens aussi génétique, mais ce ne sont pas toujours ceux qu’on croit, car l’anémone de mer a autant de gènes que nous. Il n’y a, quoi qu’il en soit, pas de simple et de complexe au sens péjoratif et mélioratif, il n’y a que des potentiels, des potentiels évolutifs encapsulés dans des vivants. Et le paradoxe, c’est que les plus simples anatomiquement sont souvent les plus riches de possibles, précisément parce qu’ils ne se sont pas encore engagés dans des voies évolutives qui vont les rigidifier, rendre des organes hyperspécialisés, impossibles à détourner, parce qu’ils ont acquis des architectures tellement imbriquées qu’on ne peut plus en changer les bases sans effondrer le reste. Les animaux dits “complexes” sont ralentis par les cathédrales qu’ils constituent, elles restreignent leurs métamorphoses évolutives possibles. Les simples sont les braises dont le champ des possibles est souvent le plus vaste.

Futurologie des formes de vie

Pour le dire plus clairement encore, chaque forme de vie contemporaine, de l’abeille à l’amibe, du laurier au poulpe, est potentiellement l’ancêtre, si vous lui laissez les millions d’années nécessaires, de formes de vie plus douées socialement, plus créatives, plus respectueuses de l’environnement, plus douées de langage articulé porteur de sens, plus conscientes d'elles-mêmes, plus intelligentes sous d'autres formes, que *nous ne le sommes*.

Cette affirmation qui peut sembler choquante est en fait irrécusable par l'absurde : simplement parce que *nous* sommes le produit, par les *mêmes* processus évolutifs qui agissent sur *tous* les vivants, d'un ancêtre qui a été à chaque étape de sa transformation aussi "fruste", aussi monocellulaire, aussi dépourvu de neurones, puis de cortex, que beaucoup d'espèces qui partagent aujourd'hui avec nous la Terre. C'est logiquement irréfutable, imaginairement libérateur, éthiquement troublant.

C'est là une thèse raisonnable de biologie spéculative.

Et certaines formes de vie manifestent déjà ces étranges supériorités même sur ce que nous avions érigé en "propre de l'Homme", par exemple la mémoire des oiseaux cacheurs ou, mieux, cette énigmatique hypertrophie chez les cétacés, et les orques en particulier, des zones du cerveau corrélées à la richesse de la vie sociale émotionnelle et aux capacités de liens[4].

Certes, les formes de vie actuelles ne sont déficientes en rien, elles sont tout aussi accomplies que nous d'un point de vue évolutionnaire. Mais du point de vue des valeurs que les modernes valorisent chez eux, qui sont un produit culturel, les autres vivants sont presque toujours au-dessous sur l'échelle des degrés (si l'on valorisait l'écholocalisation, ou le prodige photosynthétique de se nourrir du carbone de l'air à partir du soleil, nous serions des sous-plantes, et des chauves-souris arriérées).

Il ne s'agit donc pas de dire que chaque forme de vie a en germe l'humain, ni même que c'est là une finalité légitime de fait ou de droit. Il s'agit de rappeler l'implication logique négligée que chaque espèce actuelle, malmenée et détruite par certains effets de l'activité économique insoutenable et de l'anthropisation aveugle des milieux, est la promesse de formes de vie dotées d'aptitudes intrigantes de prime abord.

En biologie, on ne peut pas récuser la thèse suivant laquelle il existe une chance, même infime, que de chaque espèce actuelle jusqu'aux plus apparemment simples, population en danger ou florissante, puissent émerger, dans quelques dizaines ou centaines de millions d'années, des formes de vie qui auraient des traits analogues à ceux que l'on valorise le plus dans l'espèce humaine, sous des formes inouïes : des styles de bienveillance et d'amour, des consciences de soi, des facultés de culture, de coopération, des formes d'éthique, des capacités à cohabiter sur la planète en bonne intelligence avec les autres formes de vie, et des intelligences foudroyantes au pluriel. Et la "liberté", ou en tout cas ce à quoi l'on donne ce nom dans l'espèce humaine – qui rend capable du meilleur comme du pire.

Biologie spéculative des vertus humanistes

Il ne s'agit certes pas de dire qu'il faudrait ressembler à l'humanité avec ses œuvres d'art et ses quelques beautés éthiques pour être un vivant admirable : mais les humains de notre tradition moderne sont ainsi faits qu'ils ont été dressés à hiérarchiser leurs puissances animales originales (de peindre la Sixtine à produire la démocratie) très au-dessus de celles des *autres* formes de vie. Il s'agit ici de retourner ce raisonnement contre lui-même, de piéger l'humanocentrisme avec ses propres valeurs, pour qu'il prenne la mesure de ce qu'il fait. De là, il pourra se rendre compte que son échelle n'est pas la seule ni la bonne. En attendant, dans certains cas, on peut aussi ruser avec sa tradition plus que la stigmatiser, si l'on cherche à en faire sauter les coutures de l'intérieur.

La singulière puissance de cette parabole revient au fait qu'on ne sait pas, qu'on ne pourra pas savoir quelle lignée est riche des plus grandes promesses ; et, même convaincu par l'idée que toute forme de vie est déjà également merveilleuse et accomplie (idée que je partage), on est obligé de reconnaître, par biais humaniste, qu'envisager de faire disparaître une espèce qui portera plus haut que nous des valeurs que nous portons aux nues a quelque chose de terrible.

La situation requiert une infinie délicatesse alors, car en quelques millions d'années la population d'arbres la plus lente à la réflexion, comme le plus "dérisoire" insecte (par réversion évolutive de certaines de leurs rigidités), pourraient devenir de meilleurs ambassadeurs que nous des puissances que l'on chérit comme les plus hautes chez l'humain (des formes de symbolisme, des arts, des formes politiques émancipées des mille violences qui peuplent encore nos démocraties, des éthiques multiples et empathiques, des respects nouveaux et conscients pour la vie sur Terre).

Donc, si l'on remonte aussi loin que l'on veut dans l'ascendance de la forme de vie que nous sommes, nous descendons d'un mammifère placentaire du Crétacé analogue à un rongeur actuel, et si on remonte encore, méduses, et encore, éponges, et encore, proto-végétaux, paramécies, et enfin bactéries : conséquemment, en toute logique, vous n'êtes pas à l'abri que chacun d'entre eux autour de vous engendre un jour des *descendants* de tiques aussi épris de justice que Luther King, ou d'arbres aussi sages que Gandhi – des descendants d'amibes aussi artistiquement *badass* que B. Knowles.

C'est-à-dire, si l'on prend au sérieux le concept de *potentiel évolutif*, que chaque forme de vie actuelle, de l'éponge au poulpe, de l'abeille au champignon matsutaké, est *potentiellement* l'ancêtre d'espèces plus intéressantes *suivant les critères* humanistes et anthropocentriques mêmes, que nous ne le sommes.

Et nous humains, bien sûr, symétriquement, ne sommes pas en reste : car il y a d'autres critères qui n'ont pas moins de valeur. Peut-on imaginer d'évoluer jusqu'à acquérir l'art des abeilles de danser des cartes ? Celui des dauphins d'entendre la forme du paysage ?

Celui du poulpe de prendre des décisions avec chaque extrémité de son corps ? Celui des arbres de manger du soleil, et de libérer dans l'atmosphère un oxygène respirable qui rend possibles des milliers d'autres formes de vie que la sienne ?

Notre place dans l'évolution : mutations contemporaines en philosophie de la biologie

Si cette possibilité est irréfutable d'un point de vue logique, pourquoi n'a-t-elle pas eu plus d'effet dans notre compréhension de notre place dans la biosphère, alors qu'elle est déjà en germe dans le darwinisme ? C'est qu'une série de conceptions philosophiques articulées à la théorie de l'évolution aux siècles derniers, bien que ne récusant pas sa possibilité, récusaient sa probabilité.

Pourquoi cette expérience de pensée est-elle rendue possible spécifiquement dans la conjoncture théorique et philosophique actuelle ? Il faut une radiographie fine des transformations de la philosophie latente de l'évolutionnisme depuis Darwin pour comprendre ce phénomène. Quelque chose de majeur mais d'invisible a changé. Si l'on se rapporte seulement à l'histoire scientifique récente, on se rend compte qu'une certaine version dominante de la philosophie cachée de l'évolutionnisme permettait de rendre improbable cette idée des "promesses des simples" pendant le XXe siècle. Elle provient de la thèse erronée suivant laquelle il existerait une tendance spontanée à la complexification dans le processus évolutif : un *telos* (un but final, visé) dans l'évolution qui mènerait, par la voie royale, des formes basses et simples du vivant à la perfection humaine complexe (c'est une version que l'on retrouve encore, masquée, ou avec des nuances, dans les philosophies des biologistes fondateurs de la théorie synthétique de l'évolution, Dobzhansky, Simpson, et jusqu'à Mayr[5]). Les formes plus simples seraient alors intrinsèquement des marches passées sur lesquelles s'élève la complexité, et pas des aventures singulières, capables elles aussi, malgré par exemple leur monocellularité, de faire des choses assez fascinantes, comme de communiquer entre bactéries pour déclencher ensemble un effet collectif de virulence ou de luminescence (c'est le *quorum sensing* décrit récemment par les microbiologistes[6]).

Mais quel contre-récit a alors pris le relais dans le dernier quart du XXe siècle, et ce jusqu'au début du XXIe ? C'est ce qu'on peut appeler le contingentisme de Stephen Jay Gould, c'est-à-dire l'idée que l'évolution est fondamentalement contingente, qui a paradoxalement et en toute innocence repris à son compte l'exceptionnalisme humain en évolution. Paradoxalement, parce que le but de Gould était de n'attribuer aucune élection à l'humain et de récuser toute hiérarchisation envers les autres formes de vie. Gould avait bien pour ambition de réfuter ce souverainisme de l'humain : mais il n'a trouvé pour accomplir son projet philosophique de récusation de l'idée que l'évolution tendait *vers* l'humain comme forme parfaite, qu'une seule solution théorique en accord avec sa conception scientifique de l'évolution biologique. Pour n'être pas la finalité ou le triomphe de l'évolution, l'humain devait être un hasard *totalement* improbable, un accident, une bizarrerie : c'est la thèse de l'"extrême improbabilité du fait humain". Le gouldisme, comme philosophie de l'évolution biologique, dont le fondement est l'idée de la contingence radicale du processus évolutif, déduit de cette thèse que la singularité de la forme de vie humaine (exigeant la conjonction intrigante du pouce opposable, des facultés de langage biomécaniques et neuronales, de la bipédie, d'un gros cerveau, d'un changement de régime vers l'omnivorie...) doit être pensée sous la forme du *coup de dés* impossible à reproduire, *unique*.

Même sans être familier de l'œuvre de cet immense biologiste et penseur polymathe qu'est Gould, on connaît pourtant cette version de l'histoire de "notre place dans l'évolution", car elle a imprégné la culture depuis les années 1990 : chacun la connaît probablement sous la forme de la parabole très analogique, très *nineties*, du "rembobinage de la cassette de la vie". Si, dit la parabole de Gould[7], nous rembobinions la cassette de la vie et que nous appuyions sur *play* : eh bien, elle se déroulerait à nouveau mais de manière *très différente* de ce qui a eu lieu, car de microscopiques différences dans les conditions initiales (ajoutons-les pour rendre l'expérience de pensée logiquement plus propre) créent des différences majeures dans l'évolution des systèmes vivants. Conséquence : les formes de vie actuelles dans leur singularité sont le produit d'une contingence pure et parfaite, d'une improbabilité maximale ; la forme de vie humaine, cet animal si intrigant, est une *singularité statistique irreproductible*.

Mais l'exception du gagnant de loto plutôt que celle du peuple élu, cela reste encore une exception.

Notre solitude cosmique parmi les vivants est étrangement maintenue dans cette parabole, alors que Gould cherchait par là à déconstruire l'idée d'une nécessité et d'une finalité de l'apparition de l'humain. En voulant détrôner l'humain comme aboutissement d'un projet évolutif, il a reconstitué son exception comme pure singularité du hasard. Sa parabole constitue paradoxalement une force conservatrice dans la biologie pourtant d'avant-garde de Gould (et il ne faut pas tenir grief à Gould de cela, car il est aussi à l'origine des concepts qui servent désormais à comprendre que cette implication philosophique de la biologie de l'évolution était *fausse*).

Car, en plus de la contingence, il y a des *contraintes* : des contraintes biologiques à l'évolution et à la transformation, qui sont massivement partagées par tous les vivants du fait de leur ascendance commune et des conditions communes des milieux, et c'est Gould qui a en partie contribué à les mettre au jour. C'est la montée d'un autre concept en biologie qui nous permet désormais de penser la place des humains autrement que comme une exception ontologique, élective *ou* statistique – et ce tout en conservant la thèse gouldienne de l'importance décisive (mais non de l'absoluité) de la contingence dans l'évolution.

La banalité des miracles

Depuis quelques années maintenant, la biologie de l'évolution a forgé, nourrie par l'idée de contraintes, le concept de convergence[8], qui montre que là où l'on voyait partout des singularités irréductibles parmi les vivants, il y a en fait des convergences majeures. C'est le grand débat entre Stephen Jay Gould et Simon Conway Morris concernant l'explosion du Cambrien, qui a animé le tournant du siècle en paléontologie[9]. Les chercheurs ont montré que la photosynthèse, aptitude miraculeuse de bactéries (plus tard incorporées par des végétaux) à se nourrir du soleil pour le transformer en carbone, a été acquise plus de cent vingt fois de manière relativement indépendante dans l'évolution. Simon Conway Morris documente de manière convaincante les multiples apparitions parallèles de l'œil, de la photosynthèse de type C4, et jusqu'à celles de l'"intelligence", dans un chapitre fascinant sur les convergences des formes de vie sociales complexes[10].

Il y a bien entendu des débats terminologiques décisifs (et ouverts) sur la question de savoir de quoi l'on parle lorsqu'on évoque cette "intelligence" qui serait apparue plusieurs fois. Mais en un sens lâche et pourtant convaincant, l'intelligence est apparue un grand nombre de fois dans le vivant. C'est quelque chose comme la faculté à résoudre des problèmes complexes, sans posséder les patrons moteurs *a priori*, au sens de suites de mouvements héritées et stéréotypées ; donc par des solutions qui exigent des séquences de comportements suivis et cohérents, médiés, pour arriver à une fin. Les oiseaux n'ont pas le même cortex que nous, longtemps on a dit qu'ils ne pouvaient avoir d'intelligence. Et pourtant, c'est simplement que la conformation de leur structure cérébrale a pris un tour tout différent du nôtre, avec lequel ils font avec brio ce qu'*a minima* l'intelligence qualifie : résoudre des problèmes par le corps-esprit[11]. Les poulpes et pieuvres se sont séparés de nous il y a six cents millions d'années, et pourtant ils ont développé des formes cognitives extraordinaires sur des supports neuraux et cérébraux d'un tout autre type que le nôtre[12]. Jusqu'aux arbres manifestent des opérations de style "cognitif" insoupçonnées : ils utilisent des neurotransmetteurs, pas seulement sous forme chimique, mais comme voies de signalisation – prenez la mesure du phénomène : ils utilisent des *neurotransmetteurs* sans avoir de cerveau ni de *neurones*[13] (c'est bien que nous avons une définition encore non fonctionnelle des processus cognitifs).

Nous ne sommes pas le coup de dés unique qui a fait émerger l'intelligence, nous sommes une de ces formes parmi d'autres, et parmi d'autres potentielles (mais une forme, quoi qu'on en dise, soyons raisonnables, particulièrement aiguë et singulière concernant certaines facultés). La découverte des formes cognitives complexes des autres vivants permet de comprendre que d'autres intelligences sont possibles.

Le paradoxe, c'est que la thèse des convergences a été défendue avec vigueur par un penseur dont l'agenda métaphysique est somme toute assez clair : Simon Conway Morris est chrétien, et une partie de son animosité envers Gould porte probablement sur l'athéisme de ce dernier. De telle sorte que Conway Morris défend les convergences comme la preuve que les biologistes ont surévalué la place du hasard dans l'évolution, et que les lignes de force cosmiques qui poussent vers l'apparition d'une "forme de vie bipède et intelligente" amèneraient l'évolution à se répéter dans ses grandes lignes. De sorte qu'on a l'impression d'un conflit entre deux métaphysiques de la place de l'humain dans le vivant. En fait, ce n'est faire justice à aucun des deux biologistes que de ramener leur débat à des agendas métaphysiques. Ce sont avant tout de probes analystes des registres fossiles, et le fait est là, très clair, limpide pour qui veut regarder : les convergences sont omniprésentes.

Contingence et convergence, la vie

La thèse de l'extrême improbabilité de notre apparition, ou de l'apparition d'une forme de vie intelligente, est donc désormais dépassée par la documentation très robuste des convergences, proposée par Conway Morris notamment. L'apparition de la vie intelligente a eu lieu plusieurs fois, elle se répète volontiers, elle se répétera, car l'intelligence est, quand on est vivant, un "Bon Truc Évolutif" suivant le concept du philosophe darwinien Daniel Dennett : une invention merveilleuse qui rend la vie plus vivable et durable. Nous ne sommes plus gouldiens du point de vue de cette parabole de la cassette de la vie, ni du contingentisme absolu qu'elle recèle. Mais cela n'enlève rien à la pertinence de la thèse d'une contingence *relative* de l'évolution. Il s'agit simplement d'une contingence *contrainte*, où de bonnes solutions sont redécouvertes plusieurs fois, par hasard : mais par un hasard contraint dans son expression par les conditions matérielles de l'évolution.

Accepter l'omniprésence des convergences ne nous force donc pas à prendre un point de vue religieux sur l'évolution : on peut tout simplement revendiquer une interprétation strictement matérialiste des convergences (étant entendu que nous ne savons pas ce qu'est la matière : simplement qu'elle n'a pas besoin de l'hypothèse Dieu pour faire des choses prodigieuses). Les convergences sont alors l'expression de contraintes génératives (génétiques, développementales et sélectives).

Schématiquement : imaginez un jeu de Lego. Un robot aveugle au fonctionnement aléatoire assemble des pièces dans une salle. Les contraintes de combinaison des pièces sont telles que les constructions possibles sont en nombre fini, et les lois de la gravité sont telles que les constructions qui résistent sont elles aussi en nombre fini : au milieu se trouve l'espace des formes possibles, qui se répètent volontiers. Mais le robot n'en est pas moins dépourvu de finalité dans les variations qu'il propose. Par analogie : les convergences évolutives ne remettent pas du tout en cause la découverte darwinienne du hasard, au sens d'une absence de finalité entre variation et sélection. Ce n'est pas parce que le champ des possibles est contraint, que son exploration par les variations n'est pas indépendante des conditions du milieu.

La place des humains dans le corail de l'évolution est-elle confortable ?

Quel est alors l'effet de ces mouvements théoriques sur la question philosophique bien plus intéressante de la place de l'humain dans le vivant ?

Une interprétation philosophique des implications de cette nouvelle biologie des convergences tient dans le dessin que j'ai présenté plus haut : chaque espèce ou population actuelle est *potentiellement* l'ancêtre de formes de vie dotées d'intelligences, ou d'aptitudes à la création, ou à l'amour, analogues ou supérieures à celles du primate que nous sommes. Nous ne sommes qu'une avant-garde des formes d'intelligences ou de civilisations suraiguës dans le vivant (et une ébauche douloureusement imparfaite).

Derrière nous, la biosphère tout entière avance, à son rythme d'une parfaite lenteur, pour expérimenter tous azimuts d'autres aventures de l'intelligence vivante, de l'habitation, de la culture, de la communication, de la bienveillance, voire de la justice.

Il en existe déjà de spectaculaires, comme chez ces singes capucins qui refusent d'être traités différemment pour une même tâche accomplie (la vidéo de cette fameuse expérimentation montre un singe jeter au visage de l'expérimentateur la rondelle de concombre qu'il a obtenue, alors que son compagnon dans la cage d'à côté a été récompensé d'un succulent morceau de fruit[14]).

Notre intelligence n'est pas un hapax de l'évolution, un coup de dés unique et infiniment improbable, mais une forme d'intelligence parmi d'autres formes, qui s'expérimentent partout, et qui *avec le temps* pourraient ressembler à la nôtre, la dépasser, ou en diverger complètement vers des formes inouïes. Car tout est là : quelque six cents millions d'années pour de l'*éponge* devenir *sapiens* – il faut du temps et, précisément, c'est ce dont on prive aujourd'hui les espèces : le temps et l'espace pour pouvoir continuer à évoluer dans des environnements massivement anthropisés.

Les implications philosophiques du convergentisme eu égard à la crise écologique ont été peu remarquées, et surtout concernant la question de la place de l'humain (sa rareté, sa singularité) dans le buisson de la vie *future*. Le débat théorique, capturé par la controverse entre Gould et Conway Morris, s'était plutôt concentré sur la métaphore de la cassette de la vie rembobinée, à partir de la question : un être doté d'une intelligence comparable à celle des humains pourrait-il apparaître si l'on relançait l'évolution dans le passé ?

Mais l'expérience de pensée décisive est ailleurs : que se passe-t-il si on laisse se dérouler la cassette de l'évolution à partir de *maintenant* en donnant de la place et du temps aux autres formes de vie autour de nous ?

Brûler plus qu'une bibliothèque

Il existe une métaphore en biologie de la conservation, suivant laquelle la sixième extinction revient à brûler la bibliothèque de l'évolution[15]. Chaque population ou espèce est alors considérée comme une mémoire génétique, un livre : l'ensemble des trésors de savoirs écologiques incorporés dans des organes, sédimenté pendant des millions d'années. Les arts éthologiques immémoriaux que chaque espèce a mis en place pour inventer des solutions magnifiques au problème de vivre dans des environnements mouvants. Brûlés. Le secret de l'art de voler écrit et transmis dans chaque cellule d'oiseau, chaque papillon. Brûlé. Celui de respirer sanctuarisé dans chaque animal, celui de dévorer du soleil replié dans l'information génétique des chloroplastes, et celui de digérer de la cellulose grâce à des bactéries hôtes chez les herbivores. Brûlés. Celui de synthétiser des opioïdes contre sa propre douleur, celui de penser, celui de s'attacher à ses petits mammifères, à ses proches, à des amis… Tous ces secrets encapsulés *pour partie* dans chaque cellule, sous forme génétique et épigénétique, en fumée[16].

Cette métaphore de la bibliothèque est juste, mais elle est insuffisante. La sixième extinction contemporaine ne revient pas seulement à brûler la bibliothèque de l'évolution, et tous les ouvrages du *passé*, elle revient à brûler avec eux les poètes. Les poètes à venir : c'est-à-dire la possibilité pour chaque forme de vie d'en produire d'autres aux aptitudes, aux arts vitaux, aux pouvoirs encore inconnus. On ne brûle pas seulement ce qui est arrivé, mais tout ce qui pourrait arriver. C'est ce qu'on appelle les potentiels évolutifs de chaque population d'êtres vivants, qui partent en fumée dans les fourneaux de la machine extractiviste et ressourciste que constitue l'économie politique des pays dominants. Leur aveuglement au vivant non humain.

Quelles sont alors les implications éthiques, face à l'urgence de la crise contemporaine des biodiversités, de cette expérience de pensée qui essaie de pister le sens philosophique de la place de l'humain dans la nouvelle biologie de l'évolution ?

On peut dire d'abord que chaque espèce n'est plus à conserver seulement parce que c'est un patrimoine unique, seulement parce qu'elle aurait un droit à la vie inaliénable fondé dans une éthique, seulement parce qu'elle est belle, seulement parce qu'elle peut nous fournir de nouveaux médicaments, seulement par respect de la vie ; ou parce qu'elle est déjà une merveille du point de vue évolutionnaire (ce qui est un fait)… Mais *aussi* parce qu'elle est l'ancêtre potentiel d'aventureuses formes de vie qui seront des merveilles, même du point de vue le plus humaniste du monde, des espèces plus respectueuses des autres et de leur monde, que nous ne sommes encore parvenus à le devenir.

Tout cela est une ruse : il est plus facile d'épandre son seau de Roundup sur des bestioles, des cafards, des rampants, que sur les potentiels ancêtres des fleurons des civilisations non humaines du futur, non ?

Pour restituer toute son élégance à ce phénomène, rappelons néanmoins qu'on ne saura jamais quelle mouche ou bactérie est une promesse de ce genre, et laquelle entend rester une bactérie pour les millions d'années à venir, estimant qu'elle est bien assez parfaite comme cela (de son point de vue, elle a raison).

Pour ne pas se laisser piéger par les analogies, il faut pointer néanmoins la limite de la métaphore de la bibliothèque, qui implique l'idée de perte irréversible et définitive : une population biologique, du point de vue évolutionnaire, ne doit pas être pensée seulement comme un monument détruit par les barbares, ou un livre ancien inflammable, mais comme un feu. La force darwinienne originelle de la pullulation est telle que si les conditions de la vie redeviennent favorables, d'une braise, d'une petite population (tant qu'elle est génétiquement assez diverse) peut renaître une population florissante, capable de radiations évolutives majeures vers des formes de vie inouïes. Mais pour cela, il faut chérir les dernières braises, et pas sous la forme fantasque des spécimens de zoo : sous la forme de populations vivantes, dans des milieux protégés et intégrés (car l'habitat d'une forme de vie n'est que le tissage de toutes les autres), avec une grande connectivité, et un effectif suffisant pour lui assurer une robustesse génétique et une capacité à changer, à s'adapter aux métamorphoses environnementales qui nécessairement arrivent dans le sillage du réchauffement climatique.

Par sa nature ontologique, la meilleure analogie pour comprendre la nature évolutionnaire de la biosphère est celle d'un feu poète : un *feu créateur* – cela dit sans le moindre mysticisme, si ce n'est celui, tranquille, exigé par le spectacle de l'évolution hors de nous et en nous.

Par “feu”, j'entends que la biosphère peut bien être réduite, il suffira d'une braise et d'un soulèvement des contraintes sélectives (des niches qui se libèrent, des conditions plus clémentes) pour qu'elle pullule et irradie ; par “créateur”, j'entends que cette radiation va inventer des milliers de formes nouvelles. À cet égard, le risque est donc plus ambigu qu'il ne faudrait l'admettre stratégiquement, pour ceux qui croient que le catastrophisme le plus apocalyptique est la meilleure ligne pragmatique pour infléchir la trajectoire de transformation de nos sociétés vers des tissages au vivant plus soutenables. Mais il n'est pas nécessaire pour la pensée écologique de noircir le tableau, on sait que la crédibilité est la vertu la plus précieuse des lanceurs d'alerte[17] : de fait, les extinctions passées ont produit *aussi* des radiations évolutionnaires majeures et magnifiques. Les mammifères qu'on aime tant et que nous sommes ont pu se diversifier et produire le buisson actuel seulement grâce à l'extinction d'une grande partie des dinosaures, qui maintenaient sous des formes microscopiques et dans des niches très restreintes le petit mammifère nocturne qui est notre ancêtre de la jonction Crétacé-Tertiaire. De telle sorte qu'il faut bien le reconnaître : il y aura d'autres poètes, et la biosphère se remettra des atteintes qu'on lui fait. Au pire, elle perdra des centaines de millions d'années de *design* aveugle, des créations extraordinaires qui exigent des combinaisons improbables d'histoire évolutive, de variation génétique et épigénétique, et d'accumulation de plans de construction – cette mémoire disparaîtra. C'est déjà tragique au possible. Mais le problème vital est ailleurs : ce sont nos relations au vivant qui seront détruites – or ces relations nous constituent, du dehors comme du dedans.

Et en vérité, il ne s'agit pas ici d'une raison de plus d'agir autrement (nous avons déjà beaucoup de raisons, d'excellentes raisons pour protéger la biodiversité, et nous n'en faisons pas grand-chose, les raisons ont une effectivité limitée dans la conjoncture qui est la nôtre).

C'est pourquoi de tout cela, plus qu'une raison de plus de protéger les espèces à ajouter dans la liste d'un rapport du WWF, je voudrais faire tout autre chose : restituer son sens au rituel de saler. Un rituel sans profondeur métaphysique, avec la simplicité des mystères païens, comme ceux d'Éleusis qui rappelaient simplement le prodige quotidien du grain qui nourrit et de l'eau qui désaltère, à celui qui venait chercher du sens.

Un culte des ancêtres

Si l'on articule ensemble ces deux expériences de pensée (le rappel par le sel quotidien de notre origine d'éponge océanique, et celle produite par le dessin), elles créent un fil de sens, une histoire qui pourrait tenir en une ligne ; et on pourrait ici réinvestir de sa signification éco-évolutive ce rituel que nous accomplissons déjà envers nos ancêtres préhumains *chaque fois que nous salons*. Un rituel silencieux, tout simple, accompli dans le for intérieur, sans mysticisme – sans autre mysticisme que celui de la vie même.

Quel type de don mérite notre gratitude ? Le culte des ancêtres des traditions asiatiques est une inspiration intéressante ici, parce qu'il nous permet de changer la conception de ce envers quoi nous *pouvons* rendre grâce. Car il n'hérite pas de la folie douce caractéristique de la tradition occidentale, et probablement héritée du monothéisme anthropomorphique, suivant laquelle n'est un don impliquant *gratitude* que ce qui nous a été donné *volontairement*. Le Dieu judéo-chrétien, avec sa nature intentionnelle, consciente et volontaire, a fait muter le concept immémorial de don quotidien qui nous fait vivre (le fruit sauvage, l'eau qui désaltère, l'animal chassé), de manière que n'apparaisse comme un don que ce qui a été donné par une *volonté consciente* (la sienne). Par ce tour de passe-passe théologique, tout don qui n'est *pas* fait volontairement, et impliquant un sacrifice, n'est pas considéré comme un *vrai* don, il n'appelle pas gratitude : il est considéré comme un *donné* naturel, une ressource à disposition, un effet appropriable de la causalité matérielle qui régirait la "Nature". C'est cette mutation qui a transformé nos rapports aux "environnements donateurs". Lorsque plus tard l'on a cessé de croire en Dieu, renonçant aux bénédicités quotidiens pour le remercier du pain sur la table, nous n'avons pas su réinvestir cette gratitude vers ce qui nous donne *effectivement* le pain et l'eau : les dynamiques écologiques et les flux vivants de l'évolution qui circulent dans la biosphère et fondent sa continuité. Nous n'avons plus su qui remercier pour la joie d'être en vie, pour l'attachement mammifère à nos proches, pour les joies quotidiennes offertes par nos corps-esprit dessinés par l'immémoriale évolution. L'assimilation de cette nature vivante qui nous fait et nous reconstitue à une matière mécaniste et absurde a dérobé toute signification à la gratitude envers ce vivant qui pourtant nous fait vivre.

Or, le culte des ancêtres est une forme rituelle anthropologique qui a esquivé ce malentendu métaphysique : dans les traditions asiatiques où il a cours, nul besoin que les ancêtres aient eu la volonté ou l'intention de vous faire pour que vous leur deviez une certaine gratitude d'être en vie. Mais ici, le culte se décale : c'est aux ancêtres *préhumains* qu'il s'agit de rendre grâce, car ils ont été bien plus nombreux et bien plus généreux envers nous de toutes les puissances corporelles, mentales, affectives et vitales qui nous font, que ces quelques arrière-grands-parents qui nous ont légué un nom de famille, une montre en or, une maison de campagne ou un lopin de terre.

Peut-on imaginer des cultes de nos ancêtres préhumains qui feraient de nous des descendants moins oublieux ? Des rituels simples pour remercier, sans mélodrame ni religiosité outrée, ces ancêtres qui nous ont portés à bout de bras jusqu'ici, qui nous ont offert leurs puissances évolutionnaires et écologiques ? À quoi ressemblerait un autel à ancêtres destiné à tous ces aïeuls généreux ? Au petit mammifère placentaire, analogue à un mulot, survivant à l'extinction Crétacé-Tertiaire qui engloutit les grands sauriens, pour nous transmettre en relais le miracle de la vie sexuée, de la viviparité, de la plénitude affective de la parentalité. À la première cellule, qui, par endosymbiose, a incorporé en elle une bactérie devenue mitochondrie, organite qui actionne à chaque instant dans nos corps ce prodige qu'est la synthèse de l'*énergie*. À l'hominien couvert de fourrure, nu, qui a brillamment découvert le feu, et ce faisant originé, par la filiation comme par l'invention culturelle, la forme de vie que nous sommes.

Et, par extension, n'avons-nous pas besoin d'inventer des rituels de gratitude pour les pollinisateurs qui chaque année fabriquent le printemps végétal, vivrier pour nous ; pour la vie des sols dont la microfaune est le grand paysan acéphale ; pour les forêts bricoleuses du cocon respirable qu'est l'atmosphère ?

Peut-on imaginer d'injecter un peu de tout ce sens dans l'acte quotidien de saler ? Jetant une poignée de gros sel dans la casserole comme la sorcière dans la potion. Ou bien tapant trois fois rythmiquement de l'index sur la salière comme le moine zen sur son gong. Reconstituant ce faisant la salinité de la mer intérieure, celle de l'ancêtre que nous fûmes. Est-ce que cela pourrait faire remonter à la surface la sensation d'avoir été une éponge ? Pressentir les ancêtres qui bougent encore sous la surface de la peau. Qui nous fondent, qui nous ont légué nos puissances vivantes. J'étais éponge, bactérie, braise parmi les braises. De chaque forme de vie alentour peut naître une descendance pleine de possibles.

Levant nos verres, enfin : "Aux promesses du vivant !"

COHABITER AVEC SES FAUVES

L'éthique diplomatique de Spinoza

La part inconsciente de notre esprit est consciente de nous[1].

Ronald D. Laing

Nage calmement dans le courant de ta propre nature et agis comme un seul homme[2].

Sir Thomas Browne

Je veux pister ici les métamorphoses des animaux intérieurs. Dans l'histoire occidentale, on a beaucoup figuré la vie intérieure des humains, leur vie passionnelle, sentimentale, par des métaphores animales : les pulsions sont figurées comme des fauves, la docilité comme de paisibles animaux domestiques, le courage comme un lion, la voracité prend le visage du porc. Cette ménagerie intérieure a joué un rôle fondamental dans l'histoire de la morale occidentale traditionnelle, inspirée de la philosophie grecque et du judéo-christianisme. Ces traditions sont très puissantes, parce qu'elles ont donné forme à notre manière de comprendre nos passions les plus intimes, les plus informes, les plus évanescentes. Or, le paradoxe que je veux pister ici, c'est que, si nous héritons d'une morale qui figure notre vie intérieure sous forme animale, pourtant notre tradition s'est *trompée* sur ce qu'est un animal. Comment notre éthique des passions peut-elle en conséquence avoir de la justesse ?

Pour qu'il y ait une morale, il faut d'abord considérer que quelqu'un est dédoublé en lui-même : il y a celui qui veut céder et celui qui veut tenir, celui qui agit et celui qui juge. Il y a différentes instances qui nous tiraillent dans différentes directions, et la morale consiste à choisir la bonne. Sans ce dédoublement originel, pas de projet éthique possible. Or ces instances sont très souvent figurées comme des animaux, mais des animaux dénaturés : incompris. L'enjeu ici est de faire justice à nos animalités intérieures, en comprenant mieux les animaux hors de nous qu'on a pris pour modèles de nos passions intimes.

L'objet de cette enquête revient donc à réinterpréter un aspect des morales philosophiques occidentales, depuis le prisme suivant lequel elles constituent des théories du moi clivées, dans lesquelles les métaphores animales jouent un rôle particulier. Les morales proposées par les philosophes racontent en effet des *histoires*, dans lesquelles le moi est composé de plusieurs personnages, et *tiraillé*. Dans le mythe du *Phèdre* de Platon, par exemple, la raison est un cocher qui doit conduire un char ailé, tiré par le cheval de la passion concupiscente et celui de la passion noble. Le moi y est composé d'une "âme" rationnelle qui doit dominer et contrôler des animaux dépareillés : les chevaux des passions. Cette figure du soi dédoublé en raison et en animalités mérite d'être analysée schématiquement, pour être repensée ensuite dans le contexte plus vaste des relations que notre tradition entretient avec les animaux. De là, il devient possible, de manière plus spéculative, de faire passer de nouvelles frontières dans le champ des éthiques philosophiques, pour rendre visibles celles qui entretiennent un rapport original aux animalités intérieures : de l'ordre de la diplomatie avec une part du soi non infériorisée, et non plus de la domination de ce qui est codé comme le plus "bas" en soi. L'éthique de Spinoza en constitue un exemple privilégié.

Dompter les chevaux des passions

C'est Platon qui formule la nécessité pour toute éthique de reposer sur une *conception du soi* dédoublée (c'est-à-dire une représentation cartographique du moi divisée en deux régions en lutte pour le pouvoir). Mais Socrate isole tout de suite le paradoxe logique de ce dédoublement :

"Celui qui est maître de lui-même est aussi, je suppose, esclave de lui-même, et celui qui est esclave, maître[3]."

Pour sortir de ce paradoxe platonicien, il faut postuler une *hiérarchie naturelle* entre les deux pôles. Les morales occidentales de cette tradition reviennent alors à un jeu entre des instances en soi, l'une étant considérée comme ce qui est le *plus* authentiquement moi en moi (ma raison), et l'autre comme ce qui est le *moins* moi en moi (mes mauvaises passions). À partir de là, l'éthique se donne comme un problème de *libération* : lorsque ce qui est le moins moi en moi domine l'autre, "je" suis son esclave ("il est esclave de ses passions"). Lorsque le plus moi en moi domine (la raison), alors "je" suis dit libre. L'expérience quotidienne de ce potentiel esclavage intérieur est le regret. Parfois, en effet, le moins moi en moi fait quelque chose, et ensuite le plus moi en moi le regrette ("je n'étais pas moi-même"). Il faut donc bien que l'un soit plus moi que l'autre. Si le dédoublement est nécessaire pour faire une vie éthique, c'est la répartition des rôles, et la nature de leur relation, que je veux critiquer ici.

L'histoire des morales occidentales ressemble ainsi à une histoire du théâtre, où la question est celle de la distribution des deux rôles. Ce qui est fascinant, c'est que les premier et second rôles, le plus moi et le moins moi en moi, varient grandement dans l'histoire, au point même de pouvoir *s'inverser*. Dans les morales classiques, je suis avant tout ma raison, et c'est pourquoi elle doit dominer mes passions pour que je ne devienne pas leur esclave. Dans un certain romantisme, je suis au contraire avant tout mes sentiments les plus vibrants (mes passions), et la froide raison n'est qu'un dispositif social secondaire de coercition normalisant, dont je dois me libérer pour être *enfin* moi-même. Les rôles s'inversent, mais la pièce de théâtre est la même.

Ce sur quoi une grande partie de l'histoire de la philosophie morale a porté, ce sont les pôles en présence dans cet ego clivé mis en scène par Platon. Peter Sloterdijk, le dernier à analyser toute l'histoire des systèmes éthiques européens, montre que ce qui manque à cette tradition, c'est une attention *aux relations* entre les pôles[4]. Tout au long de l'histoire, ces relations utilisent les mêmes métaphores non questionnées quant à leur origine : dressage, maîtrise, domination, *enkratéia*. C'est étrange, tout de même, que tous les verbes du rapport moral à soi soient de l'ordre du matage, du contrôle, du bridage, de la coercition contre un indocile, un farouche, non ?

Le philosophe Spinoza est parmi les premiers à voir que dans ce duo immémorial, si les rôles changent, la *relation*, elle, reste la même. Et que c'est *elle* qui est toxique. Mater, dominer, contrôler. J'entends alors par "morale du cocher" cette carte de la vie intérieure, où une Raison doit *contrôler d'une main de maître* les passions et désirs, qui sont ainsi assimilés à des bêtes irrationnelles, incapables de se conduire seules. (Cette morale ne s'identifie pas strictement aux morales de Platon, du christianisme ou de Descartes, qui sont autrement plus riches.)

On peut relire l'*Éthique*, le chef-d'œuvre de Spinoza, comme une tentative d'en finir avec ce rapport intériorisé de domination de soi par soi, où vivre consiste à *s'opprimer*. Pour cela, Spinoza invente une autre carte de la vie intérieure, où les passions ne sont pas des bêtes irrationnelles, dépendantes et indociles, mais des animaux sauvages autonomes en nous, qu'il faut influencer, orienter, amadouer. Et ce pour favoriser les joies qui émancipent, au détriment des tristesses qui rendent impuissant.

Il ne s'agit pas là pour Spinoza d'un retour au mythe d'un bon sauvage en soi, à un laisser-faire éthique, à cet égalitarisme de la vie intérieure que réclament ceux qui souffrent d'une trop grande discipline imposée de l'extérieur : rien n'est plus trompeur ou douteux. Il s'agit bien d'une autre exigence éthique, plus haute d'être plus subtile, aussi loin de la domination sans partage sur les passions que du déchaînement sans frein des passions. Car ces deux versions reposent sur une mécompréhension de la nature animale des passions.

Spinoza ouvre ainsi la voie à une autre relation à soi, dont on montrera qu'elle inaugure une sortie de l'erreur immémoriale de cette tradition de la morale occidentale, qui consiste à penser l'éthique comme une *domestication rationnelle* de soi par soi. Il s'agit de réinterpréter librement l'*Éthique* (pas à la lettre, mais dans l'esprit) comme un manuel pour cohabiter pacifiquement avec les animaux sauvages *en soi* (ce sont nos affects, tristes et si joyeux).

D'une carte l'autre : raison/passions *vs* joie/tristesse

Le geste éthique décisif de Spinoza est de substituer à la carte du soi qui oppose la raison aux passions une autre carte, qui *articule* joie et tristesse. Dans la première carte du soi, les canons de la raison sont tournés vers les passions : la morale est une entreprise de domination des passions par la raison. Dans la morale classique d'un Descartes, cette domination est déduite d'une étrange loi de la nature humaine : la "loi de proportion inverse". Cette loi, structurant la vie intérieure, stipule qu'entre les deux pôles de la vie éthique (raison et passions, esprit et corps), l'un subit *autant* que l'autre agit. Cette loi se déduit aisément de l'article premier des *Passions de l'âme*, intitulé "Que ce qui est passion au regard d'un sujet est toujours action à quelque autre égard[5]". La raison n'agit qu'autant que les passions subissent sa loi. L'éthique devient une psychomachie : un combat de l'âme, dans l'âme, pour l'âme.

Cette loi de proportion inverse entre agir et pâtir fait de l'individu un champ de bataille, où se confrontent systématiquement un opprimé et un oppresseur, un muselé et un dominateur. Toute psychomachie implique ainsi une psyché en proie à une belliqueuse schizophrénie. Elle oscille nécessairement entre souffrance et frustration – quand le désir est dominé par la raison ; culpabilité et haine de soi – quand la raison est submergée par les passions. Dans son éthique, Spinoza comprend que cette morale de la domination d'un pan de soi par un autre crée toujours un jeu sado-maso : quand l'un triomphe, l'autre trinque ("Cette fois tu fais l'esclave et moi je fais le maître – demain, on tourne").

Cette carte qui oppose passions et raison se superpose, par ailleurs, à la carte corps/esprit. De sorte que la loi cartésienne de proportion inverse impose que, pour élever mon esprit, je dois mortifier mon corps. Cet aspect-là aussi va subir la révolution spinoziste.

Spinoza redessine cette carte belliqueuse du soi en changeant l'axiome de base des mathématiques de l'âme : il substitue, à la loi de proportion inverse, une loi de *proportion simple.* Cette transition discrète et révolutionnaire est visible dans le débat historique qui a lieu entre Spinoza et Descartes sur les rapports entre l'âme et le corps. La loi de proportion simple est formulée ainsi par Spinoza : "Si quelque chose augmente ou diminue, favorise ou empêche la puissance d'agir de notre corps, l'idée de cette chose augmente ou diminue, favorise ou empêche la puissance de penser de notre âme[6]."

C'est ce qu'on appelle le parallélisme[7] : élever l'esprit *élève* le corps. L'augmentation de la puissance d'agir et de pâtir du corps augmente la puissance de penser.

Pour autant, on l'a dit plus haut, il n'y a pas d'éthique s'il n'y a pas de *clivage* dans la vie intérieure. Il faut au moins deux chemins possibles du soi, de l'action, pour que la problématique éthique émerge. Mais désormais, et c'est le geste théorique génial de Spinoza, ce clivage n'a plus lieu entre deux *parties* de l'âme, mais entre deux *types* d'affects ou de désir : la joie et la tristesse.

Il ne peut en effet y avoir de guerre en soi que si le clivage identifie la raison et les passions à des "parties de l'âme" (Descartes), c'est-à-dire à des régions fixes du moi. Elles existent face à face, et en lutte directe l'une contre l'autre. Chez Spinoza, joie et tristesse ne sont plus des *parties* du soi, mais des affects transitoires du soi qui investissent chaque fois *tout* l'individu[8] : des processus. Ces affects sont définis comme des *passages* à une perfection supérieure ou inférieure. C'est-à-dire qu'ils ne s'opposent pas de manière statique, mais qu'ils se substituent l'un à l'autre : je suis une trajectoire de puissance qui monte vers la joie, ou une trajectoire triste, qui descend vers l'impuissance. Il y a donc bien encore deux instances mais *ce n'est plus un dualisme*, car ces deux instances sont deux trajectoires possibles, mais mutuellement exclusives, que peut prendre un moi désormais unifié, sous le nom de Conatus, ou Désir.

Rapport à l'animal, rapport à soi

Pour rendre possible cette révolution dans la morale, il faut repenser nos relations à nos passions, d'une autre manière qu'un cocher qui doit mater les passions bestiales sous peine d'être submergé.

Ce sont les moralistes classiques, contemporains de Descartes, qui fournissent les consignes les plus limpides d'une morale du cocher quant aux relations à entretenir avec nos passions métaphorisées comme des bêtes sauvages.

Yves de Paris affirme ainsi qu'une passion est "comme une bête qu'on tient à la chaîne, et qu'on ne peut tout à fait apprivoiser[9]". Pierre Le Moyne répond : "Quand on ne peut apprivoiser [les passions], on les enchaîne[10]." Ceriziers, plus mesuré, nuance cependant : il faut "vaincre son corps, non pas le tuer[11]". Pour que le cocher puisse vaincre ses passions et les enchaîner, une condition est nécessaire : il s'agit de "les réduire à la médiocrité où la vertu les demande[12]". (Entendez ici "médiocrité" au sens ancien, comme faiblesse.)

Or, si l'on prête attention aux *relations* entre les pôles du soi dans cette morale du cocher, on peut s'étonner du fait que les métaphores soient systématiquement celles du contrôle *manu militari*, du domptage, de la domination des animaux intérieurs.

Cette bizarrerie devient intelligible si l'on se permet un détour par l'histoire des relations entre les civilisations et l'animal. Ce détour a été accompli par l'ethnozoologue André-Georges Haudricourt, dans un bref article publié en 1962, aussi discret que révolutionnaire[13]. Dans ce texte, il avance que les relations originelles qu'une société entretient avec les animaux constituent souvent un modèle des relations qu'elle met en place *entre humains*. Nos relations à la nature sont solidaires de nos relations aux humains : par exemple, l'exploitation du bétail constituerait, selon Haudricourt, une origine de l'esclavage. En élargissant cette idée, on peut avancer l'hypothèse que les relations mises en place avec le vivant *hors de nous* constituent des modèles à l'origine des relations avec le vivant *en nous* (la vie émotionnelle "sauvage"). La domestication qui contrôle et exploite l'animal, caractéristique d'un rapport au vivant de la civilisation occidentale, est aussi le modèle du rapport que la raison doit entretenir avec la vie intérieure. L'esclavage du vivant hors de nous serait une origine de l'esclavage des passions en nous.

Cette conception de la domestication de l'animal est pourtant un phénomène culturel local, loin d'être universel. Mais c'est une relation si ancienne qu'elle s'est naturalisée en nous. Il y a mille types de relations inventées par les humains envers les animaux non humains, mais parmi elles Haudricourt isole celle qui caractériserait notre histoire occidentale dominante, à nous héritiers du Néolithique proche-oriental qui a eu lieu entre onze mille et huit mille ans avant notre époque. Il l'appelle l'"action directe positive" (ou ADP)[14].

L'élevage ancien du mouton semble un modèle de l'ADP. L'animal doit être conduit avec la houlette et les chiens. Il est considéré comme non autonome. Il faut le porter dans les passages difficiles, aller le chercher lorsque la peur l'a amené à se coincer sur des corniches, et parfois même le retourner lorsque, tombé sur le dos, il est incapable de se remettre sur ses pattes. C'est comme s'il devait être contrôlé constamment, ce qui est permis par le fait qu'il a été rendu docile, peureux et peu débrouillard par la sélection artificielle : il a été "réduit à la médiocrité" exigée par le contrôle, comme il faudra le faire avec les passions dans la morale du cocher. La domestication avec action directe positive constituerait le modèle ensuite intériorisé dans le soi par la morale du cocher. Elle se donne pour devoir sacré d'hétéronomiser (de rendre dépendante) puis de conduire la nature hors de soi, et en soi[15].

Mais Haudricourt montre qu'il existe au moins un autre type de relation à l'animal, profondément différent, qu'il appelle l'"action indirecte négative" (ou AIN). Dans celle-ci, on postule que les autres animaux sont autonomes et complets par eux-mêmes. Les domestiquer ne consiste pas à les rendre dépendants, mais à influencer leur nature sauvage dans des négociations. C'est alors par une connaissance fine des logiques comportementales de l'animal que l'on peut infléchir son action et composer des rapports harmonieux avec lui. Cette relation est visible dans l'élevage des rennes par les Touvains de Sibérie (peuple chamaniste et animiste), analysée par l'anthropologue Charles Stépanoff. Le renne est volontairement maintenu à l'état sauvage, mais néanmoins engagé dans une coopération mutualiste avec les humains qui influencent et orientent son comportement. Il conclut que, "paradoxalement, les humains ne peuvent domestiquer les rennes que s'ils les maintiennent à l'état sauvage[16]". Dans cette autre conception des relations aux animaux, on vit mieux avec eux de les influencer dans leur vitalité intacte, plutôt que de les affaiblir pour les contrôler.

J'appelle "paradoxe de Stépanoff", ici appliqué à la cohabitation avec le vivant *en soi*, l'idée étrange que, pour domestiquer les désirs les plus farouches, c'est-à-dire vivre bien avec eux et par eux, il faut les *maintenir* à l'état sauvage.

La morale du cocher repose sur l'erreur originelle de croire que nos désirs intérieurs sont des bêtes déficientes qui exigent une action directe positive, c'est-à-dire d'être dévitalisées puis contrôlées de bout en bout. L'erreur intrinsèque de la morale du cocher revient à ce postulat qu'il faudrait dévitaliser la vie désirante pour être vertueux : la "réduire à la médiocrité où la vertu les demande".

C'est là que l'intuition de Spinoza concernant la nature humaine prend toute son ampleur. Nous sommes intrinsèquement *faits* de désir. Le désir n'est pas un manque, c'est une puissance – la puissance par laquelle nous persévérons dans l'existence : "Le désir est l'essence de l'homme [...][17]." Conséquemment, mater les passions et désirs, c'est affaiblir la seule force vitale avec laquelle on est susceptible d'avancer dans la vie[18]. Ce que Spinoza a vu, c'est que nous ne sommes *que du désir* : c'est l'intensification de la vitalité joyeuse et sage de ce désir, au détriment de la tristesse morbide, qui fait la vertu, et devient le nom de la sagesse. Cette vivification des désirs joyeux exige un autre rapport aux passions en soi, un rapport que j'appellerai "diplomatique[19]".

Une éthologie de soi

Les passions dans la morale du cocher sont comme les animaux exotiques sur les cartes anciennes : on les fantasme en monstres de mal les connaître, on projette sur elles des choses qui sont en nous[20]. On essaie de les tenir à distance sans comprendre ce dont elles ont besoin (c'est le refoulement) et comment les laisser converger vers nos désirs, jusqu'à ce qu'elles reviennent si fort qu'elles *semblent* bestiales et incoercibles (chassez le refoulé, maltraitez-le, il fait son retour au galop).

La diplomatie avec les désirs fauves en soi ne revient pas pour autant à laisser se déchaîner des passions bestiales. Car il faut entendre "fauves" ici non comme les bêtes féroces fantasmées par la pastorale judéo-chrétienne, mais à la lumière de ce que les sciences contemporaines nous apprennent de l'animal sauvage. L'éthologie qui les observe de près montre bien qu'ils n'ont pas la férocité sans frein que la morale du cocher attribue aux passions animalisées. "Fauve" signifie ici : bien vivant, mais avec sa logique propre.

Tout le problème de l'éthique est que la vie intérieure est métastable, c'est-à-dire d'une richesse métamorphique infinie, et qu'elle n'a pas de formes établies : conséquemment, on a besoin de métaphores pour la penser. Or ces métaphores permettent de la visualiser et de la manipuler, mais, comme toute métaphore, elles sont des solutions et des obstacles, c'est-à-dire qu'elles résolvent des problèmes mais, dans d'autres situations, elles en créent.

Que se passe-t-il si la métaphore fondatrice de la morale repose sur une erreur de conception de l'animalité ?

La morale traditionnelle métaphorise le désir comme animal, et se trompe sur la nature de l'animal[21]. Donc elle se trompe sur la métaphore de la relation à lui : elle réclame une domination d'une bête dépendante, plutôt qu'une cohabitation avec les animaux bien vifs qui nous habitent et nous constituent.

La diplomatie revient alors à connaître finement, par une éthologie de soi, le comportement délicat et ardent de sa vie affective, pour amadouer et influencer des désirs à la vitalité intacte. Et les faire converger dans une direction ascendante, c'est-à-dire généreuse. Comme on se murmure constamment à l'oreille des histoires adéquates, pour maîtriser son discours intérieur ("Patience, mon cœur", disait déjà Ulysse).

L'originalité de Spinoza est qu'il propose une relation de soi à soi beaucoup plus proche de ce que Haudricourt appelle l'"action indirecte négative", et que j'appelle ici "diplomatie". La diplomatie avec le vivant en soi et hors de soi est un type de relation qui devient pertinent lorsqu'on cohabite ensemble, sur un même territoire, avec des êtres qui résistent et insistent. Des êtres qui, pour autant, ne doivent pas être détruits ou affaiblis outre mesure, car notre vitalité *dépend* de la leur. Il en est ainsi de nos passions.

Platon contre les Cherokees

Il est peut-être temps d'aller chercher des modèles de relation éthique à nos animaux intérieurs inspirés de cultures dont les relations à l'animal sont moins dominatrices et plus diplomatiques. Des cultures qui ne reposent pas sur la séparation hiérarchique entre l'humain et l'animal de notre Occident naturaliste[22]. Par exemple dans des ontologies animistes.

Comparons à ce titre la morale du cocher à celle présentée par un conte amérindien cherokee. Le moi y est constitué par deux loups : un blanc, noble et joyeux ; et un noir, arrogant et bas. Voilà en substance ce que dit ce conte :

> "En tout humain il y a deux loups, dit le vieux sachem.
>
> Un noir et un blanc.
>
> Le noir est sûr de son dû, effrayé de tout, donc colérique, plein de ressentiment, égoïste et cupide, parce qu'il n'a plus rien à donner.
>
> Le blanc est fort et tranquille, lucide et juste, disponible, donc généreux, car il est assez solide pour ne pas se sentir agressé par les événements."

Un enfant qui écoute l'histoire lui demande :
"Mais lequel des deux suis-je, alors ?
– Celui que tu nourris."

On peut être frappé par la ressemblance avec la morale du cocher, notamment sous sa forme platonicienne (deux animaux, un blanc et un noir, incarnant chacun des pôles opposés de la psyché humaine...). Il faut être frappé par la différence : la morale du cocher pense le moi comme constitué d'animaux esclaves voués à obéir, qu'il faut dresser et dominer, et *pour cela* dévitaliser ; l'égologie cheyenne pense le moi comme constitué d'animaux sauvages, c'est-à-dire autonomes et bien vifs, qu'il faut fréquenter et *favoriser*.

On peut s'inspirer de cette parabole amérindienne pour interpréter l'éthique spinoziste qui consiste à favoriser les passions positives – le loup blanc – au détriment des passions négatives – le loup noir ("Allez mon fauve, gentil, tout doux, ça va, c'est par là", dit en lui-même le Cherokee spinoziste).

À quoi ressemble une vie humaine, l'expérimentation qu'est la vie, lorsque l'ego ne se pense plus comme un maître dominant d'une main de fer des pulsions dévitalisées, mais comme un collectif étrange avec des animaux sauvages et pleins de vie ?

Probablement à tout autre chose, une autre manière d'exister, comme individu et comme civilisation.

Il ne s'agit plus alors de réduire et contrôler, mais de nourrir *certains désirs au détriment d'autres*, pour les infléchir, dans la direction de ce qui nous est "véritablement utile" selon Spinoza, c'est-à-dire de ce qui contribue à la puissance d'agir et de penser de soi et des autres. C'est la raison diplomatique spinoziste, qui consiste à comprendre plutôt qu'à obéir, nuance qui distingue selon Deleuze l'éthique de Spinoza de toute morale – l'attitude du diplomate de celle du cocher[23]. Pour influencer l'écosystème des désirs en soi, il s'agit de fréquenter intimement ses fauves, c'est-à-dire de connaître leurs comportements dans toute leur subtilité, d'en former des "idées adéquates" : c'est une éthologie de soi, de la vie animale en soi.

En quel sens concret faut-il une éthologie fine des comportements du désir pour substituer une diplomatie à la domination ? L'addictologie en donne un bon exemple. Se débarrasser d'une addiction, ou de pensées obsessionnelles, semble exiger un courage de chaque instant : un défi interminable pour celui qui essaie par exemple d'arrêter de fumer. L'éthologie du loup noir enseigne néanmoins ce fait discret mais décisif que l'envie de fumer du tabac (mais comme beaucoup d'autres envies addictives) dure, à chaque pic physiologique, entre deux et cinq minutes. Que celui qui est tenté cède *ou non* à la tentation, l'envie disparaîtra *quoi qu'il arrive* à l'issue de cette durée. Si le diplomate connaît alors la rythmique de ses pulsions fauves, il lui suffit d'exalter un désir joyeux et concurrent pendant ce si bref laps de temps, sans effort surhumain ni brimade de soi, pour ne pas faire l'expérience de l'impuissance de la volonté. Il suffit souvent, dans la vie, de cinq minutes seulement de courage et de ruse.

Quels "exercices spirituels" du désir alors dans une éthique diplomatique ? On peut en trouver d'excellents dans l'ouvrage *Le Paradoxe du chimpanzé*, du psychiatre Steve Peters, spécialiste de la psychologie des athlètes de haut niveau. Il fait fond sur la métaphore selon laquelle vivre consiste à cohabiter avec un chimpanzé en soi. Lorsque vous faites l'expérience, dit-il, de dire des choses dans le feu de l'action que vous regrettez ensuite, de manger compulsivement, ou de ne pas faire d'exercice alors que vous en avez vraiment envie, ne cherchez pas plus loin : c'est votre chimpanzé qui vous prend en otage. L'originalité de cette métaphore pratique de Peters revient à ce qu'il partage certaines intuitions fondamentales du spinozisme défendu ici :

"Comme votre chimpanzé est beaucoup plus fort que vous, mieux vaut bien le comprendre pour le nourrir et le gérer[24]." Il propose de passer de rapports difficiles et conflictuels avec son chimpanzé à des relations de coopération mutualiste. Un exemple concret de cette diplomatie revient à la compréhension éthologique fine de son chimpanzé. Par exemple, il faut savoir qu'"un message arrive toujours d'abord à votre chimpanzé plutôt qu'à vous (c'est l'un des principes du fonctionnement du cerveau), or le chimpanzé réagit de manière émotionnelle[25]". Tout le stoïcisme se fonde sur cette asynchronie : le chimpanzé reçoit les événements toujours quelques secondes avant vous, l'ascèse stoïcienne consiste à ne pas ajouter de jugement à l'impression sentie. Une des techniques de cohabitation avec le chimpanzé consiste alors à toujours le nourrir *avant* de l'influencer : "Si vous vous occupez bien de votre chimpanzé, s'il est bien nourri [...], il est fort probable que ce petit animal sera heureux, qu'il ne vous posera aucun problème, et sera facile à gérer[26]." Pour l'influencer alors, il faut être éthologue. Par exemple, lorsque ce dernier est agité ou énervé, Peters préconise de laisser systématiquement s'exprimer le chimpanzé, "le laisser dire exactement ce qu'il pense, peu importe à quel point c'est irrationnel et aussi longtemps qu'il le faut[27]" (il préconise avec sagesse de ne le laisser s'exprimer qu'en solitaire ou avec des gens de confiance, qui ne prendront pas ce qui est dit au sérieux...). Il évalue à moins de dix minutes le temps nécessaire pour que le chimpanzé exprime ses peurs et ses émotions les plus intenses, jusqu'à être enfin capable de se taire, d'écouter et d'être influencé (il a besoin parfois de plusieurs séances d'entraînement).

Deleuze disait déjà de l'*Éthique* de Spinoza qu'elle était une "éthologie", une science du comportement des choses, une méthode pour apprendre à se comporter envers les êtres, en respectant les rapports de composition et de décomposition qu'ils entretiennent avec nous : un art d'organiser les rencontres de l'existence. Virginia Woolf est spinoziste quand elle écrit : "Ce qu'on attend de l'être avec qui l'on vit, c'est qu'il vous maintienne au degré le plus élevé de vous-même[28]." Connaître l'éthologie du désir, c'est connaître la manière dont les choses nous affectent.

L'éthique diplomatique consiste à favoriser et nourrir le *sentiment* de force ou de puissance en soi : c'est *lui* le loup blanc. De lui découle toute générosité, si l'on en croit l'aphorisme nietzschéen suivant lequel "toute générosité est surabondance de force". La vie triste, donc impuissante, ne dispose de rien qu'elle puisse donner aux autres : elle les tire vers l'impuissance. Elle nourrit leur loup noir. Ce dernier est le sentiment d'impuissance, dont la forme éthologique est la *peur*, qui induit que toute rencontre avec l'extérieur est vécue comme une atteinte. Comme lorsque, malade, on ressent les rencontres les plus banales de la vie quotidienne (une facture, un objet qui résiste, une distance chez l'autre) comme des agressions qui nous crispent dans une attitude agressivo-défensive. Ce que ce mythe signifie, c'est : "Nourris la force en toi et en l'autre, mais ne brime pas la faiblesse et la peur." Car loup noir et loup blanc ne sont pas des *parties* de soi, mais des trajectoires ascendantes ou descendantes, mutuellement exclusives, que le soi peut emprunter.

Du domptage par la volonté à la diplomatie avec ses fauves

L'objection classique des défenseurs de la morale du cocher, c'est que l'influence diplomatique de soi, celle d'un Marc Aurèle qui, écrivant ses "pensées pour lui-même", murmure inlassablement à l'oreille du cheval sauvage qu'il est, est trop *faible* face à la démesure des passions, leur instabilité, leur virulence aveugle. Elle est caractéristique des gens terrifiés de postuler que seule la contrainte violente est une solution face à ce dont ils ont peur. À ceux-là, Spinoza répond que, de toute façon, la volonté comme cocher *n'existe pas.*

Le rapport diplomatique à soi est ici manifeste dans la pensée spinoziste, lorsqu'il critique le mythe cartésien, hérité d'un certain stoïcisme, et formulé dans l'article 50 des *Passions de l'âme*, d'un "empire absolu" possible sur nos passions. Cette volonté despotique est un fantasme selon Spinoza. Or, ce qu'on ne peut contrôler en tout point, on est voué à l'influencer. C'est ici la transformation de l'idée de raison chez Spinoza, qui n'est plus conçue comme une volonté abstraite capable de s'imposer aux désirs, mais comme une certaine manière qu'a le désir de s'influencer lui-même, passant de la passion à l'action.

Ce qu'il y a de vraiment stoïcien chez Spinoza, c'est qu'il n'y a pas de démesure intrinsèque des passions : c'est parce qu'elles sont mal conduites par une raison défaillante (idées mutilées et confuses) qu'elles peuvent devenir démesurées, incontrôlables, toxiques pour soi et les autres. Car les passions nocives n'existent pas en soi comme l'autre de la raison, elles sont, comme le disait déjà Épictète, la même chose que la raison, c'est-à-dire le principe directeur de l'individu, mais mal conduites et détournées : ce n'est qu'une forme individuée du flot de désir qu'est un humain – mais mal profilées en tsunami destructeur par des causes extérieures et des représentations erronées[29].

Mais comment continuer à agir s'il n'y a pas de volonté souveraine ? En incorporant des bonnes habitudes qui infléchissent le déploiement même des passions les plus ardentes. Non pas en se donnant des ordres, fouet en main, mais en mettant en place dans le milieu qui nous entoure de petits dispositifs susceptibles de faire émerger spontanément les désirs joyeux et de faire perdre aux désirs tristes leur vitalité :

organiser les rencontres. Le philosophe Ferhat Taylan appelle mésopolitique (littéralement "politique par le milieu") une manière de conduire les citoyens sans les commander, simplement en transformant les milieux de vie, de manière à influencer les comportements[30]. J'appelle "mésoéthique" un rapport diplomatique à soi qui consiste à infléchir sa vie intérieure, sans la commander, simplement en transformant le milieu de vie, de manière à influencer les désirs en prenant des plis, c'est-à-dire en incorporant des secondes natures vouées à l'augmentation de la puissance d'agir et de penser de soi, et donc des autres (c'est la belle déduction de Spinoza sur la diffusion causale de la joie comme de la tristesse).

La mésoéthique, c'est la lucidité sur l'inexistence d'une volonté pure et d'une pure raison, et l'usage constant d'une bonne intelligence avec soi qui bricole des dispositifs, les externalise dans le milieu de vie quotidien, qui sont des facilitateurs d'incorporation d'habitudes, de bonnes habitudes. Jusqu'à la sainteté est une bonne habitude.

Organiser son milieu par des artefacts techniques est une grande originalité de l'espèce humaine. Ces dispositifs sont matériels ou immatériels (protocoles, valeurs, maximes d'action, réveille-matins, agendas, réorganisation de l'activité, manières de poser les problèmes). Une fois mis en place, ils accélèrent la vie et la résolution de problèmes, et rendent l'énergie disponible pour les projets d'autres désirs. Les exercices spirituels que sont l'écriture et la lecture chez Marc Aurèle sont un exemple puissant de mésoéthique[31]. Lire quelques pages de *La Citadelle intérieure* est un dispositif discret et puissant en période de crise, pour nourrir le loup blanc au détriment du loup noir. Il existe un livre intitulé *The Daily Stoic*[32]. Il propose pour chaque jour, au lever, de lire un fragment de la pensée stoïcienne, reprofilée pour parler à nos conjonctures compliquées. C'est un dispositif mésoéthique de première classe.

Le problème de la mésoéthique revient à se réapproprier le pouvoir de transformer le territoire de vie qui nous transforme. "Construis l'environnement qui te construit, module le milieu qui te module" est au fronton de la voie mésoéthique.

L'éthique diplomatique relève d'une permaculture de soi – et non pas d'une agriculture intensive et interventionniste sur soi : elle repose sur une compréhension de l'écologie des passions, une canalisation, une irrigation et une potentialisation des désirs. "Je" suis une forêt-jardin permacole, là où les morales classiques voulaient que je sois un impeccable jardin à la française, là où le romantisme me fantasmait en jardin à l'anglaise, et là où la morale néolibérale exige que je sois une parcelle de monoculture à haut rendement.

L'erreur de la morale classique, en un mot, est qu'elle a pris l'animal comme modèle des passions, et qu'elle s'est trompée fondamentalement sur l'animal. D'après elle, il y a une démesure intrinsèque des passions, qui fonde leur instabilité, leur dépendance : elles doivent être conduites (elles sont aveugles) et matées (elles sont sujettes à l'*hubris*, la démesure). Mais mon hypothèse, c'est que c'est en partie cette forme particulière de domestication avec action directe positive, faite d'idées inadéquates et de traitements inadaptés, qui rend les passions démesurées et aveugles : qui les *abêtit* – les transforme en bêtes. Dès lors qu'on entretient avec elles des relations diplomatiques, qui ne consistent pas à s'imposer, pour s'élever au-dessus de son animalité "basse" ou s'imposer à elle en soi, elles ont une certaine métastabilité tranquille, parce que nous sommes dans les grandes lignes un animal bien conçu par l'évolution, parce qu'en regardant les autres animaux, on voit bien que la folie démesurée n'est pas la norme du vivant. On voit bien que la thèse de la férocité des passions bestiales ne qualifie aucun animal réel, observé par l'éthologie. C'est donc bien qu'il s'est passé quelque chose. Ce n'est pas un retour au mythe du bon sauvage, à la bonté de nature. Ce n'est pas une apologie du laisser-aller. Au contraire : l'éthique diplomatique, comme la permaculture, implique une plus grande exigence de "conception et d'information[33]", qui se substitue à l'exigence de contrôle et de domination.

C'est comme la vie du sol en agriculture : déjà essoré et abîmé par l'agriculture intensive, un sol a besoin de plus d'intrants pour rester productif, il exige un contrôle constant par action directe positive : il est devenu dépendant et instable. Mais un sol encore vivant, dont on a pris soin, dont la microfaune est vivace, qu'on a influencé dans ses puissances natives et ses potentiels évolutifs, n'a pas besoin de grands renforts de contrôle : on peut influencer diplomatiquement son expression vers une biodiversité cultivée soutenable et saine pour tous.

Du cocher coercitif au diplomate des passions

Par là, c'est la question de la maîtrise qu'on peut avoir sur ses passions qui diverge fondamentalement entre la morale du cocher et celle du diplomate. C'est-à-dire la question de la volonté. C'est ce pouvoir absolu que récuse Spinoza, d'abord dans son absoluité, et ensuite dans sa forme de victoire et de coercition, ce qui a été trop peu mis en lumière.

En effet, si Spinoza, homme de son siècle, continue à utiliser le lexique de la maîtrise des passions, on aperçoit que ce qui se joue désormais n'a plus rien à voir avec une maîtrise au sens strict : une emprise ou une domination, telle que la concevait la morale classique.

Pour Spinoza, l'homme ne peut pas acquérir un empire absolu sur ses passions, car nous sommes une partie de la nature, une partie finie, et comme telle soumise aux mauvaises rencontres (corollaire de la proposition IV de la partie IV de l'*Éthique*) : "L'homme est nécessairement soumis aux passions, suit l'ordre commun de la nature, lui obéit et s'adapte autant que la nature des choses l'exige." Là où la morale classique préconisait de dominer la nature en soi, Spinoza conçoit le rapport aux passions comme un rapport d'obéissance et d'ajustement créatif à l'ordre commun de la nature. Mais que signifie ici obéir, et s'ajuster ? Et de quelle nature s'agit-il ?

Pour Descartes, la volonté est tel un pilote en son navire. La critique de ce modèle par Spinoza pourrait être formulée ainsi : le vrai problème de la navigation, ce n'est pas la volonté du marin, c'est le comportement du vent. Selon le modèle cartésien, l'homme croit que, quand le bateau va dans la bonne direction, c'est la volonté au gouvernail qui l'a voulu ; alors que, bien entendu, c'est toujours le vent qui le pousse. Le vent est ici à comprendre comme le flux des causes dans les affects, la force des causes.

Dans l'éthique spinoziste, il n'y a pas de puissance de la raison, mais des désirs plus raisonnables que d'autres. Le désir de vérité est un désir. Ainsi, la libération éthique ne consiste plus à vaincre, par une annihilation ou domestication, une partie de soi. Il s'agit plutôt de chevaucher en soi un autre cheval tout aussi sauvage, un autre flux du désir, qui va en direction inverse : dans la bonne direction. L'éthique de Spinoza ne repose pas sur une mise en scène de lutte du marin contre les éléments, mais sur une attention aux vents, sur une transformation de soi en un être "mi-navire, mi-bourrasque" prêt à changer de vent, à jouer un vent contre un autre, pour rejoindre le cap.

On voit à nouveau en quoi il est stoïcien : comme le dit Épictète, le problème n'est pas de vaincre un pan de soi, mais d'atteler son discours intérieur à une "noble représentation", pour aller ailleurs. Le problème est toujours l'usage des représentations. On passe alors d'une psychomachie à une psycho-navigation à la voile, où il faut d'abord connaître le vent, puis faire avec et le suivre, louvoyer. Il n'y a plus personne pour imposer de pure direction : il n'y a pas de conscience ou de volonté pure qui serait le pilote – le pilote est lui aussi déterminé par des causes.

Mais faut-il comprendre que l'homme ne peut en réalité agir, s'il y a un déterminisme absolu des causes et des effets ? Dans la carte de la morale classique, la liberté était comprise comme libre arbitre, c'est-à-dire comme la faculté de l'esprit à commander au corps. Une fois que l'on a substitué à cette carte dualiste une carte qui n'est composée que de désirs, c'est-à-dire de causes ; quand il n'y a plus de chef dans un mirador donnant des ordres à la populace des désirs, mais juste la masse complexe, la foule des désirs qui s'entrecroisent et se confrontent, à quoi peut correspondre la liberté ?

Pour Spinoza, l'humain peut agir : en devenant lui-même une cause. La vie éthique chez Spinoza n'est pas construite sur une opposition entre un pâtir aliéné au cours des choses et un agir libre car libéré de ce cours des causes, mais sur une différence entre *deux types* de causes : les causes adéquates et les causes inadéquates. La liberté correspond alors au fait de laisser s'exprimer les causes adéquates. Vous êtes une cause parmi les causes. Vos désirs sont des causes parmi les causes. Surtout, vos idées adéquates sont des causes libres parmi les causes. De là l'éthique, c'est-à-dire la question de la valeur des actions, car toutes les causes ne se valent pas.

La liberté consiste donc à laisser s'exprimer les causes adéquates. À être une bonne cause de ses actions, et non une cause mutilée, captée et utilisée par des choses extérieures, c'est-à-dire une cause inadéquate. C'est le modèle du pion, le modèle de l'agent secret assassin utilisé contre son gré par une officine : il est cause inadéquate de ses actions, il est piloté par des causes extérieures. Or nous avons en nous des causes inadéquates : la colère, la haine, toutes les passions tristes. Elles, ce n'est pas nous en nous. Ce sont nos mauvais maîtres en nous. Elles se servent de nous, et nous nous en repentons ensuite.

Il ne s'agit pas non plus de tourner comme des canons ses désirs joyeux contre les tristes, mais de se laisser simplement gagner par ces désirs : plus de lutte directe, mais une théorie de la possession volontaire, se laisser posséder par un affect-fauve qui exprime plus de puissance et de joie. C'est un vaudou bien organisé qui consiste à laisser plus de place en soi à un désir qu'à un autre, à l'aviver. On sait bien que lorsqu'on est tenté par quelque chose qui nous fait du mal, et qu'ensuite on se laisse porter par un désir joyeux opposé, le premier désir n'est pas brimé, frustré, il est juste *oublié*. Pas de proportion inverse, pas de lutte intérieure, juste de la joie à la place de la tristesse, et non contre la tristesse. C'est déjà assez compliqué à bricoler ainsi.

C'est Wittgenstein et sa conception de la résolution de problèmes qui rejoint ici Spinoza : "La solution du problème que tu vois dans la vie, c'est une manière de vivre qui fasse disparaître le problème[34]." Il ne s'agit pas frontalement de le résoudre intellectuellement ou à la force de la volonté, mais de trouver une manière de vivre telle que le problème perde toute signification.

Fortifier le loup blanc sans mater le loup noir

Des générations de professeurs et de prêtres ont répété la morale du cocher : que la raison domine les passions ("Maîtrise-toi !", dérivé de "Maîtrise ton cheval, ton esclave, ta femme !").

À cette rengaine, Spinoza répond par une intuition limpide, que chacun a pu faire : on ne peut faire taire un désir que par un *désir* plus fort encore. Il le formule ainsi : "Un affect ne peut être contrarié ni supprimé que par un affect contraire et plus fort que l'affect à contrarier[35]." Il ne s'agit pas de mater le loup noir, mais de fortifier le loup blanc. La raison doit donc *être* un désir, et sa pratique doit être une grande joie, sinon elle sera impuissante à influencer l'action. Si être raisonnable dévitalise *toutes* les passions, alors cela rend triste. Donc cela rend faible, puisque la tristesse est un affaiblissement de la puissance : faible face aux désirs indésirables[36]. Ou : cela nourrit le loup noir.

Sur la carte du moi spinoziste, il n'y a que des désirs, mais certains sont plus rationnels que d'autres (c'est-à-dire orientés vers l'augmentation de la puissance d'agir et de penser de soi comme des autres, et la concorde politique qui y contribue). Et certains sont susceptibles d'être subvertis, détournés, influencés, par cette raison, pour devenir joyeux. La raison est la main qui nourrit et favorise le loup blanc. En commençant par former l'idée adéquate du comportement des passions (éthologie des fauves en soi).

Ainsi, chez Spinoza et dans une éthique diplomatique, il n'y a pas de confrontation entre volonté et désirs, mais une carte de la vie intérieure composée uniquement de désirs et d'affects. La force de résister à une tentation qui nous coûtera cher est encore un désir, mais un désir sagace. Le désir noble de répondre à la haine par l'amour est aussi un désir (issu d'une idée adéquate). Comme l'écrit Nietzsche bien plus tard : "La volonté de surmonter une passion, c'est finalement toujours la volonté d'une autre passion[37]." Il n'y a plus de raison désincarnée et surplombante, mais une vie à la surface des choses, où il s'agit de s'orienter avec les bonnes cartes. Celles des idées adéquates, ou celles de la "Grande Raison du corps", plus sage que la "petite raison de l'esprit", dans la parabole du *Zarathoustra* de Nietzsche.

Si je suis fait entièrement de désirs, on pourrait se demander alors pourquoi certains doivent être favorisés plutôt que d'autres. Pourquoi ne suis-je pas aussi bien mes affects tristes, colère et haine, c'est-à-dire le loup noir en moi ? Pourquoi est-il raisonnable et bon de nourrir et favoriser le loup blanc ?

Je ne suis pas ma passion triste parce que je suis un *conatus bien vivant*, c'est-à-dire une force qui préfère la santé à la maladie, la nourriture au poison, la puissance tranquille et généreuse à l'impuissance frustrée et pleine de ressentiment. Chaque vivant s'efforce de persévérer dans son être, dans sa trajectoire d'augmentation de sa puissance d'agir et de penser, que la tristesse diminue. C'est le *conatus vivant* qui me fonde : on peut le figurer comme un fauve vigoureux qui piste et flaire la grande santé (le loup blanc en moi). Par lui, je ne peux pas vouloir être en mauvaise santé. Or la tristesse, c'est la maladie de l'âme, parce qu'elle diminue mes puissances. Je suis un conatus-fauve qui s'épanouit spontanément dans la joie active et se flétrit spontanément dans l'impuissance rageuse. Donc ma raison n'est pas une instance séparée, mais juste la tendance intelligente et vitale de ma puissance à aller vers la joie, vers les rapports de composition qui me renforcent et me donnent de la surabondance de force à partager avec les autres. La raison diplomatique n'est pas une faculté calculatrice froide – c'est le nom de l'intelligence propre au désir vital en moi, qui cherche la joie, et sait reconnaître et fuir les intoxications et les tristesses.

C'est ce sens du vital en soi qui n'a pas oublié la phrase définitive de Musil : "La seule preuve pour ou contre un être, c'est de savoir si sa présence nous abaisse ou nous élève[38]." Cette phrase est rigoureusement spinoziste dans sa compréhension du caractère relationnel de l'éthique (certains êtres, en effet, nous abaissent, alors qu'ils en élèvent d'autres. Certains êtres abaissent tout le monde, et là, ils sont vraiment toxiques).

La confusion dans cette histoire de la morale provient du fait qu'avant Spinoza, les moralistes n'ont pas suffisamment distingué la domination de l'exercice, les passions comme bêtes à mater, et puissances à chevaucher.

D'après Sloterdijk, "le pire ne peut se produire qu'après une mauvaise éducation – dont le critère est que quelque chose ayant besoin d'être bridé et qui pourrait l'être sans difficulté si les choses se déroulaient correctement, reste débridé *(akolaston)*[39]".

Certes, les accès de virulence destructeurs des passions exigent d'être contenus mais, dès que des habitudes sont constituées, ce sont les passions mêmes qui dans leur comportement spontané incarnent la mesure et la vitalité d'un individu. C'est la confusion entre l'ascèse au sens de mortification et l'ascèse au sens de la composition d'un soi supérieur par l'incorporation d'habitudes vitales.

Les bonnes habitudes permettent d'envisager les passions comme seules puissances à chevaucher – mais dans ces équitations "éthologiques" où cavalier et monture s'hybrident, extensions l'un de l'autre, partenaires attentionnés en joyeuse négociation.

Ainsi, celui qui se livre encore et encore aux passions toxiques n'est pas frappé d'une *faiblesse* intrinsèque de la volonté ou de la raison. Son drame est plutôt de ne pas savoir lever en lui des désirs plus hauts et plus intenses que ses passions nocives. C'est qu'il n'a pas suffisamment fortifié, par de bonnes habitudes, le loup blanc. La morale du cocher, obnubilée par sa peur des passions, a donc confondu discipline et brimade. La discipline exigeante de l'éthique diplomatique revient quant à elle à trouver, former, et fortifier en nous, des désirs émancipateurs tellement ardents, tellement irrésistibles, qu'ils pourront se substituer sans effort aux passions toxiques qui nous rendent malheureux et malsains. Il faut bricoler par la raison vivante l'expérience d'une joie sauvage tellement vibrante que les plaisirs aliénants et morbides, les désirs minables d'abaisser les autres, de faire mal, en perdent leur intérêt, et jusqu'à leur éclat. Tisser avec ces passions une joie robuste, une puissance de *pâtir sans subir*, c'est-à-dire sans souffrir outre mesure des inévitables rencontres nocives. L'éthique diplomatique est l'art d'incorporer et d'infléchir des *habitudes du désir*, c'est-à-dire d'influencer l'écosystème des affects lui-même. La liberté existe : c'est l'art d'aménager les systèmes d'irrigation en soi qui font émerger des désirs émancipateurs, et nourrissent nos fauves les plus nobles. L'éthique ne consiste plus à s'élever fièrement au-dessus de l'animal en soi, mais dans une certaine *manière* à être l'animal que nous sommes.

C'est le statut de la raison qui se transforme à partir de Spinoza et jusque dans une éthique diplomatique. Elle n'est plus un pur esprit qui contrôle les passions, mais une certaine figure du désir lucide, le désir de bien vivre, selon sa nature. De cohabiter parmi les désirs-fauves bien vivants qui sont sa véritable essence. Elle devient un art de la diplomatie : un art de vivre en *bonne intelligence* avec ce qui, en nous et hors de nous, ne veut pas être domestiqué.

Le secret de la volonté, c'est qu'elle existe bien, mais pas *en* nous. Personne n'*a* de volonté.

La "volonté" est le mot que les gens invoquent quand ils voient de l'extérieur, *chez un autre*, les flots d'énergie d'une vie intérieure converger, et couler superbement dans une même direction ascendante, alors même que la pente est rude ("quelle force de volonté elle a, celle-là !"). La volonté en fait n'est que le nom *a posteriori* qu'on donne au système d'irrigation des désirs, dans les moments bénis où ils se composent de manière à converger dans une même direction, plutôt choisie. On n'a pas "de volonté" ne veut pas dire qu'elle n'existe pas, mais qu'on ne la possède pas : elle n'est pas une quantité, et elle n'est pas en nous *a priori*.

La volonté n'est pas une quantité abstraite que l'on possède en soi, mais un savoir-faire quant au bricolage des dispositifs de convergence des désirs. On les bricole hors de soi et en soi, on les incorpore. Dans cette lecture de l'éthique spinoziste, le diplomate devient aménageur des canaux intérieurs pour les flux du désir.

C'est l'art d'aligner doucement des flux dans une certaine direction, en bricolant en dehors de nous, dans les agendas, les salles où on vit, les rencontres organisées avec les choses et les gens, de petits dispositifs qui infléchissent les flux du désir. Ce sont des exercices spirituels de cohabitation avec les fauves en soi, pour faire converger leurs puissances natives vers ce qui est bon pour nous. Le bon diplomate fait délicatement converger le libre jeu des flux du désir en un faisceau puissant et vectorisé qu'on appelle, de l'extérieur, en croyant qu'il s'agit d'un "je veux !" souverain : "volonté". Alors que ce n'est qu'une habitude de marin, acquise, de lire les vents, de les infléchir, et de les naviguer.

Éthique ascensionnelle

Il ne s'agit pas pour autant de défendre ici une éthique strictement horizontale sans ascension possible. Je pense au contraire que tout le problème éthique se construit avec force sur des métaphores verticales qui, libérées de leur folklore théologique, ne sont que des figurations pratiques du perfectionnement. Il n'y a d'éthique que s'il y a une volonté et une possibilité de perfectionnement. Mais cette ascension ne va pas nécessairement de l'animal à l'ange, de la bête à l'Homme. Et elle ne monte pas par le seul moyen de la domination, s'élevant sur les ruines fumantes de l'animalité en soi. La métaphore ascensionnelle courante (s'élever) dans la métaphorique éthique capture traditionnellement les pôles que fournissent les philosophies historiques d'une culture, même si ces pôles sont arbitraires, même s'ils sont faux. Ces pôles, le haut et le bas, le désirable et le détestable, diffèrent volontiers dans leur contenu mythologique : l'animal, archétype de la bassesse, peut au contraire, dans d'autres cultures, se retrouver en haut. Il y a par exemple une ascension vers le non-vouloir dans le zen, qui est une ascension vers l'animal. Cet animal-là est une bonne métaphore de la réduction de la pensée associative, du fantasme, de l'imagination aliénante. Il s'agit de redevenir un de ces animaux qui pensent beaucoup par résolution de problèmes liés aux rencontres dans l'expérience, mais peu en termes de pensée associative fantasmatique, jugeante et parasitante : celle qui selon le zen rend malheureux, malsain et méchant l'animal humain. Le saint occidental veut s'élever le plus loin possible au-dessus de la bête en lui, quand le sage zen veut s'approcher le plus près de son chat. La sagesse animale de son chat : mesure originelle de la pensée non aveuglée par les faux désirs.

Nous sommes les héritiers d'une culture qui dans ses grandes lignes a pensé la sagesse comme élévation au-dessus de l'animal, en soi et hors de soi. Pour cela, il a fallu défigurer l'animal réel, l'ériger en repoussoir où sont projetés tous les vices de l'humain. D'autres héritages sont plus lucides : certaines sagesses antiques (celle des cyniques et des sceptiques) travaillent à retrouver une quiétude animale d'avant le langage. Le chaman amérindien Davi Kopenawa a aussi cette étrange sagesse : il chérit ses plumes de perroquets aras, car elles lui confèrent la sagesse de l'oiseau et son pouvoir animal d'éloquence, pour aller parler avec les chefs blancs en costume trois-pièces qui détruisent la forêt[40].

On peut faire l'hypothèse que la perfectibilité, donc l'ascension, donc la possibilité de l'éthique, est même immanente au vivant. Elle est présente dans la matière vivante : le muscle, à la différence de la pierre, est cette matière qui s'améliore quand on l'exerce ; le système nerveux aussi. Le problème ontologique revient à déterminer ce que veut dire "monter" lorsqu'il n'y a pas de plan divin au-dessus. Pas d'ange qui serait un modèle. Lorsqu'il n'y a personne à l'étage (un idéal d'homme parfait déjà constitué par une transcendance, un dieu-gabarit). Lorsqu'il n'y a pas d'étage. Lorsque chaque pas montant invente une marche de plus à l'escalier. Lorsque chaque perfectionnement du soi ne rejoint pas un divin au-dessus déjà là *a priori*, mais invente une dimension de plus au réel, et chaque fois nouvelle. Or ce problème a été déjà posé par les éthiques asiatiques de la Voie. La Voie dans certaines traditions est le concept d'une ascension sans Idéal constitué, celle d'un perfectionnement sans modèle de perfection *a priori*. L'étage un peu plus parfait de l'humain est à inventer, il sera pluriel et il ressemblera à une chimère : un visage composé d'animalités.

PASSER DE L'AUTRE CÔTÉ DE LA NUIT

Vers une politique des interdépendances

Nuits d'affût

Postés en silence sur un promontoire au milieu du plateau, nous braquons sur la nuit une caméra thermique, qui capture le différentiel de chaleur entre les corps dans le paysage, et le restitue en contrastes dans le viseur. Alors, des silhouettes lupines faites de lumière crue apparaissent dans les clairières noires, jouent, répètent les rituels qui sont leur existence, partent chasser ou patrouiller leur territoire. La caméra en question est un objet militaire interdit à la vente : du matériel de guerre, dit "sensible". Il a été conçu pour les postes-frontières de l'armée, et il est utilisé pour repérer, entre autres, les migrants qui voudraient illégalement entrer sur le territoire. Même si le but n'est pas identique, utiliser pour observer les loups des caméras conçues pour surveiller les migrants laisse un trouble. Le dispositif technique matérialise ce qu'il y a de commun dans nos relations aux altérités qui vivent tout contre nous. Tout objet technique incorpore une théorie embarquée, qui oriente ses usages. Ce qui est intrigant dans notre affaire, c'est qu'il s'agit de détourner, de subvertir la théorie embarquée dans une caméra de surveillance, pour en faire un instrument de métamorphose diplomatique.

Ces dernières années, j'ai passé ainsi plusieurs nuits d'affût dans le Sud de la France dans le cadre d'un projet de recherche-action, pour observer la vie nocturne d'une meute de loups et ses relations avec les troupeaux de moutons et les chiens de protection. C'est dans un camp militaire que nous observons ces animaux : alors que les hélicoptères nous survolent, on surprend à l'aube quatre louveteaux en train de jouer dans des tanks désaffectés. Une nuit, les hurlements des loups se superposent aux rafales d'un fusil-mitrailleur. On marche en entendant les détonations des obus, dans une nature vidée d'humains. Au loin les villages fantômes. De ce désert, la faune renaît avec une vigueur explosive. Entre les chars et les troupeaux de moutons, toute cette faune humaine et technique, les loups s'installent et reprennent la main : ils apprennent à vivre et à transformer ces environnements qui héritent d'un passé humain complexe. Dans ces ruines, les vivants se retissent en des assemblages nouveaux.

Ce projet de recherche-action s'appelle CanOvis, il a été imaginé par l'éthologue Jean-Marc Landry et son équipe. J'ai travaillé avec eux trois ans de suite, pour plusieurs sessions d'une semaine, en été, comme bénévole, compagnon de route et chercheur[1]. Essentiellement sur le plateau de Canjuers, dans le Var. Cette expérience nous met avant tout au contact des bergers et éleveurs, des brebis et des chiens, des parcours du troupeau, de la prairie et des bosquets, des ciels nocturnes, enfin des loups. En dialogue constant avec les acteurs pastoraux, nous suivons les troupeaux dans le territoire d'une meute. Les bergers peuvent faire paître leurs brebis dans le camp : les troupeaux maintiennent une pression de broutage sur les paysages, ce qui leur permet de ne pas s'enforester, ils maintiennent les prairies rases, et limitent ce faisant les risques d'incendies. C'est une alliance étrange entre les militaires et le pastoralisme qui explique leur présence quand tous les villages ont été évacués. Les bergers sont alertés des exercices militaires et déplacent les brebis en fonction du calendrier des artilleurs et des simulations d'infanterie.

CanOvis est un programme de recherche qui s'attache à comprendre l'éthologie nocturne des loups au contact des troupeaux, par l'usage de caméras thermiques, pour anticiper et mieux se prémunir face au risque de prédation des brebis. Il s'agit de contribuer à restituer aux acteurs de terrain un pouvoir d'agir face à cet aléa naturel qu'est le loup, par la réinvention de savoirs et de savoir-faire. Le diagnostic à son origine est que l'on a sous-estimé l'un des problèmes posés par la pression des loups sur les systèmes pastoraux : au-delà des dimensions économiques ou techniques, le problème est avant tout lié à la situation d'*impuissance effective et vécue* des acteurs du monde pastoral, lorsque ces derniers font face aux risques d'attaques des loups sur les troupeaux. Ce sont des événements peu prévisibles et peu contrôlables. L'enjeu, face à cette situation subie, est de composer une approche qui redonne aux bergers marge de manœuvre et capacité d'action, sous la forme d'une éthologie nouvelle, et d'outils d'aide à la décision.

Vita incognita

L'écologie scientifique et l'éthologie contemporaines nous apprennent que, pour comprendre et influencer le vivant, il est nécessaire de se rendre sensible aux relations invisibles entre les vivants qui plongent loin dans le passé et régissent les écosystèmes. Pour observer ces relations discrètes, la caméra thermique est un dispositif décisif. Dans le cadre du projet CanOvis, on utilise cette technologie pour filmer la nuit. Ces recherches nous apprennent, parce qu'on accède au "monde de la nuit[2]", que les relations entre loups, troupeau, chiens de protection et humains sont infiniment plus riches que ce que l'on croyait, l'acte de prédation lui-même n'étant que "la partie émergée de l'iceberg". La caméra thermique restitue une multitude d'autres interactions au début incroyables, d'habitude invisibles : des loups qui jouent avec des chiens de protection, qui partagent avec eux des dépouilles de brebis, qui leur font la cour… C'est là que se joue, suivant Landry et son équipe, la compréhension réelle du système : "C'est dans cette partie « invisible » des relations entre le prédateur et le système pastoral que se bâtissent les scénarios qui mèneront, ou non, à la prédation, avec plus ou moins de régularité et d'intensité[3]."

Ces nouvelles données sont susceptibles de bouleverser ce qu'on croyait savoir : certaines images spectaculaires capturées par CanOvis grâce à la caméra thermique montrent par exemple un loup tranquille au beau milieu d'un troupeau de brebis sereines, qui l'examinent de tout près. C'est presque inimaginable depuis nos conceptions traditionnelles du loup et des brebis. Cela ouvre de nouveaux espaces de réflexion pour l'éthologie. Comment comprendre l'absence de panique chez les brebis et la placidité du loup ? Faut-il faire l'hypothèse que les brebis n'ont pas une catégorie de "loup" aussi homogène que la nôtre ? Que, pour elles, il n'y a pas *le* loup, mais *des* loups différenciés ? Qu'elles ne sont pas ici aussi "essentialistes" que les humains, c'est-à-dire enclines à projeter massivement sur tout un groupe (ou une race) des traits repérés seulement chez quelques-uns ? Qu'elles ont un rapport plus subtil, plus vigilant à la différence interindividuelle entre les loups (certains sont dangereux, d'autres non) ; ou même au contexte : le même loup pouvant un jour être un prédateur qu'il faut fuir, et un autre jour un flâneur intéressant sur lequel il suffit de garder un œil ? Des énigmes émergent de ce monde de la nuit révélé par les images. Elles ébranlent ce qu'on pensait savoir de la brebis, comme du loup. Il échappe au préjugé du prédateur affamé, qu'on imagine instinctivement déterminé à dévorer aveuglément dès qu'il croise un "stimulus-brebis". Elle échappe au stigmate d'être un "mouton". Résoudre ces énigmes nous permettrait-il d'imaginer des dispositifs de protection et de cohabitation plus efficaces, d'être mieux ajustés à la complexité du réel ?

Lorsqu'on enquête sur les manières d'exister, toute forme de vie apparaît comme une *vita incognita*. Un haut lieu inexploré sur l'atlas de nos connaissances pratiques et scientifiques. Pour se guider jusque dans ses parages, "il ne faut jamais douter de l'invisible", comme dit le forestier et philosophe Aldo Leopold. Mais ne pas en douter ne revient pas à le fantasmer : il s'agit plutôt d'apprendre à enquêter sur cet invisible, pour le rendre intelligible, et rendre notre action plus intelligente.

UN DEVENIR-DIPLOMATE

Le briefing à la fraîche

L'expérience de CanOvis consiste à pénétrer dans un dispositif étrange qui infléchit discrètement la trajectoire d'individuation de celui qui y entre. On arrive avec des savoirs et des ignorances, des aversions et des affinités, une mythification du berger ou un amour du loup, une valorisation du patrimoine ou un mépris du prédateur, une empathie marquée pour l'un *ou* l'autre des belligérants. On reviendra presque diplomate, d'un genre singulier : diplomate des interdépendances.

Par souci de clarté narrative, on peut raconter cette initiation en la fusionnant dans l'histoire d'une nuit, puisque c'est toujours la nuit que nous travaillons. Un soir, une nuit, une aube, mais tissés de réminiscences, pour enrichir le récit de toute l'expérience densifiée ici en un cycle. (Dans chaque aube il y a tant d'aubes, et dans chaque nuit tant de nuits.)

Tout commence à la fraîche, vers 18 heures, avec le briefing. Jean-Luc Borelli, le leader opérationnel du projet sur Canjuers, expose le plan des opérations. On l'interroge sur le comportement des loups, sur le sens des interactions entre loups et troupeaux enregistrées la nuit précédente, et qu'on visionne ensemble sur un écran d'ordinateur, dans le dortoir militaire qui nous a été alloué par le camp.

Il a passé un temps considérable derrière la caméra, des milliers d'heures, dont des centaines à observer spécifiquement les loups, pour faire des synthèses, isoler des invariants. Pourtant il répond souvent aux questions qu'on lui pose sur ce qu'on observe : "Honnêtement, on ne sait pas." Cette attitude donne le ton. La probité interprétative est un des enjeux du projet. Son positionnement scientifique, pensé par l'éthologue Jean-Marc Landry, donne une tonalité très particulière à l'expérience : l'ignorance circonscrite est le savoir le plus honnête, l'art de ne pas conclure *encore*, une vertu. Il s'agit de se dessiner progressivement une carte claire du connu et de l'inconnu, et ce dernier a la part belle. Reste que les savoirs accumulés sont déjà éloquents : à l'été 2018, nous avons documenté, images à l'appui, la portée la plus nombreuse de France (dix louveteaux, probablement nés d'une même mère) et la meute à ma connaissance la plus populeuse de l'histoire du loup dans l'Hexagone depuis son retour (seize loups sûrs, peut-être dix-sept).

Il reste une main de soleil

Le soir, à la bastide abandonnée de Bourjac, le soleil tombe avec une généreuse lenteur derrière la ligne du plateau, inondant la plaine d'ombres neuves. Les huppes fasciées jubilent du crépuscule. Nous passons du temps avec les bergers. Autour de cette bastide, les brebis reviennent le soir pour boire dans de grands abreuvoirs, et les chiens y sont nourris. On discute avec la bergère qui extrait de son énorme pick-up blanc de grands sacs de croquettes. Elle ne veut pas qu'on l'aide trop, malgré son état. On plaisante, on la questionne sur son ventre arrondi, puis on examine ensemble les brebis, et on lui raconte ce qu'on a vu la nuit précédente à la caméra thermique. Cette nuit-là, les loups ont tenté des attaques au troupeau, les chiens les ont repoussés, mais ça a brassé longtemps, les brebis ont beaucoup couru. C'est la fin du mois d'août et les femelles sont pleines, sans être encore proches de mettre bas. La bergère regarde les brebis d'un œil expert, elle cherche les blessures, les boitages, le sang à l'arrière-train qui indiquerait qu'une brebis a perdu son agneau ; et puis elle les regarde d'un autre regard. Elle dit quelque chose comme ça : "Quand je pense à ce que vous avez vu cette nuit, je m'imagine la brebis, dans ma tête, c'est une femme enceinte qui court toute la nuit pour essayer de fuir le loup." Elle a posé ses mains sur son ventre. L'esprit commence à s'ouvrir à ce monde-là. Pas à pas, par les rencontres, on est tissés par des fils d'affects aux acteurs de ce plateau isolé.

Mais l'ambiguïté s'impose rapidement comme tonalité dominante. La région a ses rumeurs. Certains racontent que, parmi les éleveurs, il y en a qui grossissent le nombre de brebis tuées, par divers stratagèmes. Certains racontent que d'autres éleveurs ne prennent pas toujours la peine de protéger les brebis le plus efficacement possible, parce qu'ils seront systématiquement indemnisés par l'État, une fois les brebis considérées par les experts comme mises à mort par les loups. Certains racontent qu'avec l'argent des indemnisations, un éleveur s'est fait construire *ex nihilo* une nouvelle maison, qu'ils appellent dans le coin "la Villa du Loup". Lorsqu'on examine les enquêtes sociologiques, les données ministérielles, les savoirs de comptoir, il apparaît qu'il est difficile de déterminer l'ampleur réelle de ces pratiques : il n'est pas douteux qu'elles existent, mais il est improbable qu'elles soient dominantes ou même représentatives. Certains avocats radicaux du loup réduisent le problème posé par son retour à la malhonnêteté ou à la paresse des éleveurs. Cette formulation du problème ne semble ni juste ni exhaustive pour capturer la complexité de la situation.

Une autre anecdote racontée nous préoccupe. Certains acteurs, issus du monde pastoral ou d'ailleurs, soutiennent que, parmi les "tirs de prélèvement" opérés sur les loups, certains ciblent expressément les louveteaux autour de la tanière ou du site de rendez-vous. Si elle était avérée, cette pratique serait contraire à l'esprit de la loi : les mises à mort serviraient à une régulation de la population (ce qui est illégal avec une espèce protégée) et pas à une protection effective des troupeaux. Car, comme nous l'observons à plusieurs reprises, les jeunes de l'année ne quittent pas significativement le site de rendez-vous avant début septembre, et n'attaquent jamais les troupeaux. L'empathie se décale alors vers l'autre belligérant, vers les louveteaux *snipés* alors qu'ils batifolent dans des tanks désaffectés. Un autre fil se tisse.

Au soir, alors que la nuit tombe, on retrouve un des bergers. Il vient tous les jours "blaguer" avec nous. On lui indique où est son troupeau, on l'aide autant que faire se peut, on va chercher pour lui les brebis blessées ou tuées, on aide parfois à faire les soins. C'est un berger parmi d'autres, chacun a sa personnalité et son charme mais, les jours passant, nous nous lions avec lui, au point qu'un matin, il nous raconte une nuit d'attaque. À l'aube, il sortait de sa caravane, les brebis avaient été parquées tout autour. Quelque chose cloche, le silence, et une par une il retrouve leurs dépouilles, mortes, blessées, parfois à moitié mangées, bêlant de détresse. Une vingtaine de brebis. Il regarde ailleurs, vers la crête. "C'est dur, il dit, c'est dur." Regardant le même point que lui, nous bredouillons : "C'est dur, oui, c'est dur." Un fil de plus. L'empathie va et vient parfois comme la marée. La figure généralisée du fieffé berger qui profiterait de la situation devient une figure de facilité, une échappatoire à l'irréductible ambiguïté morale, à l'imbroglio vibrant créé par le retour du loup en France.

Le seuil du crépuscule

On a oscillé de l'empathie envers la brebis à celle pour le louveteau, puis pour ce berger, et à la nuit tombée il y a cette scène où l'on voit les chiens travailler.

Le berger vient de partir, il rentre dormir chez lui. Nous restons seuls avec le troupeau, les chiens, et le plateau. Après avoir reçu les soins, les brebis s'égrènent doucement, en suivant leur meneuse, vers le lieu de repos pour la nuit, la couchade. Nous sommes postés à la caméra thermique. Une meute extraordinaire de vingt-cinq chiens de berger d'Anatolie et de patous protège le grand troupeau sur le plan de Canjuers. Ils sont désormais à la couchade, sous le collet des Mouches, dans une zone d'herbe rase et de bosquets de buis. Tout à coup, cinq loups qui ont réussi une approche furtive parviennent à isoler une brebis loin du troupeau. Un seul chien a senti leur odeur, il rejoint la brebis isolée. Celle-ci est immobile, blessée ou bien pétrifiée de peur. Le chien la renifle, puis se positionne devant elle. On distingue à la caméra le chien s'interposer face aux cinq fauves. Il redresse la tête, il gonfle son poitrail. Il aboie pour ameuter ses camarades, et les loups avancent vers lui en éventail. Il tourne parfois la tête vers la brebis. Il ne bouge pas. Les loups sont tout autour de lui. Il pourrait s'enfuir, il pourrait les distancer. Il les toise, aboie, les défie. Il ne bougera pas. Trois tornades blanches arrivent alors à la rescousse, trois chiens de berger d'Anatolie au grand galop, et les loups s'égaillent dans les buissons. Et le chien solitaire fuse derrière eux, désormais retissé à sa meute, aux trousses des loups qui fuient.

Les chiens ont fait leur magnifique travail de gardiens, déclenchant en nous la gratitude éthologique envers tous les héros au sens vivant, immémorial du terme : des plus forts qui protègent des plus faibles par simple surabondance de force inemployée. Les chiens donc entrent dans la danse. On va les caresser le soir à l'abreuvoir, il y a les chiots parmi eux, qui seront des colosses l'an prochain, mais toujours adorables ici, même s'il vaut mieux ne pas les surprendre de nuit au troupeau. Et un fil d'affect en nous est tissé à eux, les voilà pris un à un dans la toile des affiliations et des liens.

"N'entre pas sans violence dans cette douce nuit[4]"

Nuit d'affût, la lune est haute dans le ciel, calme plat, c'est l'œil qui ici est le sens du pistage, le regard porté à incandescence, pendant des heures, scrutant la plaine avec des yeux de hibou, inlassablement, à la recherche d'un spectre blanc à l'allure singulière, d'un mouvement, d'un événement. Il y a une ascèse de l'immobilité : les mains ne doivent plus toucher la caméra thermique quand on a fait le point. On pianote dans l'air avec les doigts, comme un musicien, à quelques centimètres des manettes de la caméra, pour assurer le toucher le plus délicat et la déplacer sans brouiller l'image, au cas où il faudrait lancer l'enregistrement vidéo pour capturer une scène intéressante. Les centaines d'heures de vidéo, archivées, seront ensuite analysées pendant les longues soirées d'hiver. Et "l'intéressant" ici n'a pas de définition close *a priori*, tout peut entrer dans son champ vibratile : une interaction entre loup et chien, loups et troupeau, mais aussi entre un renard et une brebis, un chien et un chevreuil, un humain et toute autre forme de vie, et d'autres éclats d'étranges qu'on n'a pas même encore imaginés. On se met en apnée, inconsciemment, pour disparaître, au point que le souffle même ne fasse pas trembler l'expérience.

Alors les loups arrivent.

On commence par entendre quelques hurlements épars dans le paysage. Il est souvent autour de 22 h 15 : c'est ce qu'on appelle la *"golden hour"*. Guidés par les hurlements, ils se rejoignent. Les parents rentrent au petit trot, leur silhouette faite de lumière crue, comme des spectres sur fond de nuit, glissant sur la steppe varoise (le trot et le galop du loup sont d'une telle fluidité qu'il semble parfois en image thermique ne pas vraiment toucher terre). Courses folles, léchages de babines, rituels mystérieux, jeu de positions corporelles.

Et puis un autre type de hurlement émerge : cette fois-ci il est collectif, et les loups qui le poussent sont ensemble, côte à côte. Cela s'appelle un "hurlement chorus". Il constitue souvent une cérémonie préparant une activité collective, par exemple de départ à la chasse : car après lui un des leaders démarre dans une direction et la meute le suit, la tonalité change. Ils passent à l'action, ils sont coordonnés, silencieux, déterminés. Le chant chorus est un rituel dont la fonction est obscure, mais dont le statut liminaire est explicite, puisqu'il change la teneur de la relation de groupe.

Il est un seuil qui fait basculer ensemble dans un autre âge de la nuit.

Voilà ce qu'on note sur nos carnets :

"22 h 15, départ de patrouille, 10 individus avec 6 adultes, 4 petits, vers site tanière."

"3 heures, 3 adultes, l'escouade de chasse disparaît du Grand Plan, vers faune sauvage, vers Aiguines."

Ou bien : "6 heures. Sous Loubière. Ils sont 4 (plutôt des subadultes ?), ils s'agitent, courent, se regroupent, se séparent : comportement énigmatique." Attitude qui réduit au mutisme l'éthologue et le spécialiste. Mais si l'on mettait un enfant à la caméra, il se retournerait vers nous au bout de quelques secondes, en disant : "Ben, ils jouent." C'est évident.

Les carnets sont émaillés de mots scientifiquement douteux. On écrit qu'un loup "traînaille", que trois individus "jouillottent". Ces mots sont en fait des instruments éthologiques : leur contour vague formule au plus près notre incapacité à isoler l'intention qui préside à leurs comportements.

Une nuit, je note :

"22 h 30 : départ du site de rendez-vous au complet, avec louveteaux. Une seule ligne. On dirait que les adultes cadrent les jeunes pour un déplacement efficace et fluide, contrecarrant leur habitude de flâner, explorer, s'arrêter à chaque buisson. 22h40 : retour des petits au site de rendez-vous en ordre dispersé. Hypothèse : est-ce une leçon de départ en patrouille, en ligne opérationnelle, sans jouer, gambader, se disperser ?" Le lendemain on observe un phénomène analogue, mais le rayon s'est élargi : les louveteaux sont allés plus loin du site avant de faire demi-tour, un peu effrayés, la queue entre les jambes. On observe de jour en jour une augmentation du rayon du cercle de familiarité : les louveteaux sont emmenés progressivement de plus en plus loin.

D'abord à la crête, puis au vallon derrière, puis au plan derrière le vallon. Aucun ne va encore chasser, mais ils agrandissent clairement leur domaine. Ils apprennent à se déplacer en groupe.

Une nuit, un bruit assourdi s'approche de nous depuis le ciel. C'est énorme et furtif. Le cœur bat la chamade (est-ce un vaisseau extraterrestre ?). Quelques mètres au-dessus de nous, il s'immobilise, noir comme la nuit. C'est un hélicoptère furtif : il nous épingle avec sa propre caméra thermique, il distingue nos moindres mouvements, nous sommes impuissants, impossible de se cacher, et tout à coup le lien se fait avec les loups que l'instant d'avant on regardait, nous invisibles, dans le viseur. Inversion perspectiviste.

Le colonel du camp nous expliquera le lendemain qu'il faut rester immobile pour espérer ne pas être capturé. C'est le différentiel de vitesse entre vous et le défilement du paysage qui vous rend visible depuis un hélicoptère de patrouille.

Une nuit, je note : "Fascinante la facilité avec laquelle on se met à leur parler : allez les grands, sortez du bois, bien en file, tranquilles, qu'on puisse vous compter."

"Faites-nous un chant…" C'est une expérience qu'on fait aussi souvent en pistage. Certaines pratiques incitent spontanément, sans besoin de faire de la métaphysique, à basculer dans des rapports au monde plus animistes. Le berger qui parle aux brebis perdues à quelques kilomètres de lui nous semble bien peu étranger.

Une nuit, un mistral terrible balaie tout le plateau. Le meilleur point pour placer la caméra est en plein vent. C'est la tâche qui choisit pour nous. Il faudra veiller debout dans le courant et les tourbillons des rafales, pour toute une moitié de la nuit. On se pelotonne dans des doudounes, on se couvre de couches hétéroclites, on revient la nuit suivante avec tout ce qu'il faut pour tenir au chaud et rendre imperméable un corps dont chaque atome de chaleur est volé et emporté loin par le vent glacé. Il faut tenir, il y a des choses à voir et à documenter. Dehors, il n'y a pas de mauvais temps. Juste du mauvais équipement.

Cette nuit, nous hurlons pour inciter les louveteaux à nous répondre. Cela nous permettra de confirmer la reproduction de l'année et de localiser précisément le site de rendez-vous. Alors ils répondent et, quelques instants après, la meute sort dans la nuit, en ordre de bataille, on la voit avancer, en ligne, magnifique. Les loups en France n'ont pas besoin de se nourrir des moutons : il y a suffisamment de faune sauvage, et ils sont parfaitement capables de la chasser. D'ailleurs, malgré sa proximité avec les troupeaux, et le fait que ces derniers ne sont pas toujours bien protégés, la meute que l'on suit ici néglige très souvent les brebis pour s'enfoncer dans la forêt, à la chasse au chevreuil ou au sanglier. On l'observe parfois en ligne, longeant nonchalamment le troupeau de brebis, intéressée par un autre type de proies, plus difficile. Et quand le troupeau est bien gardé par les chiens de protection, et que les loups ont été échaudés par ceux-ci, ils estiment que le jeu n'en vaut plus la chandelle. Mais parfois, pour des motifs mystérieux, ils décident de s'en prendre aux moutons.

On les suit cette nuit-là, en continu, pendant presque trois heures, ils vont à la confrontation, à cinq, contre une meute de chiens cinq fois plus nombreuse qu'eux, et deux fois plus lourds, on observe leur courage et leur cohésion face à l'adversité, revenant à la charge vers les chiens pour obtenir la pitance avec laquelle ils vont nourrir la portée affamée qui attend au site de rendez-vous.

Ce soir-là, on voit des animaux sauvages qui font leur vie, la construisent, élaborent le monde, et collectivement. On les voit prendre des décisions de vivre-ensemble. On les voit dans la pleine possession de leur existence, et on sent une légère tristesse pour ce qu'on a fait aux animaux qu'on a domestiqués. Domestiqués au point de les rendre affectivement et concrètement dépendants de nous, comme ces amants toxiques qui produisent de la fragilité et de la dépendance chez l'autre pour se l'attacher plus fort, et ce faisant ne le respectent plus. La phrase récurrente des bergers et des éleveurs, qui répètent : "Elles sont cons, ces brebis", résonne autrement. Comme leur œil brillant quand ils parlent du loup et répètent à loisir ce mot énigmatique : "son intelligence".

On sent ici ce que signifie cette formule un peu galvaudée, la "beauté du sauvage" : on expérimente la spécificité de cette forme de vie, que n'ont plus les chiens ou les brebis surdomestiqués, cette manière d'être complets, parfaits en un sens, par eux-mêmes, sans nous, loin de nous, parmi nous. Forme de vie qui est en fait l'état majoritaire et spontané du vivant depuis quatre milliards d'années. Mais cet état est stigmatisé en sauvagerie par notre tradition métaphysique qui y voit l'"autre" de la civilisation. Il est défiguré par le mythe étrange, qu'on entend parfois dans la bouche des bergers, suivant lequel "la nature a besoin de nous, sinon c'est le bazar".

Et là, c'est une fidélité à la meute entière qui se tisse, la meute comme meute, face à l'adversité, dans ce camp militaire, entourée de tirs d'obus, de passages de tanks, de louvetiers, de brigades de tireurs, d'éleveurs qui tournent en pick-up avec toujours la carabine assise à la place du mort ("j'en ai tué deux", dit l'un d'eux d'un revers de main).

"Il faut avant la nuit allumer ton flambeau[5]"

Une nuit, nous sommes témoins d'une scène prodigieuse. La meute a quitté le site de rendez-vous, ils sont six individus en patrouille souveraine, sur une piste forestière. Ils arrivent à un col, c'est la croisée des chemins : six pistes irradient dans toutes les directions. Laquelle prendre ? Cela ne durera que quelques secondes. On assiste à une magnifique scène de décision collective, où chaque caractère individuel va un instant transparaître, comme la puissance du lien social. Ils s'arrêtent tous les six, en ligne, quelques longues secondes, Hercules à la croisée des chemins. L'adulte qui mène, probablement le mâle reproducteur, prend la piste du nord. Derrière lui, la femelle reproductrice, plus chétive que son mâle (d'habitude c'est elle qui mène toute la meute), tergiverse quelques instants, puis le suit, mais négligemment. Un subadulte fait un écart vers l'ouest, peut-être pour aller renifler une odeur, ou impulser un changement collectif de direction, mais personne ne le suit ni ne semble le remarquer, et sa trajectoire fait une arabesque qui revient très vite dans l'axe de sa mère. Un tout-petit, à l'allure moins assurée, suit d'emblée l'adulte de tête. Au milieu, un autre jeune est attentiste, il balance, il reste comme au milieu du gué, attiré par quelque chose à l'est. Parce que quelqu'un est sorti de la ligne.

Car il y a la forte tête.

Il est tout petit lui aussi. Mais il essaie un chemin différent : il prend plein est, sûr de lui, la tête haute, sans regarder la meute. Peut-être anticipe-t-il la direction future de la meute, ou suit-il le souvenir d'une décision précédente ? Tout le monde a ralenti. Le timide, immobile, tergiverse, il est tiraillé, il a vu partir son frère ou sa sœur vers un désir, mais papa est là devant, et maman quant à elle s'est arrêtée pour un marquage territorial. Le meneur a ralenti et semble un instant se retourner vers celui qui doute puis, en suivant son regard, vers la forte tête (mais en regardant plusieurs fois l'enregistrement vidéo, ce mouvement n'est pas certain, c'est difficile à identifier, nous sommes loin : peut-être est-ce une projection *a posteriori* pour restituer une continuité narrative à ce ballet silencieux ?). Alors le meneur fait quelque chose d'étrange : il infléchit sa trajectoire. De plein nord, il oblique vers le nord-est, il infléchit sa course dans une direction qui *compose* les deux vecteurs (le sien et celui de la forte tête). Et la forte tête, l'air de rien, oblique légèrement, mais sans se retourner vers les autres, toujours la queue haute, comme s'il avait choisi de lui-même cette oblique, jusqu'à rejoindre la meute innocemment, quelque cent mètres plus loin. Il s'aligne sur la nouvelle direction composée, en prenant une allure calculée, de manière à pénétrer la ligne de loups en troisième position, derrière la femelle alpha. Nous sommes trop loin pour avoir entendu des vocalisations, distingué des jeux de postures corporelles ou les interactions des masques faciaux. On se repasse dix fois la vidéo. Il semble que la prise de décision ait été impulsée par l'adulte leader, mais elle a été modulée par l'obstination de la forte tête, négociée, silencieusement débattue. Quels mystères se jouent dans quinze secondes de vie nocturne ?

La forte tête, femelle ou mâle, a les dispositions d'un futur leader, d'un futur dispersant en tout cas, ces loups qui quittent la meute pour aller fonder une autre dynastie sur un autre territoire. C'est quelqu'un qui sait où il veut aller. Un autre jeune semble jubiler d'être guidé, le troisième est immobilisé entre des loyautés multiples.

Et quelques instants, on se surprend à être le jeune loup tiraillé ici, le douteur : il est là sur l'écran, dans la caméra, déchiré entre des affiliations contradictoires, et c'est nous qu'on voit tiraillés entre nos fidélités au berger, à la brebis, au loup, au chien, à la meute, au milieu, à l'herbe elle-même. Mais il faut bien tracer un chemin et agir, et l'idée est de naviguer au service de la relation entre tous : s'il existe une voie pour cohabiter ici malgré les intérêts sur certains points contradictoires, c'est notre cap, même s'il ressemble de l'extérieur à d'infinis compromis, d'infinies négociations. Mais c'est le drame de la vraie diplomatie, telle que Nelson Mandela l'a montrée lorsqu'il a tenté de réconcilier tout un pays héritant des plus violentes spoliations et dominations, par l'idée fondatrice de sa Commission de la vérité et de la réconciliation : ne pas travailler pour un camp contre l'autre, mais au service de la relation, du bien de la relation – puisqu'il faut bien vivre ensemble. Mandela chez les loups, c'est l'idéal secret que je me fais du projet CanOvis, ou l'interprétation qui me parle le plus.

La nuit suivante, on voit à peine, dans un vallon caché, quelque chose : on pense que c'est une brebis, elle boite de l'arrière-train, c'est sûr, la démarche est ce qu'on isole le mieux à la caméra, on souffre avec elle, on souffle entre les dents de sentir la douleur dans les cuisses et les fesses mordues, et tout à coup on se rend compte que c'est un loup, un loup qui a été mordu et blessé par ces chiens énormes, plus lourds et puissants, qui empêchent les loups d'accéder à cette nourriture facile avec laquelle ils pourraient nourrir la portée de louveteaux qui attend impatiemment à la tanière.

La caméra comme œil nocturne, œil de chouette, exige de s'épanouir dans l'incertitude. Chaque être mouvant, lorsqu'il est suffisamment loin, n'est pas identifiable de manière certaine en un coup d'œil : il faut interpréter son allure, sa démarche, son style, pataud ou enlevé, et même après ça, il faut accepter de le lire simultanément comme deux êtres différents possibles.

À 2 heures du matin, les yeux luttant contre le sommeil, les doigts gourds, après une heure de calme plat, dénervé par le désert du paysage, je décèle la silhouette d'un canidé qui semble aller vers le troupeau. Qui est-ce ? Un chien en vadrouille qui revient ? Un jeune loup qui enquête ? Le regard brûle, de ne pas cligner, aiguillonné d'adrénaline, mais l'esprit doit tenir qu'il peut être *ensemble* chien et loup, entre les deux. Lorsqu'ils approchent du troupeau, le chien et le loup ont des patrons moteurs très proches, le premier est plus gris, mais dans le feu de l'action cette nuance est de faible lumière. Les deux frères ennemis se ressemblent, et pourtant c'est eux qu'il faut distinguer. À la caméra, tous les animaux lointains sont des chats de Schrödinger : simultanément dans deux états différents de l'existence, au même moment deux espèces distinctes. Ce sont des chimères que l'esprit doit apprivoiser pour ne pas commettre d'erreurs d'interprétation. Lorsque le canidé-chimère déboule alors sur le troupeau, on va essayer de lire son identité dans le reflet qu'est le comportement de la brebis. Mais même cela, ce n'est pas évident : parfois, il semble même que les brebis *confondent chien et loup*. Ici les brebis ne bronchent pas lorsque le canidé arrive, et sa queue se redresse en arc de cercle, il fait la fête à un patou : l'attention se relâche, c'est un chien de retour de patrouille.

L'exercice spirituel exigé par la situation revient à vivre sur plusieurs cartes : tenir simultanément deux ou trois interprétations contradictoires de la situation, suivies, avec différents faisceaux d'indices concordants et discordants concernant la nature de ce qui se joue, concernant l'identité d'un *même* être.

Mais les autres vivants aussi vivent sur plusieurs cartes, leurs fidélités sont multiples, ils peuvent aussi bien parfois jouer entre chiens et loups, se faire la cour entre louve et patou, que se battre à mort. Ils peuvent aussi bien se comporter suivant les prédictions les plus réductionnistes du naturalisme, et à d'autres moments être aussi pleins d'esprit, inassignables, que le dit sereinement l'animisme.

La face cachée de la nuit

Et puis bien sûr, enfin, vient cette nuit, la dernière nuit, la nuit où tout se noue, comme si c'était vraiment une histoire, comme si la vie parfois s'articulait comme une fable, mais sans morale, une fable indécidable, donc plutôt une œuvre d'art, littéralement, c'est-à-dire quelque chose qui crée en vous des parcours d'affects et de sens paradoxaux, puissants, inépuisables, irrésumables, inconciliables.

On est positionnés au milieu du plateau, la nuit semble calme. Un mouvement dans le troupeau au nord attire notre attention, ça commence à brasser, les centaines de brebis, en volées d'étourneaux, courent dans tous les sens, fusionnent et se séparent, on entend les bêlements paniqués, les abois des chiens, tout là-bas, sous le Grand Margès. C'est l'attaque. On braque la caméra sur ces myriades de lucioles, on suit maladroitement le banc de poissons infernal qu'est devenu le troupeau. Et dans l'incertitude, où tous se fondent, on confond les brebis avec des loups, les loups avec des chiens, un chien est coursé par un loup qui est coursé par un chien (ou bien est-ce l'inverse ?), les attaquants deviennent défenseurs, les fuyards se retournent et chargent, les rôles s'échangent dans ce temps des êtres de la métamorphose qu'est le flanc de colline en adret de Bourjac. Vissés à la caméra thermique au milieu du Grand Plan, nous sommes des petits dieux panoptiques et manchots, branchés à la scène, baignant dans le bruit des cinémas d'antan, produit par la caméra thermique hyper-technologique, un bruit de bobines qui tournent sur un vieux projecteur, et les images en noir et blanc défilent devant nous, comme un film d'Eisenstein, avec ses milliers de figurants en guerre, dans des combats chaotiques et obscurs, où personne ne distingue l'ami de l'ennemi.

Chiens, loups, brebis, les formes se fondent dans un dialogue métamorphique : tu es mon ancêtre contre qui je lutte ; tu es mon ancienne proie que je défends au péril de ma vie ; je suis ton descendant qui joue avec toi parfois, et que je tue, quand tu approches mes protégées qui *hier encore* étaient mon butin ; je suis ton aïeul qui te désire, et te trompe.

C'est-à-dire, si l'on regarde les choses depuis un instrument aussi étrange que la caméra thermique, une caméra philosophique qui verrait tout cela à l'échelle des temps évolutifs : je suis toi que je tue, tu es moi que je protège, je est un autre.

Ces images évoquent cette vieille vérité que ne veulent pas entendre ceux qui ne sont qu'eux-mêmes, et sûrs de ce qui leur est dû : la contingence des formes singulières. Schopenhauer explique dans des pages fameuses que ce qu'on appellerait aujourd'hui l'empathie, au sens d'émotion morale dont le fondement est éthologique (qu'il appelle lui, dans le lexique du XIXe siècle, "pitié", *Mitleid* en allemand, littéralement "souffrir avec"), exige une condition pour émerger dans le flux affectif. Cette condition, il l'appelle "conscience de la contingence des formes singulières". Pour qu'un migrant m'émeuve, pour que son sort m'ébranle, il faut que j'estime que le fait qu'il soit lui et que je sois moi est un fait contingent : que je pourrais très bien être lui et lui moi, que nos différences sont des hasards heureux ou malheureux, et pas des nécessités liées au destin, à l'élection, au mérite ou à la valeur. C'est cette expérience que, paradoxalement, la technique de la caméra restitue ici : la difficulté même à identifier les animaux d'un coup d'œil, le travail de l'œil-esprit pour discriminer qui court après qui, donne accès à cette vérité philosophique de la contingence des formes singulières ; elle ouvre une brèche pour restituer à ces vivants leur histoire longue. Elle nous rappelle le fait qu'elles sont indiscernables à leur origine dans le flux évolutif, et qu'elles sont entrelacées dans la relation écologique au présent. L'évolution sur des millions d'années est rendue visible à l'image par la seule incertitude : à l'origine, loups, chiens et brebis, ces trois animaux avaient un ancêtre commun. Et cet ancêtre, par des générations successives, chacune *indiscernable* de la précédente, a produit des lignées de frères, dont l'une a fini par vivre de dévorer l'autre, et l'autre a obtenu sa grâce, sa vitalité, et la santé de ses populations, en partie d'être dévorée par son frère. Quel moralisateur a les principes universels pour trier ici le bon grain de l'ivraie ?

Dans cette nuit-là, on pressent que le pire pour les brebis, c'est peut-être la nuit de panique, pourchassées, en course haletante, dans la douleur des morsures, le sentiment d'impuissance, l'incompréhension. On se surprend à insulter les loups à la caméra, à encourager les chiens. Le paradoxe, pourtant, c'est que ce sont les humains qui sont en grande partie responsables de cette panique : la brebis descend d'un mouflon sauvage qui, lui, savait se défendre, s'enfuir, s'organiser. Il déjouait les attaques lupines près de neuf fois sur dix. Mais la sélection artificielle a, pendant quelques milliers d'années, juvénilisé le mouflon farouche pour en faire la brebis docile : c'est-à-dire que la brebis *adulte* est maintenue face à la menace dans l'état affectif et l'impuissance d'un juvénile. C'est un phénomène classique de la domestication, qui permet aux domesticateurs d'utiliser cette possibilité développementale inventée par l'évolution, qu'on appelle la néoténisation (elle consiste à retarder la maturation des individus), pour ne conserver dans le cheptel que les spécimens les plus impressionnables, manœuvrables, malléables, manipulables.

De là, ce sentiment de notre responsabilité à protéger la brebis, en tuant le loup. Mais l'historien Michael D. Wise nous rappelle à l'ordre : cette histoire-là du berger protecteur contre le prédateur est aussi une fiction racontée pour cacher la propre dimension prédatrice de l'élevage. Le *topos* du berger qui défend le troupeau contre les prédateurs sanguinaires a servi à forger l'image du pastoralisme qui protège les faibles (rendus tels *par* le pastoralisme lui-même) contre une nature féroce, et à cacher la nature prédatrice du pastoralisme derrière l'image du protecteur. C'est une intuition puissante de Wise dans *Producing Predators*, son histoire environnementale des ranchers du Montana : il y analyse la construction de la représentation de l'élevage comme "production" de viande[6]. Il montre que, dans ce contexte américain, le "producteur" de viande de bœuf est un prédateur qui doit se représenter lui-même comme assiégé par d'autres "prédateurs" (les loups, les ours, les Amérindiens) et protégeant ses innocentes bêtes (c'est-à-dire ses proies), pour rédimer l'ambivalence prédatrice de sa propre activité, et la présenter comme productive et non destructive. Ici, certes, ce ne sont pas des ranchers capitalistes, mais reste cette conclusion : il est peu défendable de vouloir éradiquer des loups pour protéger des brebis vulnérables, alors que c'est notre héritage qui les a rendues telles. On ne peut plus dire avec innocence : "la pauvre brebis…".

On ne tranchera pas. C'est la nuit dans la steppe, parmi la vie, non, glissé dans la vie des uns des autres. Les certitudes morales sont pour le plein jour des églises et des cabinets de ministère.

Le lendemain matin, les leaders du projet, bien plus experts que nous pour décrypter les images, examineront les vidéos prises dans la nuit, quelques tranches de temps certes moins complètes que ce que nous avons vu, pas toujours bien filmées par nous, mais d'après eux il n'y avait qu'un seul loup dans toute cette affaire, arrivé tardivement sur le troupeau. L'agitation reste un mystère. Ces vidéos ne pourront pas être exploitées pour le projet scientifique : elles sont les expériences-seuil d'un devenir diplomatique.

L'émotion philosophique propagée ici constitue un trouble, et ce trouble est converti en énigme. C'est de cette formulation de l'énigme qu'émerge le concept de diplomatie qu'on va explorer désormais. Cette émotion, c'est l'ambiguïté d'être nous aussi des métamorphes : reconnaître la bergère dans la brebis pleine qui fait attention à son ventre rond ; se reconnaître un instant dans la meute qui monte sur la piste sous nos yeux, disciplinée, cohésive, en formation commando ; voir les louveteaux jouer toute la nuit, au loin, dans la caméra thermique, attendris par leur gaieté, puis arriver au troupeau à l'aube du lendemain et voir les chiots jouer, mêmes attitudes, bouilles et invites à l'amour, qu'on caresse, et avec qui on se roule comme par *transfert*. Contingence des formes singulières, métissages indistincts.

Nous sommes tissés à tous les vivants présents sur le plateau, un par un bouturés à eux, de manière à pousser avec tous et souffrir avec chacun, épinglés à eux au pistolet à clous. Nous sommes tissés par la grande araignée diplomatique, elle nous lie tous ensemble, un par un, par des affiliations et des liens, de telle manière qu'à la fin, entortillés dans ces fils d'attachements, personne, ni loup, ni brebis, ni prairie, ne peut bouger au loin sans que votre cœur tinte.

Passer de l'autre côté

Mais nous sommes chimères aussi parce que mi-scientifiques du loup, mi-aides-bergers. Fallait-il réagir cette nuit-là, fallait-il aller au contact du troupeau pour arrêter l'attaque de loups ? Parfois, dans les cas où le troupeau est accessible et où la pression est intenable, certains d'entre nous sont intervenus pour repousser les loups. Cette nuit-là, trop d'obscurité, le troupeau était trop loin, inaccessible, nous n'y sommes pas allés. Avec des remords après. Des remords toujours envers tous, le sentiment de n'avoir pas pris la bonne décision, parce que, tout simplement, il n'y en a pas : c'est au contraire le signe qu'on est au travail.

Comment choisir un cap dans ce chaos ? Il existe en marine la pratique de la *navigation négative*, elle sert volontiers pour s'orienter dans l'existence. Elle se pratique quand on ne sait pas où l'on est et qu'on ne peut pas le savoir. L'essentiel est alors de savoir où l'on ne doit surtout *pas* être sur la carte, et de déterminer scrupuleusement sur le papier ce que l'on devrait observer autour de ces lieux de mort. Quels amers : phares, côtes, tour génoise, falaise, archipel, seraient en vue *si on était* là où on ne doit pas être, au risque d'être drossés sur les récifs, canonnés, embarqués par la marée, échoués sur les hauts-fonds. Ensuite, l'essentiel consiste à se tenir à distance de ces repères : naviguer consiste à ne pas les voir. À réagir pour les faire sortir du champ de l'attention chaque fois qu'ils y entrent. Naviguer bien consiste à chercher à perdre de vue systématiquement tout repère. C'est un art intrigant. Naviguer en s'éloignant chaque fois du seul point identifiable, connu : prendre l'inconnu comme boussole, l'absence de repère visible comme signe qu'on est au bon endroit, parce que chaque repère connu est le signe qu'on est au mauvais. N'être rassuré, sûr de son chemin, certain de son cap, que lorsqu'on atteint l'inconnu. C'est l'art de se maintenir sur le blanc de la carte, sur les zones non arpentées : l'incertitude devient sécurité, et cap pour avancer.

Eh bien, dans la diplomatie réelle, la diplomatie des interdépendances, celle au service des relations, et pas d'un des membres de la relation contre l'autre, la navigation négative est un art important, un art quotidien. La boussole est claire : le repère qu'il faut fuir, celui dont on doit toujours s'éloigner pour être ramené en pleine mer d'incertitude, c'est-à-dire à l'abri, c'est la tranquillité d'âme, c'est le sentiment de la pureté morale. C'est le sentiment d'être au service de la Juste Cause exclusive (pour les loups innocents contre les exploitants malhonnêtes). Celui de la sainte Colère (contre le fauve voleur, le sadique), celui de la Vérité révélée. La conviction d'être parmi les Bons contre les Méchants, des Justes contre les Bêtes, des innocents contre les criminels, des Nobles Sauvages contre les infâmes humains, ou de la Civilisation contre la Sauvagerie.

Tout sentiment d'avoir le *cœur net*, d'être dans son droit, est à bannir, sinon on ne fait pas justice à la relation même, c'est-à-dire à tous ceux qui y sont pris, emberlificotés dans mille tissages de relations qui vont du conflit au soin, de l'exploitation à l'amour, à cette nuance près qu'on partage un même territoire, où l'habitat de l'un est le tissage de tous les autres.

Il faut accepter d'être un métamorphe jusqu'au bout, une chimère jusqu'au bout, c'est-à-dire jusqu'à la morale même, cœur de brebis et gueule de loup, et pas de larmes de crocodile.

L'aube sur l'autre versant

Retour à Canjuers, après la longue nuit, cette nuit d'attaque très intense, où l'on a frissonné pour les brebis, invectivé les loups, encouragé les chiens au combat, souffert pour les bêtes mordues (aucune retrouvée tuée), frémi pour le jeune loup malmené par cinq chiens. Après cet épisode, l'une d'entre nous a dormi et rêvé.

Au réveil, elle dit avoir dormi "comme sous morphine", comme comblée par le cocktail chimique de toutes les émotions du monde vécues en une soirée. Elle raconte qu'elle a rêvé qu'elle dormait là, à la belle, au milieu du Grand Plan, sous le ciel immense, entourée de steppe, sur cet à-plat herbu, exactement là où l'on a effectivement dormi.

Mais quelque chose l'a réveillée dans son rêve : elle s'est redressée dans son duvet, avec cette vue tout autour de soi qu'on a en ce point précis du plateau, qui nous permet d'observer à la caméra tout ce qui se passe dans un cercle entouré d'horizon.

Et elle les a vus. Tous les animaux du monde (c'était une certitude). Ils couraient là dans cette steppe-savane-garrigue de Provence : il y avait les éléphants, les élans, les girafes, les ours, les babouins et les impalas, les rennes, les wapitis, les chevreuils et les brebis. Et ils étaient poursuivis par les loups, qui volaient juste au-dessus du sol comme ils semblent le faire à la caméra nocturne, à toute vitesse, comme des vents ou des rivières sans obstacles, avec cette férocité calme qui les caractérise au moment de la prédation. Mais ce n'était pas un cauchemar, ajoute-t-elle, ni une scène oppressante. Car simultanément ces loups de rêve étaient des chiens qui guidaient les animaux vers un lieu secret où ils seraient à l'abri, en sécurité.

Le rêve est parfois un art nocturne qui sait lisser le périple émotionnel des événements de la journée. Les métaboliser. Ici, c'est comme s'il avait travaillé sur cette ambiguïté du canidé, indiscernable, simultanément *canis* et *lupus*, courant avec la même puissance, chargeant avec le même courage, revenant à l'attaque avec la même combativité.

Au Néolithique, nous avons inventé une forme de vie nouvelle : pendant deux millions d'années auparavant, nous vivions comme les loups de chercher et traquer. Avec la domestication, vivre n'a plus consisté à chercher, mais à garder, à l'instar des chiens de protection qui sont nourris pour garder les brebis. Garder ce qu'on s'était approprié.

Le combat de cette nuit entre les chiens et les loups a cette puissance philosophique, parce qu'il met en scène deux visages de l'humain, le conflit des formes de vie par excellence, celui des chasseurs collecteurs contre les domesticateurs, qui s'est rejoué partout dans l'histoire des peuples humains : au Néolithique contre les derniers peuples nomades, sur la Frontière de l'Ouest entre Indiens Blackfeet et ranchers capitalistes, entre Massaïs et Hadzas en Afrique subsaharienne. Les chiens gardent et les loups cherchent à prendre : deux formes de vie qu'on a traversées, qu'on réactive quotidiennement, passant de l'une à l'autre. Deux formes de vie qui existent déjà dans le vivant, avec les oiseaux cacheurs de graines et les chasseurs en vol, les fourmis qui explorent et celles qui protègent le champignon qu'elles ont domestiqué. Cette ambiguïté, on l'a reçue en partage – entre chien et loup. Et la brebis est aussi là, quelque part, dans notre ménagerie intérieure : nous avons aussi eu des prédateurs. Rien de ce qui est vivant ne m'est étranger.

Chacun porte en lui l'entière vivante condition.

PHILOSOPHIE POLITIQUE DE LA NUIT

“Si la nuit devient noire, fais-toi plus noir encore[7]”

On peut désormais s’appesantir sur la manière dont ces expériences de terrain travaillent la pratique de la philosophie. Il s’agit d’un terrain en un sens bien particulier : non pas suivant les normes méthodologiques et épistémologiques des sciences sociales, mais d’un terrain philosophique. Dans les sciences sociales, le terrain est précisément ce qui appelle description empirique et élucidation par les instruments théoriques (il est conjointement la matière à décrire et la pratique qui recueille les éléments empiriques pour décrire). Or cette ambition descriptive n’est pas le sens premier de l’activité philosophique, même si elle peut y concourir. Le rapport au terrain des sciences sociales traditionnelles est alors désamorcé en philosophie. La question devient : à quoi sert-il ? Que fait le terrain à la philosophie ? C’est-à-dire que fait-il à l’activité philosophique dans son originalité ? Je reprends ici l’approche deleuzienne suivant laquelle l’activité philosophique par excellence revient à *créer des concepts*. La question devient : qu’est-ce qu’“être sur le terrain”, et pas forcément “avoir un terrain”, fait à la création conceptuelle ? J’ai exposé jusqu’ici comment l’immersion dans des pratiques sur le terrain a concouru à une série d’expériences qu’on pourrait dire “philosophiques” (ni plus ni moins que la vie, non amputée de ses énigmes et ses ambivalences, accessible à chacun). Ces expériences sont décisives en tant qu’elles contribuent à la création du concept de *diplomatie interespèces des interdépendances*[8]. C’est lui que je veux explorer désormais.

Je ne prélève du terrain à présent que l’affect induit par la circulation empathique entre tous les camps, à partir duquel réticuler la formulation du concept. Cet affect est le symptôme d’une position originale dans l’espace des relations.

Ce qui émerge de cette expérience en effet, c'est que la meilleure boussole pour trouver la position diplomatique est intérieure à soi. C'est une sorte de léger barbouillement moral envers chaque belligérant du territoire, parce qu'on travaille pour la relation : au profit de la relation durable entre eux, pour l'intérêt de la relation, alors que chacun d'entre eux, c'est normal, travaille souvent pour son intérêt propre, et au détriment de l'intérêt des autres, lorsque la relation est de prime abord conflictuelle.

C'est une expérience-seuil qui a ainsi lieu à bas bruit avec CanOvis. Dans les gros trucks, avec des hommes de terrain, durcis par l'exigence de la veille nocturne, dotés d'une organisation quasi militaire, utilisant envers les loups des tactiques d'espionnage, nous roulons toute la nuit à tombeau ouvert sur les pistes parsemées d'éclats d'obus, pour capturer les images de la meute et des interactions avec le troupeau. Et pourtant, la tonalité affective de cette expérience n'est pas celle de l'action, de l'aventure, du conflit, de l'épreuve virile. C'est le barbouillement moral des empathies multiples et contradictoires. Je me souviens distinctement de la tonalité qui s'imposait dans la bouche du leader opérationnel au visage buriné, qui se sentait obligé d'aller boire encore un verre avec les amis bergers, puis de passer encore une fois en revue les chiens : c'était se *sentir mal* successivement pour tous les "malheurs du monde", c'est-à-dire pour tous les acteurs en conflit. Sur le terrain, il disait, d'une minute à l'autre : je me sens mal pour la brebis qui est isolée toute seule là-bas cette nuit ; je me sens mal pour le loup que la brigade va venir tirer ; je me sens mal pour l'agneau attaqué par ce salaud de loup ; je me sens mal pour le chien de protection qui a été blessé ; je me sens mal pour le berger qui ne va encore pas dormir cette nuit ; pour la portée de louveteaux qui n'aura plus personne pour les abreuver de lait. Je me sens mal pour cette petite prairie qui va être rongée jusqu'à l'os par un pâturage trop intense, sans regain possible.

"Se sentir mal" est une formule assez vague pour rendre compte de l'ambivalence de ce sentiment. Mais il existe en castillan une formule intraduisible qui rend mieux à mon sens la nuance affective : c'est la formule *lo siento*, littéralement "je le sens", "je le sens dedans". Formule qu'on utilise pour dire à quelqu'un qui a subi un drame sur lequel on est impuissant : "Je suis désolé."

On est en position diplomatique effective lorsqu'on se sent intérieurement, moralement, légèrement traître envers tout le monde. Le chemin le plus clair est le trouble[9]. Il n'y a pas le confort du purisme, celui d'avoir choisi son camp contre un système ou un autre, une idéologie ou une autre. Il faut, c'est étrange, se maintenir volontairement dans le sentiment léger mais latent d'être un traître à tous, à force de ne pas choisir un camp *contre* l'autre. Trancher fermement *pour* l'ambivalence, se maintenir dans l'incertitude, dans la pluralité des points de vue contradictoires, pour chercher des solutions plus saines et plus vivables au service des relations d'interdépendance.

Ce sentiment de barbouillement moral est à mon sens le symptôme d'une position philosophique et politique particulière : la diplomatie au sens réel du terme, comme *diplomatie des interdépendances*. Et ici, spécifiquement, une diplomatie interespèces. "Se sentir mal" constitue l'étrange boussole intérieure indiquant que vous êtes diplomate là, maintenant[10]. Les aptitudes éthiques, on l'a trop peu noté, ont ceci de fascinant : ce sont les seules aptitudes dont il suffit de souffrir sincèrement d'en manquer pour en avoir *déjà* un peu. Ce point est discret mais profond. Il suffit de souffrir sincèrement de n'avoir pas été assez généreux ou empathique envers quelqu'un qui en avait besoin, pour être déjà un peu quelqu'un d'empathique et de généreux. Alors qu'il ne suffit pas de souffrir de ne pas savoir faire du violon pour jouer une suite de Bach[11].

Avoir la garde des interdépendances

On peut désormais préciser ce que recouvre la position diplomatique, cette position étrange au croisement des interdépendances. Dans le personnage historique du diplomate, on retrouve déjà une attitude proche, celle de rappeler à ses mandants qu'ils ne peuvent pas faire cavalier seul, qu'ils n'existent pas sans leur dehors. Mais le diplomate historique entre nations dans sa forme *traditionnelle* n'est pas le bon modèle, car il limite souvent sa pratique diplomatique à continuer la guerre par d'autres moyens, au service de son propre camp. Le diplomate "de la relation" ici portraituré est d'une autre nature, du fait de sa position au service des interdépendances.

Ce personnage du diplomate est tout ensemble un intercesseur, un traducteur interespèces et un *go-between*. Ce dernier n'est pas un sage supérieur qui sait mieux que les autres où sont leurs intérêts. Pas de retour du Patriarche, du jugement de Salomon. Au contraire, il reconnaît l'intelligence collective, l'intelligence des acteurs, le fait que ce sont eux qui savent ce qu'ils font, et les lignes de force de la pratique et de la vie. Il est à hauteur de vivants. Mais sa bizarrerie est liée à sa position "entre" : elle est "positionnelle-relationnelle[12]". C'est-à-dire qu'elle est liée à sa *position* contextuelle dans un champ de *relations*. S'il sait qu'il n'y a pas de déficit d'intelligence chez les acteurs, les loups, les brebis, les bergers et les écolos, il reconnaît en revanche la dimension positionnelle de la conception qu'ils se font de leurs propres intérêts : c'est-à-dire que chaque camp a spontanément tendance à négliger ses interdépendances les moins évidentes avec les autres camps, à se croire auto-extrait des interdépendances. Si le berger a la garde des moutons, le diplomate a la garde des interdépendances, c'est ce qui accapare son attention ontologique.

Et c'est pourquoi il peut intercéder pour rappeler aux différents camps les moments où ils oublient leur inséparabilité avec les autres. Il peut bricoler des solutions, composer la situation pour que ces interdépendances émergent dans toute leur clarté aux yeux de tous, ou soient respectées, même si elles semblent s'opposer aux intérêts à court terme de chaque camp.

Il existe plusieurs initiatives, notamment en France avec Pastoraloup, qui permettent à des sympathisants du loup de venir en bénévoles aider les bergers à protéger les troupeaux. Ce qui m'avait fasciné dans ces expériences, c'est que j'avais entendu plusieurs personnes partir là-bas avec des certitudes sur l'innocence du loup et la culpabilité du mode pastoral, et revenir changées : toujours aussi passionnées par les loups, mais beaucoup plus perplexes, troublées, peu assertives quant à la distribution des fautes et la défense d'un camp du sauvage contre le camp de l'"exploitation" pastorale. Affiliés aux brebis, aux éleveurs, aux patous, à certains paysages, à certaines pratiques, à la relation extraordinaire entre le berger et son chien de conduite, ils voulaient défendre toute la toile d'araignée, dans son intime contradiction.

Un dispositif comme Pastoraloup les pousse comme défenseurs du loup à aider les bergers, et ils reviennent plus diplomates, au sens d'accepter la complexité de ce qui se joue sur ces territoires, et de chercher le bénéfice des deux belligérants. Et pour autant ils n'en sont pas moins défenseurs des loups, et critiques des politiques absurdes de tir aveugle, mais leur engagement est plus mûr, plus profond, plus perspectivé. Leur critique en est clarifiée : les ennemis sont dessinés plus vivement, plus précisément délinéés, l'action militante en est fluidifiée, puisque les adversaires ne sont plus anonymes, ils sont désincarcérés d'un système abstrait (les "exploitants" en général, les "humains nuisibles" en général). L'énergie transformatrice peut alors porter sur des politiques publiques précises. Elle peut prendre pour cible, par exemple, le passage d'un paradigme de protection des troupeaux basé sur le tir d'effarouchement à un modèle subreptice et illégal de régulation des populations de loups, basé sur le tir de prélèvement, dans l'évolution des plans nationaux entre 2007 et 2018. Elle peut critiquer la mise à mort des loups en masse comme pis-aller au refus de mettre en place une politique sérieuse de soutien à la protection des troupeaux, et de valorisation de ceux qui protègent. Elle peut se concentrer sur des textes de lois que l'on peut combattre, sur des attitudes culturelles localisées qu'on peut viser.

La lutte ensuite se réticule à nouveau vers des enjeux plus grands lorsque, par exemple, on comprend que la crise de cette relation entre loups et pastoralisme en Europe provient en grande partie de la situation économiquement sinistrée du pastoralisme ovin français, liée à des logiques économiques (la dévaluation de la viande issue de la filière française induite par la Politique agricole commune et la mondialisation du marché du mouton).

Si cette idée de diplomatie des interdépendances est si difficile à théoriser, c'est qu'on hérite d'une tradition qui pense la morale et la politique comme hiérarchisation des relations entre des *termes premiers* bien séparés, en conflit, avec une victime et un coupable (moi et mon prochain, Abel et Caïn). Mais dans un monde où les relations sont premières, plus réelles que les êtres séparés, et où vivre consiste à être pris dans et fait par des relations, cette approche est d'une tragique inutilité.

C'est en partie aussi à cause de cette habitude de pensée qu'on est tenté de croire que cette circulation empathique parmi tous les points de vue dépolitise, parce qu'il devient impossible de *choisir un camp*. C'est en fait là une conception très pauvre du politique (elle confine au chauvinisme). Ce qui a lieu ici à mon sens est inverse : le barbouillement moral ne dépolitise pas ceux qui le rencontrent, à mon sens il les politise mieux. Une fois qu'on a circulé parmi les points de vue, on sent que certains n'ont *pas* la légitimité qu'ils réclament. On voit se dessiner des axes de mobilisation qui sont précis, comme les dispositifs pertinents pour agir, et l'inutilité des grandes condamnations morales qui sont le lot quotidien des militants d'écran d'ordinateur. Les dispositifs diplomatiques politisent au sens où ils poussent ceux qui les traversent dans l'analyse concrète d'une situation concrète, où ils sont capturés, on le verra plus loin, par le point de vue des interdépendances[13].

Au sortir de ce genre de dispositifs, on ne peut plus faire la morale à personne, mais on peut activer son désaccord dans une lutte ciblée ; on ne peut plus décréter où sont les purs et les impurs, mais on peut paradoxalement mieux cerner des ennemis dans un sens nouveau, des ennemis de la relation, et c'est ce que j'appelle “un devenir-diplomate”.

Penser comme une prairie d'alpage : profiler des alliances

Parce que nous avons si peu l'habitude de penser de cette manière, il peut sembler difficile de prime abord d'imaginer ce en quoi consiste exactement le point de vue des interdépendances dans une situation donnée. Qu'est-ce que cela recouvre exactement ? Et comment émerge-t-il ? Revenons sur le cas qui nous occupait : la cohabitation entre loups et pastoralisme. À quoi ressemblerait ici le point de vue des interdépendances ?

Thierry, par exemple, est un berger qui travaille avec CanOvis. Il passe ses journées d'estive “au cul des brebis”, comme on dit dans le métier. C'est-à-dire qu'il les suit et les conduit doucement tout le long de leur parcours quotidien. Alors que nous poussons le troupeau devant nous, il m'explique son attachement à la prairie : il faut faire bouger les brebis délicatement pour qu'elles restent *juste* la bonne quantité de temps sur une parcelle de pâture. Si elles broutent trop longtemps, elles détruisent jusqu'aux racines et épuisent le sol, rasent tout. Si elles restent un jour de trop, elles vont “fumer” la prairie avec leurs déjections, ce qui va l'enrichir en azote et lui permettre de revenir plus drue l'an prochain. Mais si elle est trop fumée, l'herbe sera trop forte et les brebis n'en voudront plus l'année suivante. Il faut qu'elles puissent déposer leur engrais naturel, fumer pour vivifier la flore, mais pas trop, pour ne pas la brûler, l'asphyxier. C'est une attention fine du berger aux intérêts entrecroisés des différents vivants tissés là. Il ne s'agit pas de toute la biodiversité en général, puisque chaque vivant par sa présence favorise certains partenaires au détriment des autres : la présence des brebis favorise une certaine diversité florale des pelouses sèches dans le Sud, mais elle fragilise d'autres espèces. Une question de société ici est celle de l'extension qu'on veut laisser, dans le monde qui vient, aux paysages pastoraux. Mais la question qui m'intéresse est ailleurs : indépendamment de ce débat sur quelle biodiversité florale doit peupler les montagnes, il existe un écart colossal entre les pastoralismes qui *prennent soin* des prairies qui les font vivre, et d'autres parcours techniques pastoraux où des troupeaux immenses, peu ou mal gardés, essorent et tuent les prairies en leur imposant une pression insoutenable. C'est ce que rappelle l'écologue Aldo Leopold quand il évoque que la montagne "vit dans la crainte mortelle[14]" des herbivores, qui peuvent raser ses flancs par le broutage pour des décennies. Le berger soucieux des interdépendances, alors, est aussi attentif à la peur que ses brebis ont des loups qu'à la "peur" que la prairie a de *ses* brebis : il est tenu de prendre soin des prairies qui accueillent et nourrissent son troupeau, et c'est là que se joue le grand problème des formes de pastoralisme à favoriser pour demain.

On voit ici à quel point l'alternative habituelle, à savoir stigmatiser le pastoralisme en bloc comme s'il était l'ennemi malhonnête de la biodiversité, ou l'adouber en bloc comme s'il était le maillon essentiel de la préservation des paysages, ne tient pas : tout dépend des pratiques, et il faut penser une transformation de l'usage pastoral des territoires, qui aille dans le sens d'une protection accrue des prairies, des loups et du métier lui-même ; ce sont ces axes de communauté d'importance qui sont à faire émerger.

L'enjeu est donc de défendre un certain pastoralisme qui a des égards pour la prairie, pour le milieu. Or ce qui est important ici, c'est que ces égards pour la prairie exigent des troupeaux plus petits, une présence pastorale plus intense et, ce faisant, c'est un pastoralisme plus respectueux du métier de berger, au sens de l'art ancestral de mener les brebis. C'est enfin, et c'est là qu'émerge la communauté d'importance, un pastoralisme plus compatible avec la présence des *loups* (car la présence du berger et les petits troupeaux sont efficaces pour *réduire massivement* la prédation sur les troupeaux).

Les parcours techniques qui protègent le mieux les milieux sont donc aussi ceux qui protègent le mieux les brebis des loups, et des brebis protégées impliquent moins de politiques réactives de destruction des loups, qui sont le pis-aller lorsque la protection active au troupeau n'est pas un succès. C'est par ailleurs la meilleure protection pour le métier de berger, comme art ancestral, comme pratique et savoir-faire, qui a longtemps consisté à rester auprès des brebis, pour les déplacer de quartier en quartier, leur faire prendre le biais, les faire tourner dans un usage vivifiant de la prairie qu'elles ont contribué à faire comme paysage, mais qu'elles détruisent volontiers lorsqu'elles sont trop nombreuses, non guidées, dans des élevages pensés pour faire de la viande à bas prix et rivaliser dans une concurrence perdue d'avance avec la viande bon marché qui vient du reste du monde, îles Britanniques et Nouvelle-Zélande en tête (îles qui ont éradiqué très tôt leurs prédateurs, ce qui est une des raisons pour lesquelles leur viande est si peu chère). On a là une mesure qui travaille aux interdépendances : quand elles sont possibles, les pratiques pastorales qui protègent le mieux les brebis font de même avec le loup, avec la prairie, avec le métier de berger. C'est un cas précis de communauté d'importance, mais il y en a d'autres qu'il s'agit d'explorer, de formuler, et de défendre.

Cela implique certainement de faire baisser la quantité de brebis élevées pour leur viande, mais dans la situation qui est la nôtre, où il faut réduire notre consommation de viande pour ne pas contribuer à la crise climatique, est-ce sérieusement un problème ? À l'heure des enjeux de la souffrance animale, à l'heure de la destruction des espèces et de la défaunation, à l'heure du réchauffement climatique où les ruminants sont une cause majeure de la déforestation, il s'agit de repenser le pastoralisme ovin, pour transformer ses usages vers une plus grande soutenabilité.

Il ne s'agit pas de dire que tout élevage ovin doit se faire d'une seule et même manière, car la pluralité des parcours techniques est nécessaire au regard des types d'exploitation et des paysages, mais il faut promouvoir en priorité ceux qui défendent les communautés d'importance les plus riches, comme c'est fait d'ailleurs, sans le dire ou le voir toujours, en Italie et en Espagne. Et parallèlement, l'enjeu est de ne pas céder politiquement aux exigences de mises à mort du loup par un lobby pastoral massif qui refuse d'infléchir ses pratiques vers plus de soutenabilité et de tissage. À cet égard, toute indemnisation pour des brebis attaquées issues d'un troupeau qui n'était pas ou était mal protégé n'est pas acceptable. Ceci arrive régulièrement : les éleveurs qui refusent toute mesure de protection, même subventionnée, sont de fait indemnisés autant que ceux qui s'échinent à ajuster leurs pratiques au retour du loup. Et ce malgré l'inscription dans le plan national Loup d'un conditionnement des indemnisations aux pratiques de protection (mesure de bon sens, jamais appliquée). Cette politique publique doit être critiquée et détruite : elle fragilise toute tentative des éleveurs qui veulent transformer leurs pratiques dans le bon sens. À quoi bon en effet se fatiguer à inventer un pastoralisme compatible avec la présence de prédateurs, si ceux qui ne protègent pas leurs troupeaux reçoivent plus de gratifications économiques que ceux qui s'y astreignent ? C'est une faute politique : on creuse l'assistanat du pastoralisme, en valorisant les pratiques qui refusent de protéger les troupeaux, et ensuite on instrumentalise le pathos médiatique de la mort des brebis non protégées pour obtenir la mise à mort des loups. C'est une souffrance évitable, instrumentalisée pour produire une autre souffrance évitable. Une double mort, l'une servant à justifier l'autre – rarement une bonne politique.

Il s'agit bien ici d'une situation diplomatique, puisque nous sommes en présence de plusieurs camps, qui se vivent comme en conflit. Et l'enjeu est diplomatique, puisqu'il s'agit de défendre un *modus vivendi*, faisant émerger des alliances entre des acteurs. Ce n'est pas une injonction irénique à aimer tout le monde, puisqu'il y a des exclus : les pastoralismes qui refusent définitivement de mettre en place des mesures de protection et exigent la mise à mort de loups à la moindre perte de brebis ne feront pas partie de l'alliance. Les loups qui s'obstineront à attaquer les troupeaux malgré les mesures de protection non létales les plus efficaces (qui sont en fait des messages pour signifier aux prédateurs les limites de leur usage d'un milieu partagé) en seront eux aussi exclus, et pourront être tirés. Les pastoralismes insoutenables qui détruisent les prairies, comme les chasseurs ou les éleveurs qui empoisonnent et braconnent, seront les ennemis de cette alliance. Ils seront combattus pied à pied.

Le scalpel qui détoure les groupes d'intérêts ne passe plus alors entre loups et pastoralisme, humains et nature sauvage, mais entre différentes formes de pastoralisme alliées aux vivants qu'elles favorisent, ou détruisent, différentes manières de tisser un usage humain du territoire aux usages non humains. C'est d'une approche multi-usages des milieux élargie aux autres formes de vie qu'il s'agit ici : un multi-usages animal, végétal et humain.

Conséquemment, le pastoralisme qui mérite d'être défendu implique une transformation des usages : il doit être en évolution du point de vue de la souffrance animale (en l'occurrence les pratiques d'abattage et d'élevage) et, du point de vue du soin aux écosystèmes, il doit devenir plus résilient et soutenable, apte à la cohabitation avec les dynamiques sauvages qui l'abritent et le supportent, conspirant avec les pollinisateurs des estives, capable de faire de la place aux ongulés sauvages et à la biodiversité moins conviviale, comme le loup. Il peut repenser aussi sa valorisation économique : vers des circuits courts, capables de valoriser une viande faite à partir de tels engagements et de telles pratiques. De nombreux éleveurs, issus des nouvelles générations notamment, posent déjà le problème en ces termes. De ces alliances avec le milieu et ses acteurs sauvages, ce pastoralisme réinventé peut faire un blason, et de ce blason récolter les fruits, sociaux et économiques. Il peut défendre d'autres rapports au territoire que celui d'une pratique patrimonialisée en mode "arts et métiers", conservée comme un souvenir du passé. Le pastoralisme ovin à venir mérite de devenir un fer de lance des rapports soutenables au milieu dont on a besoin pour le futur, en cherchant constamment les égards ajustés aux formes de vie qu'il implique, avec qui il cohabite, qui font le milieu qui le fonde. Et ce en héritant intelligemment des arts pastoraux, de l'amour du vivant qu'il implique, pour l'élargir au milieu qui l'abrite, dans sa richesse et sa complexité. Le loup apparaît alors, paradoxe tranquille, comme l'accélérateur d'une transformation des usages du territoire vers plus de soutenabilité, et une plus grande conscience écologique.

La dimension créative de l'intercesseur

Tout commence donc par une attention accrue aux relations et un refus du monopole des termes. Que la réalité soit avant tout constituée par des relations, la philosophie du XXe siècle l'a défendu, et la pensée écologique a retenu cette leçon. Mais ensuite, qu'est-ce que cela implique de réel si l'on néglige d'interroger qui *prend en charge* cette dimension relationnelle de l'expérience ? Il n'y a pas d'anges de la relation, il n'y a pas de sages qui ne viennent de nulle part. Tous les discours qui parlent de relation au sens abstrait doivent s'en souvenir : du point de vue de *qui* celle-ci est-elle envisagée, défendue, représentée ? Qui travaille pour la relation ? Ce ne sera jamais la relation elle-même. Elle n'a pas de mains ni de voix. Elle n'a pas droit de cité. Il ne faut jamais oublier, au risque de le camoufler, que dans notre tradition métaphysique l'on commence toujours par venir d'un camp séparé et *en contre* (ce qui est probablement moins le cas dans ces habitus culturels documentés par l'ethnographie, où la conscience des interdépendances avec l'environnement donateur est première).

Pour activer une pensée de la relation dans le champ des forces transformatrices, il faut trouver des intercesseurs entre la logique des termes, qui est notre héritage, et celle des relations. Il faut donner des mains au concept de relation, au concept d'interdépendances, et il leur faut des voix.

Et c'est d'ailleurs là que le personnage du diplomate prend toute sa force : c'est que, dans la galerie des personnages inventés par la culture humaine, il en est peu qui possèdent cette double particularité logique de provenir d'*un* camp, tout en pouvant structurellement se mettre au service de la relation. À ma connaissance, seuls le chaman et le diplomate ont cet étrange et fascinant statut (le premier est plus difficile à activer depuis notre héritage).

Cette prise en compte sérieuse d'une nécessité de l'incarnation de la relation d'interdépendance par un avatar[15] peut s'inspirer d'un texte peu connu de la tradition philosophique : *The Philosophy of Loyalty*, publié en 1908 par Josiah Royce, philosophe idéaliste[16]. Il va souligner la nécessité, pour faire atterrir une logique des relations dans le champ des forces transformatrices, d'un intercesseur[17].

L'exemple le plus clair est celui de l'interprète dans le domaine des relations internationales. Les deux camps en relation peuvent ne pas parler la même langue, ni partager les mêmes codes, les mêmes us et coutumes : l'intercesseur permet de rendre l'interaction possible, parce qu'il n'est pas un médiateur transparent, mais un acteur réel qui la porte, et la transforme. Parce qu'il donne droit de cité à la relation même. Dans un texte de 1914, *War and Insurance*, Royce glisse l'intuition qui l'érige en théoricien de la politique des interdépendances que j'essaie de conceptualiser ici[18]. L'existence même de l'intercesseur implique un statut logique particulier : une logique du "entre". Entre les communautés constituées. "L'agent, néanmoins, ne peut pas simplement être le porte-parole d'un camp ou de l'autre. Il doit plutôt se distinguer de chaque camp, même s'il partage un langage ou un ensemble d'intérêts avec chacun des deux camps[19]."

Parfois, l'intercesseur, nommé B, va infléchir légèrement sa traduction du message de A à C, de manière à ne pas déclencher un conflit ou à orienter l'interaction. Il va trahir légèrement la traduction. Pourquoi ? Parce qu'il pense que le bénéfice de la relation entre A et C est plus important pour A que ce que A croit être primordial pour lui, à savoir ses intérêts de camp. Comme l'intercesseur n'a pas de pouvoir décisionnel, il ne risque pas de tout régenter du point de vue de la relation, mais il permet au contraire de *rappeler* le point de vue de la relation, entre deux camps qui peuvent à tout moment rentrer en eux-mêmes pour ne plus voir que leurs intérêts exclusifs et de courte vue.

Cet intercesseur nommé B, écrit Royce, "désire, comme n'importe quel agent peut désirer, non pas accomplir la seule volonté du camp de A, ni celle du camp de C, mais *d'un seul coup créer et rendre consciente, et porter sur ses épaules* leur volonté unifiée, de telle manière que les deux camps deviennent et restent membres d'une communauté dans laquelle il fait son travail d'interprète[20]". Je préfère ne pas endosser ici l'idée roycienne trop œcuménique de "volonté unifiée", au profit d'une autre formulation qui émergera plus loin (celle de "communauté d'importance"), mais l'essentiel de cette citation est ailleurs. L'essentiel consiste dans la dimension créatrice de l'intercesseur. Il doit rester distinct des camps, même s'il provient de l'un des deux. Cette situation le met structurellement en position de contradiction : la contradiction est la marque de fabrique de son art, lorsqu'il est bien pratiqué[21]. Mais cette contradiction a une fécondité : "Pour servir comme médiateur, il est forcé d'aller *au-delà* de ce qui est donné dans la situation d'interaction, pour *créer de nouvelles options*, et prendre des décisions qui ne sont pas guidées exclusivement par les principes de chaque camp[22]." Dans cette mesure, ces intercesseurs deviennent des agents réels, voués à faire *émerger du nouveau*, précisément, dans la lecture que j'en fais, parce qu'ils possèdent un point de vue original sur la situation collective, celui des interdépendances. D'un seul coup créer et porter sur ses épaules la communauté d'importance qui se dessine lorsqu'on est amené à sentir du point de vue des interdépendances.

Plonger la logique de Royce dans un double contexte – celui des interdépendances écologiques comme condition et celui de la relation interspécifique comme cadre, exigeant des formes de traduction propres – permet de voir émerger le personnage conceptuel du diplomate interespèces des interdépendances.

Penser le diplomate comme point de vue actif des interdépendances constitue néanmoins une différence avec le "porte-parole" qui représente à la manière d'un élu un océan, la forêt amazonienne, les eaux vives[23]. Dans la réalité, un tel personnage est volontiers problématique. Car représenter chaque non-humain sur le modèle de l'acteur libéral, porteur d'un intérêt prédéfini à défendre, produit cet effet très net en situation : cela ajoute du clivage, rejoue et pérennise le caractère exclusif et contradictoire des intérêts (les leurs contre les nôtres)[24]. De telle sorte que les non-humains perdent toujours à la fin, parce que l'anthropocentrisme croît avec l'intensité de la crise[25]. Le diplomate ici portraituré ne représente pas les loups, les océans ou le nucléaire, il active le point de vue des interdépendances. Parce que c'est le champ de force des intérêts qui est bousculé : du *topos* libéral des individus séparés en lutte pour des intérêts exclusifs et rigides, on passe à d'autres agencements de l'identité et du désir, qui forment des communautés d'importance fluentes, tissant plusieurs espèces dans un lieu, un temps, une lutte. Et ce diplomate est en fait un *Janus bifrons*. Un de ses deux visages est tourné vers les autres vivants pour envisager une diplomatie avec eux (il pratique sa diplomatie *directement avec* les vivants, pas entre nous à leur propos). Son second visage est tourné vers les réseaux d'institutions, vers les humains, pour se faire porte-parole non des loups, ou des brebis, mais des interdépendances.

Il parle donc au nom des interdépendances : il est leur point de vue agissant. "Interdépendances", en effet, comme "relation", est un concept sans mains. Dans la nébuleuse écologiste, tout le monde en parle, mais qui les défend ? C'est difficile, on l'a vu, car c'est une relation, et notre tradition politique et métaphysique est centrée sur les camps, c'est-à-dire les termes. L'enjeu est d'*armer* le point de vue des interdépendances : lui donner des mains à mettre dans le cambouis, une voix pour ne pas se taire, et une pugnacité politique.

Les communautés d'importance

Cet agent diplomatique rappelle donc autant que possible le point de vue de la relation. Ce faisant, il ne défend pas des *compromis* entre des volontés qui restent intactes, il active la création d'un nouvel agencement du désir qui fait bouger les lignes originelles. C'est ce que j'appelle par provision une "communauté d'importance", pour sortir du lexique libéral, qui nous hante, des "intérêts" (donnés d'avance et liés à un individu aux limites fixes, séparé, susceptible ensuite de passer contrat, pour les maximiser).

Loin de cette idée d'intérêts *définissant* des individus, la communauté d'importance qualifie le branchement fragile entre des collectifs interdépendants de vivants humains et non humains, qui ont en commun que l'habitabilité de leur milieu de vie partagé leur *importe*. Même s'ils ne le disent pas, les sols vivants, les loups, les brebis, les prairies, les bergers mutiques ont en commun que cela pour eux importe. Nous avons vu une telle communauté d'importance à l'œuvre plus haut à travers l'exemple d'un pastoralisme capable de se voir plus peuplé qu'il ne croyait être, de devenir soucieux tout à la fois de la prairie, des moutons, du métier de berger et des cohabitants sauvages.

Le passage des intérêts exclusifs à la communauté d'importance implique une transformation créative de l'identité des humains en présence. Comme chez cet éleveur aux brebis plusieurs fois attaquées par les loups, et qui fut parmi leurs premiers opposants, mais qui défend pourtant aujourd'hui le point de vue des interdépendances et révèle comment son identité a bougé dans la rencontre avec le loup : "Ce qui est assez curieux, c'est que ce loup qui est un empêcheur de tourner en rond, c'est un initiateur de votre rapport sensible à votre environnement. C'est assez génial. [...] C'est ce qui fait que vous êtes avec vos brebis, vous êtes brebis, vous êtes dans une attention, et vous êtes dans la reconnaissance de l'intelligence d'autres êtres qui peuplent le même espace que vous. Donc quelque part, vous rentrez dans une forme de respect de cette intelligence, en disant : On peut s'énerver, on peut s'exciter, c'est l'empêcheur de tourner en rond, n'empêche que, il repeuple, il recolonise, il défend un petit peu ses droits, malgré tous les moyens qu'on a pour l'éliminer. Et donc là, c'est une véritable initiation à la nature et à l'environnement[26]."

Être capturé par le point de vue des interdépendances, d'où que l'on provienne, permet de faire bouger l'identité concernant ce qu'on croyait être, pour propulser les collectifs dans un tissage où ils deviennent autres : où par la bande un vouloir est inventé qui n'était pas là auparavant, avec un autre tissage du soi. Car il s'agit toujours à la fin d'inventer des dispositifs de *modus vivendi*, dont la théorie embarquée est diplomatique, et qui permettent à des communautés d'importance de prendre corps, qui les inventent en faisant bouger les lignes. Et ces communautés d'importance sont en fait toujours déjà là, il ne s'agit pas de les inventer *ex nihilo*, mais plutôt de les vivifier, renforcer, profiler. En effet, n'importe quel praticien de la terre, de la forêt, dès qu'il est sensible au mode d'existence du monde vivant qui l'inclut (tout entier fait d'interdépendances), a déjà diffracté son identité dans le milieu qui le fait vivre, et le sent comme communauté d'importance. Ce sont souvent des forces extérieures, économiques (prééminence du rendement), politiques (réglementations exogènes), idéologiques (culte de l'auto-extraction envers une nature infériorisée), qui forcent les praticiens du vivant à oublier parfois ce qu'ils savent très bien.

Dans le point de vue des interdépendances, c'est donc la créativité qui est importante, la possibilité de faire émerger des agencements nouveaux, des médiateurs nouveaux, des alliances invisibles, des communautés d'importance[27]. Alors le diplomate de la relation devient autre chose : la voix créative des interdépendances. Sans cette créativité, on ne fait que du compromis basique et fatigué entre camps, on n'invente pas le rapport adéquat, juste, pertinent, toujours renégocié : les égards ajustés.

Il s'agit néanmoins de ne pas entendre "interdépendances" au sens strict de l'écologie fonctionnelle, comme ce qui est nécessaire biologiquement à une espèce pour survivre matériellement. Les interdépendances ici sont à comprendre comme les tissages qui rendent possibles des formes de vie plus prospères, plus épanouies, mieux reliées, plus plurielles, plus riches d'égards pour le monde vivant. Le loup n'est pas interdépendant de nous au sens où sa disparition nous voue à la mort, mais au sens où sa présence nous engage dans des transformations d'usage des territoires qui sont plus soutenables, plus vivifiantes pour les milieux, et pour les pratiques humaines elles-mêmes. Parce qu'on peut défendre qu'est plus émancipatrice et riche de sens, pour un praticien, une pratique qui enrichit le milieu qui le fait vivre plus qu'elle ne l'appauvrit, qui se tisse aux autres habitants de son milieu donateur plutôt qu'elle ne les éradique[28].

Conséquemment, il faut bien entendre que les interdépendances ne sont pas des données de fait, de "nature", formulées par des experts écologues et qui permettraient de dicter aux collectifs démocratiques la bonne direction dans l'usage de la terre. Les interdépendances révèlent certes des *exigences* multispécifiques du milieu vivant qui accueille le collectif humain, mais elles sont aussi en partie construites, elles impliquent des décisions. C'est le *cap* de ces décisions démocratiques qui a changé : il ne vise plus à nous extraire et nous autonomiser de la "nature" pensée comme contrainte à la souveraineté du collectif qui se donne à lui-même sa loi. Il vise à nous tisser mieux dans nos milieux donateurs : dans ces interdépendances qui rendent la vie individuelle, collective et autre qu'humaine plus vivable.

On ne naît pas diplomate, on y est poussé

La logique des "points de vue" que j'explore ici permet ainsi de comprendre la dimension positionnelle et relationnelle du diplomate : il n'est pas un officiel, mais une position dans le champ, un moment d'individuation, un endroit où l'on se retrouve après avoir été bousculé. Cette idée permet de résister à l'idée de professionnaliser la diplomatie des interdépendances, de l'institutionnaliser de manière trop rigide, dans un ministère des Affaires écologiques, de la personnaliser dans un individu ou un expert[29]. Cela produirait des confiscations problématiques, parce que cette diplomatie n'est pas un métier, une mission contractuelle (d'ailleurs elle n'a pas de mandant officiel), c'est une position mobile, fluente, dans un champ de forces multispécifique qui est dynamique. C'est une position qui vous tombe dessus, ou qui vous échoit, que vous soyez un groupe, un individu, un métier, une corporation. Cela peut arriver à n'importe qui. Le seul indicateur fiable est la boussole intérieure (le barbouillement moral de se sentir un peu traître à tous car au service de la relation). Bien sûr, on n'est traîtres qu'envers ceux qui ne voient pas leurs interdépendances.

C'est une position relationnelle : on s'y retrouve, dans ce tissage interspécifique, dès l'instant où l'on prend les intérêts des interdépendances *plus à cœur* que l'intérêt des camps qui croient à leur indépendance. Ce n'est donc pas une mission qui serait donnée à quelqu'un par une instance quelconque, mais une position libre dans un champ de relations : on se retrouve *poussé* en position diplomatique quand on ne peut plus négliger le point de vue des interdépendances, quand on est *capturé* par le point de vue des interdépendances. C'est un agent diplomatique presque malgré lui.

À cet égard, l'équipe de CanOvis est un exemple éloquent : son mandat originel n'est pas évident, ses membres viennent à l'origine pour produire des savoirs sur les interactions entre les loups et le système pastoral, avec pour but ultime d'améliorer la protection des troupeaux. À mon sens, c'est en se laissant affecter par le terrain qu'ils peuvent devenir autre chose, parce qu'ils sont capturés par le point de vue des interdépendances, du fait du tissage des empathies contradictoires.

Ce diplomate des interdépendances diffère alors massivement du personnage classique du diplomate entre nations, parce qu'il n'a pas de mandant officiel[30]. Au fond, le diplomate des interdépendances n'est pas saisi par une instance extérieure, il est autosaisi. Ce diplomate est autosaisi lorsqu'il est *saisi par* le point de vue des interdépendances, son mandant est le barbouillement moral même. C'est là sa fragilité (son pouvoir n'a pas de garanties institutionnelles) et sa force (n'importe qui, jusqu'au plus obtus, peut être capturé par ce rôle, dès l'instant où il est poussé à sentir depuis le point de vue des interdépendances). Cela en fait un personnage de diplomate très original, presque méconnaissable. Si cette subversion du personnage originel vous choque trop, appelez-le autrement, ce n'est pas le plus important : il est la voix et la main des interdépendances, leur agent, leur attaché.

Le concept de diplomate des interdépendances donne ainsi un nom à celui qui se retrouve à lutter pour les interdépendances (et qu'importe d'où il vient). C'est un "attaché" diplomatique, mais littéralement – il est attaché à la relation, comme on dit à propos d'un paysage que l'on habite : "J'y suis très attaché." Comme on s'attache volontairement, par des chaînes de métal, à un séquoia de l'Oregon. Mais il n'est pas attaché à un arbre, c'est un *attaché aux interdépendances*. Il ne travaille pas pour la nature, pour les loups seuls, pour les abeilles seules (il en faut pourtant, et les associations de protection de la nature remplissent souvent cette tâche admirablement). Pas plus qu'il ne travaille pour les humains seuls, les bergers, les agriculteurs (il y en aura toujours suffisamment). Il n'est pas contre eux non plus. Ces deux camps sont trop monolithiques, ils existent moins que les relations. Leur monopole dans la formulation des problèmes fragilise les tissages réels, qui sont toujours des interdépendances localisées de vivants humains et non humains. Il est pour les tissages vivants, contre tout ce qui les dévitalise.

Le diplomate est ici un radical *pour* la relation, c'est le gardien du point de vue de la relation[31]. Les intérêts de l'interdépendance passeront *avant tout*, au risque de se faire des ennemis chez les membres des deux camps qui ne pensent qu'en termes d'intérêts de camp. Ce diplomate doit servir à faire entrer les interdépendances dans nos luttes pour le tissu du vivant. C'est un avatar des mille métamorphoses du vivant qui se défend.

Être saisis ensemble
par le point de vue des interdépendances

Cela permet d'imaginer des formes diplomatiques dans lesquelles ce sont des communautés multispécifiques qui jouent le rôle diplomatique.

C'est là un phénomène aussi intrigant qu'intéressant : la possibilité que ce point de vue actif des interdépendances ne soit pas occupé par des humains *tout seuls*. À cet égard se retrouvent dans cette position d'alterdiplomatie des collectifs très étranges, alliant vivants humains et non humains. Par exemple, on peut penser comme des acteurs de cet ordre les groupements d'apiculteurs *alliés* aux abeilles, qui réclament la baisse massive des intrants chimiques de l'agrobusiness (produits phytosanitaires contribuant significativement au "syndrome de la ruche vide" et à la fragilisation des pollinisateurs domestiques et sauvages)[32]. On peut défendre que le collectif chimérique "apiculteurs-abeilles" constitue de fait une alliance diplomatique, entre les pratiques agricoles, d'un côté, et la microfaune des sols tissée à la biodiversité sauvage des zones rurales, de l'autre. Parce que l'agriculture à intrants ne fragilise pas que les abeilles, mais aussi les sols, les milieux et la durabilité de l'agriculture elle-même. L'alliance se retrouve à défendre la transformation des usages du territoire vers des pratiques plus soutenables pour les interdépendances elles-mêmes. Elle rend visible que ce n'est pas seulement l'apiculture ou le maraîchage qui sont fragilisés : c'est l'interdépendance entre pollinisateurs et milieux qui souffre des intrants. Que, si les intrants chimiques semblent bénéfiques à un camp (l'agro-industrie), ils ne le sont pas *vraiment*, puisqu'à terme, ils détruisent les pollinisateurs qui permettent le retour chaque printemps de tous les fruits et légumes à fleurs, fécondées dans leurs noces croisées avec les insectes et oiseaux. Cette alliance diplomatique là ne réclame pourtant pas l'arrêt de toute exploitation des écosystèmes au profit des seuls pollinisateurs ; elle ne réclame pas non plus la fin des intrants pour le seul salut de la production industrielle *durable* des aliments (approche anthropocentrique).

On pourrait croire un instant que ces apiculteurs ne visent que leur propre intérêt : ils voudraient des abeilles pour vendre leur miel, et peu importe l'agriculture comme les milieux, mais c'est mal comprendre la géopolitique vitale dans laquelle nous sommes tous pris dans le nouveau temps qui vient. C'est plutôt que l'atteinte à leurs intérêts (la crise des abeilles) a subrepticement déplacé les apiculteurs dans cette position relationnelle très étrange, où ils ont pu voir leur paysage vivrier avec les yeux de l'interdépendance elle-même, entre pollinisateurs, maraîchage, agriculture. Voir les boucles de rétroaction et de tissage, qui impliquent que les meilleurs égards pour chaque camp sont en fait les égards pour la relation. Et ce, au risque de s'engager dans une critique massive de l'un des camps, et dans une lutte pour le transformer (à savoir les pratiques agricoles, qui sont alors enjointes de passer de l'agrobusiness intensif et monoculturel à des formes d'agroécologie des interdépendances).

Rien de pur, alors, dans la position diplomatique : ce n'est pas un moment de dépassement de l'ego où, puisqu'on n'aurait plus d'intérêt propre, on serait enfin devenu un sage, qui pourrait prendre au sérieux les intérêts d'une relation abstraite et faire l'intercesseur entre les égoïstes. Pas du tout : ce n'est pas par disparition des intérêts propres qu'on se retrouve migrer dans un *middle ground* diplomatique multispécifique, c'est la saturation des intérêts, leur réticulation et leur tissage, les-miens-les-leurs-les-vôtres, dans un écheveau si subtil qu'on ne peut plus voir les choses autrement que par les yeux du tissage lui-même.

Les abeilles sont ici des lanceurs d'alerte : leur *sensibilité unique* aux doses d'intrants du milieu leur permet, en sentinelles, de rendre visibles les attaques invisibles contre le tissu du vivant *tout entier*. Elles deviennent des déictiques politiques au sens donné par le philosophe Carl Schmitt : elles pointent du doigt (de l'antenne), en silence, les ennemis *et* les amis d'un usage soutenable du tissu du vivant. Elles sont des alliées politiques pour ceux qui veulent changer les pratiques, au sens où leur intérêt (leurs exigences vitales), croisé à d'autres, pèse lourd dans la balance des alignements et des rapports de force (les apiculteurs qui militeraient pour leurs revenus *seuls*, c'est-à-dire sans s'associer au sort des abeilles, auraient-ils la même portée politique ?).

L'alliance entre abeilles et apiculteurs en lutte constitue un pôle diplomatique presque malgré lui, au-delà de la seule santé des premières : ce n'est pas seulement que les apiculteurs luttent contre les intrants chimiques pour sauver les abeilles, c'est que l'alliance entre abeilles et apiculteurs constitue une diplomatie entre d'un côté l'agrobusiness et ses "exigences" de rendement, et de l'autre la biodiversité sauvage du milieu (microfaune des sols et pollinisateurs en général), qui pâtit de l'extractivisme.

C'est la communauté biotique de ces milieux tout entière qui profite alors de la capacité de cette alliance à prendre le point de vue des interdépendances entre agriculture et vie du sol[33].

La possibilité d'alliances diplomatiques impliquant des abeilles, ou les collemboles des sols, qui semblent peu aptes *a priori* à la négociation diplomatique, rend pourtant visible que la possibilité de dialoguer de manière explicite avec ces formes de vie n'est un prérequis que pour un certain degré de diplomatie : au premier degré, il y a l'existence d'interdépendances et la possibilité de prendre à plusieurs leur point de vue, de travailler pour la relation. Nul besoin de facultés cognitives "supérieures" chez les autres vivants pour entamer des diplomaties, même si elles facilitent parfois l'échange. C'est au second niveau que les aptitudes de traduction peuvent permettre de communiquer avec les autres formes de vie, pour moduler des comportements collectifs dans le sens diplomatique (c'est déjà ce que fait l'apiculteur lorsqu'il peint des pictogrammes colorés sur les ruches pour signifier à chaque abeille son foyer).

Enfin, il n'est pas nécessaire que les acteurs humains et non humains aient pour *intention* de s'allier pour qu'il y ait alliance (c'est déjà le sens du concept descriptif d'"alliance objective"). Il suffit de trois conditions pour qu'un champ de forces pluriel manifeste quelque chose comme la cristallisation d'une alliance interespèces : il suffit que se tisse un front commun *entre* deux ou plusieurs acteurs pris dans une communauté d'importance, que ce front agisse *pour* une transformation de l'usage des territoires qui leur importent, et qu'il lutte ce faisant *contre* d'autres usages. Peu importent les intentions mentales, les pactes signés, les tractations verbales : trois prépositions font une alliance, il suffit qu'il y ait un pour, un entre et un contre.

Composer et lutter

Le barbouillement moral des empathies contradictoires est une tonalité affective et éthique très différente de celle de la lutte militante, on pourrait avoir l'impression qu'elles s'opposent. Comment penser leur articulation ?

Mon approche est situationnelle : les deux sont nécessaires en fonction du contexte, chacun passe spontanément de l'une à l'autre lorsqu'il y est poussé par la nature de la situation, lorsqu'il faut lui faire justice.

J'essaie ici de distinguer deux moments de la diplomatie, souvent présents dans la même conjoncture : la diplomatie de lutte par alliances interspécifiques ; la diplomatie de composition, qui repose sur la créativité du point de vue des interdépendances. Dans les deux cas, il s'agit d'armer le point de vue des interdépendances ; seulement, dans le premier cas, la lutte politique contre un adversaire des interdépendances est un enjeu dominant, dans le second il est secondaire.

Face à une domination indue ou une injustice, le conflit est nécessaire, créateur : le rapport de force est la seule attitude décente et, dans ces cas, les diplomates ont une fonction précise, ils s'occupent de former les alliances à monter *contre* les ennemis des interdépendances constitutives (c'est par exemple la lutte évoquée plus haut contre les pesticides).

Dans ces cas qui appellent l'action militante, omniprésents aujourd'hui, les diplomates interespèces travaillent à faire lever les alliances inattendues *entre* des vivants et certains usages humains de la terre, *contre* d'autres usages[34]. Contre les usages extractivistes le plus souvent, et tous ceux qui fragilisent le maintien des tissages, tous ceux qui participent au processus de "cheapisation" du tissu du vivant[35]. C'est-à-dire au processus qui le rend "bon marché", de faible valeur, dans tous les sens du terme : qui simultanément le dévalue ontologiquement, le dépolitise, et le convertit en matière première pour le productivisme. Mais ce tissu du vivant, ce serait une erreur de le nommer innocemment "Nature" comme l'ont fait les modernes, celle qu'il faudrait protéger, aimer ou exploiter (et il ne faut pas non plus se passer de ce mot, c'est plutôt que mille mots réflexifs sont nécessaires, à libérer, inventer, détourner). Car, comme le disent Patel et Moore, "la Nature n'est pas une chose, mais une façon d'organiser – et de cheapiser – la vie[36]". Dans ces conditions, il est ambigu d'affirmer que "nous sommes la *nature* qui se défend". Nous sommes le vivant qui se défend – y compris contre sa conversion en "Nature".

Et, bien sûr, on ne s'allie pas à *tous* les vivants contre *tous* les humains diabolisés de manière misanthrope : ce sont *certains* collectifs humains qui, au nom des interdépendances, s'allient à certains vivants, et ce contre d'autres alliances, parfois elles aussi entre des humains et des vivants (par exemple le lien entre l'entreprise Bayer-Monsanto et son soja OGM Bt constitue lui aussi une alliance multispécifique, entre humains et non humains). Comment savoir où faire passer les lignes entre alliés et ennemis ? Par l'intelligence collective, par l'analyse concrète des situations concrètes. C'est que toute relation n'est pas une interdépendance : cette dernière, d'abord, a toujours son lieu quelque part. Elle part d'un milieu, d'une communauté biotique, avec son histoire. La relation entre Monsanto et son soja OGM n'est pas une interdépendance, parce qu'elle est hors sol d'abord, et ensuite parce que cette relation fragilise le tissage du vivant partout où elle s'impose. Une interdépendance entre usages humains et vivants d'un territoire implique toujours, c'est une condition nécessaire, qu'on habite le milieu qu'on exploite. C'est là que les intérêts de l'exploitation seuls peuvent être bousculés, parce qu'en habitant, on est contraint de vivre parmi les effets de son exploitation et, conséquemment, de sentir ses effets sur les interdépendances. Il n'y a pas d'interdépendances hors sol.

Mais la dimension de lutte ne doit pas occulter qu'il existe un autre problème à traiter : il ne faut pas confondre les ennemis d'un camp avec ceux des interdépendances, au risque de considérer tous les points de vue divergents comme des ennemis, et de croire que la lutte résoudra tous les problèmes d'usage. Dans les situations sans coupables évidents contre les interdépendances, dans ces cas où il faut partager la terre, la diplomatie revient à travailler, bizarrerie d'abord impossible à penser, au profit de la relation. Ce sont des moments où la diplomatie est "de composition", où il s'agit de réinventer des usages de la terre pour faire justice à des communautés d'importance, au-delà des contradictions à court terme.

On peut essayer de monter en généralité sur ce point difficile. La phrase de Carl Schmitt, qui définit l'essence du politique comme l'acte de distinguer entre amis et ennemis, connaît un retour en grâce aujourd'hui parce qu'elle permet de vivifier l'idée que la politique n'est pas cantonnée aux formes consensuelles de la délibération et de la négociation. Qu'elle n'est pas confisquée par la marge de manœuvre institutionnelle limitée du citoyen votant, mais qu'elle est faite de luttes, de rapports de force et de conflits. Aujourd'hui, il y a dans le champ de l'écologie politique un clivage entre les tenants de la négociation et ceux des conflits. Je crois que les positions monolithiques sur cette question, celle des pro-luttes qui assimilent toute négociation à une compromission avec le "système", celle des réformateurs qui pensent toute lutte radicale comme une immaturité romantique, nous cachent l'enjeu intellectuel et politique réel : comment articuler ensemble de manière *organisée*, avec des cibles appropriées, la négociation et la lutte. La principale difficulté ici, c'est donc de penser ensemble la nécessité d'une approche diplomatique envers d'autres formes de vie, plusieurs usages d'un même territoire, impliquant l'invention de *modus vivendi* et des formes de négociations d'usages, tout en maintenant la nécessité d'une lutte contre certains acteurs.

La politique des interdépendances répond à cette question ainsi : négociation avec tous les membres du tissage qui le font tenir et tiennent par lui ; lutte contre tous ceux qui le détruisent, l'exploitent en le fragilisant de manière structurelle.

Dans le champ des pratiques forestières, la "sylviculture non violente[37]", par exemple, exploite les forêts, mais elle fait partie du tissage, parce que ses pratiques font justice aux dynamiques propres de la forêt, sont riches d'égards pour elle. Parce que ces sylviculteurs ont accompli la circulation empathique parmi les points de vue de la forêt, de ses acteurs sauvages : ils prennent en compte le point de vue de leur ancienne "ressource". À l'inverse, les sylvicultures monoculturelles dont les investisseurs vivent à des milliers de kilomètres des forêts exploitées, et dont la fonction est de transformer les parcelles en usines à bois pour nourrir les marchés mondiaux, sont un opposant aux interdépendances qui tiennent ensemble les acteurs vivants du milieu.

Je ne dis pas que faire la part entre alliés et opposants est désormais évident : je propose une boussole pour naviguer un peu mieux, à la lumière d'analyses concrètes, dans des situations inextricables. Le jeu des alliés avec qui négocier et des ennemis à combattre ne se fait plus à la lumière des camps (celui des humains, celui de la nature, celui des loups, celui des bergers, celui des arbres, celui des décroissants, celui des capitalistes) mais à la lumière des interdépendances qui fondent la vie d'un milieu. C'est une boussole fragile, j'en ai conscience, mais c'est le mieux que j'aie trouvé jusqu'ici pour apporter un peu de lumière dans notre conjoncture si sombre ; et peut-être servira-t-elle à clarifier certaines situations.

La tentative de sentir depuis le point de vue des interdépendances permet alors une nouvelle cartographie politique dans laquelle décentrement empathique et exigence de lutter n'apparaissent plus incompatibles. Car armer le point de vue des interdépendances ne revient pas à une empathie consensuelle et pacificatrice envers tout le monde *indistinctement*, mais à une *autre* manière de faire émerger les amis et les ennemis. Ce ne sont plus les ennemis de mon camp humain extrait des tissages avec les vivants, mais les ennemis du tissage lui-même. Et il y a bien des luttes nécessaires et possibles depuis le point de vue des interdépendances : précisément, contre tous les usages de la terre qui détruisent ou méprisent les interdépendances. Cette lutte se mène au nom d'une communauté d'importance multispécifique, d'une trame d'interdépendances soutenable, contre les usages humains qui la mettent en danger.

Voir du point de vue des interdépendances, c'est faire saillir en toute clarté les ennemis du tissage. Cela politise "mieux" parce qu'on ne défend plus des idées hors sol, mais des communautés d'importance, des transformations collectives de l'usage des territoires vivants, qui font justice à leur histoire évolutive, écologique et humaine.

C'est néanmoins inconfortable, car des siècles de philosophie politique libérale nous ont appris le contraire : le camp était l'unité politique stable (ici on murmure du bout des lèvres : l'interdépendance est l'unité politique métastable). Le camp était ce qui exigeait l'identification empathique fermée (drapeau, hymne, patrie) et l'interdiction de toute circulation empathique jusque dans le camp d'en face (les ennemis de la nation voisine sont des cafards, les migrants des invasifs, les étrangers des barbares). Ce modèle a dérivé dans toutes les formes de luttes entre camps : les pro-loups n'ont pas le droit d'avoir de l'empathie pour les éleveurs, sous peine d'être accusés de trahison ; les éleveurs n'ont pas le droit d'évoquer, en se décentrant, le droit des loups à l'existence, sous peine de représailles parfois violentes de la frange radicalisée anti-loups du pastoralisme.

Dans l'approche ébauchée ici, il faut au contraire que l'empathie circule *jusque* chez les "ennemis", entre tous les camps, pour ensuite voir clair sur *qui*, malgré les tissages qui le fondent, s'oppose à eux : qui les détruit, et ne joue pas le jeu de ce qui le fait vivre.

Cette circulation, opérée par n'importe qui, venant d'un camp ou d'un autre, est capable de le pousser même contre son gré à sentir le milieu du point de vue des interdépendances. Alors le problème se pose autrement : comment créer, faire lever des agencements créatifs, nouveaux, qui rendent visible la communauté d'importance, la rendent réelle[38]. Cet agent au service des relations constitutives devient la mémoire vive des interdépendances, il se dresse pour elles, il les rappelle à ceux qui les oublient, tout en étant une force créative pour ouvrir des chemins de l'action, et faire bouger les lignes – ce qui est permis par le point de vue nouveau lui-même (en montagne, chacun sait combien le paysage change quand on le voit depuis un autre col, un autre point de vue : des chemins neufs, qui demeuraient invisibles de partout ailleurs, se dessinent).

Le souci des interdépendances comme souci de soi

Ce que le terrain fait à la philosophie apparaît ici : il active le travail du concept, il fait émerger ses potentialités, sa pluralité de significations, d'autres réticulations. Il permet de clarifier certains de ses aspects pour guider son évolution, comme la dimension positionnelle-relationnelle de la diplomatie, et le symptôme intérieur qu'est le barbouillement moral pour savoir quand on se retrouve dans cette position.

Ce barbouillement moral n'est pourtant *qu'un* symptôme, et pas l'affect lui-même qui nous lie aux autres vivants. L'affect qui nous lie, c'est avant tout un sentiment de leur importance, une exigence qu'on leur accorde l'attention qu'ils méritent, en un mot, c'est une sollicitude. Un souci du vivant hors de nous et en nous. Ce point est intéressant car il restitue l'importance de la philosophie dans ce cheminement. Pierre Hadot, grand théoricien de l'originalité de la pratique philosophique, pense la philosophie comme une *conversion du souci*.

Il écrit par exemple : "En principe, on donne valeur à ce dont on se soucie. Changer l'objet du souci, c'est opérer un renversement des valeurs et c'est changer la direction de l'attention[39]." C'est pour cela que la philosophie est pour Hadot "une transformation de la perception du monde", "un effort pour nous réapprendre à voir le monde[40]".

Hadot révèle ici l'ordre des phénomènes : ce n'est pas parce qu'on démontre rationnellement ou déduit logiquement que les vivants ont de la valeur que l'on s'en soucie, c'est parce qu'on s'en soucie qu'on leur confère de la valeur. Le souci est premier, il est la force qui fait bouger les lignes architectoniques de l'attention politique, entre ce qui est important et ce qui ne l'est pas. Le souci a cette ambiguïté fondatrice : il est en même temps préoccupation et sollicitude. Il est un signal qui nous révèle que quelque chose compte. Comment faire entrer dans ce souci les vivants invisibilisés ? Comment faire entrer dans le champ de l'attention politique les empathies contradictoires pour ces formes de vie divergentes mais tissées dans un milieu ?

Plus qu'en appeler à l'amour de la Nature, ou agiter la crainte de l'Apocalypse, il me semble qu'une voie plus ajustée aux enjeux du temps revient à multiplier les approches, les pratiques, les discours, les œuvres, les dispositifs, les expériences qui sont capables de nous faire *sentir et vivre* depuis le point de vue des interdépendances. Nous faire sentir et vivre comme vivant parmi les vivants, comme eux pris dans la trame, partageant des ascendances et des manières d'être vivant, un destin commun, et une vulnérabilité mutuelle.

Paradoxalement, c'est la crise aujourd'hui qui est le dispositif de cet ordre le plus efficient : la crise des abeilles, la crise de la vie des sols, la crise des forêts amazoniennes comme puits de carbone, parce que la fragilisation d'une forme de vie prise dans le tissage fait tinter toute la trame *jusqu'à nous*, et nous rappelle que nous n'avons jamais été seuls, que nous ne sommes vivants que glissés dans la vie des autres, dans une situation de vulnérabilité mutuelle.

C'est l'expérience de la vulnérabilité *mutuelle* avec les pollinisateurs, les vers de terre, la vie des océans, qui nous pousse à sentir depuis le point de vue des interdépendances. À élargir le spectre du souci. C'est que nous traitons désormais de vivant à vivant. Et plus d'"Homme" à "Nature". Si nous sommes vulnérables à leur fragilisation, c'est qu'ils sont importants. Et s'ils sont importants, pourquoi tous les autres ne le seraient-ils pas aussi ? Et, de là, la brèche est ouverte dans notre attention politique, où peut s'engouffrer le reste du vivant. C'est une manière de comprendre le déploiement si soudain d'un mouvement comme Extinction Rebellion, comme le sens profond de son mot d'ordre aux allures paradoxales : "Avec amour et rage". L'amour est le souci des interdépendances, la rage va contre ce qui les détruit.

Ce dont il s'agit ici, ce n'est ni plus ni moins qu'une transformation de notre compréhension de nous-mêmes : car le souci politique des interdépendances écologiques n'est pas qu'une stratégie pour réagir à la crise écologique systémique, c'est aussi l'expérience d'une autre réponse à la question de savoir qui nous sommes, c'est-à-dire de qui nous sommes faits.

Car ce souci du vivant, il s'agit bien d'un "souci de soi" au sens de Foucault, mais d'un soi élargi, constitué par ses tissages. Un soi qui n'est plus le terme isolé et égotique, seul dans l'univers face au cosmos absurde, mais qui s'est hissé au point de vue de son être réel : comme nœud de branchements avec d'autres vivants, son souci de soi est un souci des interdépendances.

Il existe dans les langues bantoues un mot important, parfaitement intraduisible : *ubuntu*. Il signifie en substance : "Je suis ce que je suis car nous sommes ce que nous sommes." Ou : "Je suis ce que je suis grâce à ce que nous sommes tous." L'idée, comme boussole politique, a pris tout son éclat avec la fin de l'apartheid en Afrique du Sud, dans le cadre de la Commission de la vérité et de la réconciliation menée par Desmond Tutu. Cette formule est le sésame d'une philosophie politique du Sud du continent africain, qui centre l'identité de chaque individu sur ses relations avec les autres humains de la communauté. Mais, sans qu'on s'en aperçoive, cette belle formule est aussi une définition rigoureuse et presque parfaite de l'éco-évolution : du monde vivant. Ce dont il s'agit ici, c'est de ramener en pleine lumière le fait immémorial que cette phrase, cantonnée aux relations entre humains, mérite en fait de s'étendre à nos relations avec les vivants. C'est comme vivant que "je suis ce que je suis parce que nous, les vivants, sommes ce que nous sommes". Ce souci de soi comme souci des interdépendances, c'est un *ubuntu* élargi au-delà de l'humain. Un *ubuntu* multispécifique.

Faire bouger les lignes du souci, c'est alors une reconfiguration du corps métamorphique d'attachements et de détachements qui constitue un être humain. On se détache d'une fixation monolithique et crispée sur ses intérêts exclusifs de camp, qui a occulté ses liens avec l'environnement donateur (pas d'agriculture sans vie du sol fragilisée par l'agriculture à intrants) ; et, dans le même bougé, on s'attache à une communauté d'importance qui tisse différents acteurs, d'apparence en conflit d'usages, mais qui constituent en fait le milieu donateur même, celui qui rend possibles notre activité ou nos existences. On s'attache à ses "vrais" intérêts, qui ne sont plus pensables en termes d'"intérêts exclusifs" de l'individu libéral hors sol, délié, mais en termes de liens qui libèrent, de liens qui vivifient. Faire bouger les lignes individuelles et collectives du détachement et de l'attachement, c'est l'enjeu d'une expérience diplomatique, où l'on est poussé brutalement à sentir et lutter depuis le point de vue des interdépendances. Se détacher de ce qui hier comptait au point de définir notre identité ("si on touche à mes intérêts, on attente à moi-même !"), mais ne compte plus vraiment, si tout ce qui de manière invisible le soutenait est corrodé par mon intérêt ; s'attacher à ce qui hier encore était invisible, mais en fait constitue ce qui rend ma vie vivante : son tissage à tant d'autres vies. Se détacher, s'attacher.

En conséquence, le problème ne consiste plus à être autonome au sens d'être *délié* de toute la communauté biotique, comme dans l'acception moderne de l'autonomie. Être interdépendant consiste ici bien à être autonome, mais au sens d'être *bien relié* à de multiples éléments de la communauté biotique, c'est-à-dire de manière plurielle, résiliente, viable, de manière à ne pas dépendre absolument de l'instabilité du milieu. Puisque l'autonomie comme déliement à l'égard du milieu vivant n'existe pas, la seule indépendance réelle est une *interdépendance équilibrée*. Une interdépendance qui nous libère d'une dépendance focalisée sur un seul pôle (par exemple les énergies fossiles et les intrants chimiques comme condition des récoltes).

L'opposition moderne entre indépendance et dépendance, qui a donné forme à notre imaginaire politique, vectorisait le temps du Progrès social comme un passage de la minorité à la majorité, par une émancipation codée comme conquête de deux indépendances parallèles, à l'égard de la Nature pensée comme contrainte à notre liberté, d'un côté, et des appartenances sociales codées comme aliénantes pour l'individu, de l'autre. Dans une pensée écopolitique des interdépendances, le problème n'est plus de jouer l'indépendance contre la dépendance, c'est l'art de faire la différence entre les *liens qui libèrent* et les liens qui aliènent. Dans ce monde, le problème devient cartographique, il consiste à distinguer les liens qui asservissent de ceux qui donnent de la puissance d'agir. Les détachements qui fragilisent de ceux qui vivifient. Comment exacerber les affiliations au vivant qui nous poussent, comme sociétés et comme individus, dans la bonne direction : transformer nos usages de la terre vers des formes plus soutenables, plus habitables pour les interdépendances.

Cette politique du vivant associée à une autre conception du soi peut sembler, à l'oreille d'un moderne, aller à l'encontre du projet politique fondateur de la modernité, qui repose sur l'idée d'un collectif humain qui s'auto-extrait du milieu naturel (pensé comme contraintes), pour se donner à soi-même sa loi sans subir les injonctions de la "Nature", après avoir triomphé d'elle. Il ne faut pourtant pas voir dans les interdépendances le spectre d'une normativité extérieure au politique, par laquelle les écosystèmes imposeraient leurs lois aux collectifs démocratiques[41]. Car ce que nous force à penser la crise écologique, ce n'est pas le retour d'une Nature qui dicte leurs lois aux humains, comme dans le mythe moderne dont la démocratie moderne revendique de s'être émancipée. Il s'agit de tout autre chose : c'est l'appel des interdépendances qui indiquent ses limites à la gamme des possibles que le collectif démocratique humain peut explorer. Les limites écologiques ne sont pas des contraintes *extérieures* au politique humain, mais les lignes de vie intérieures qui dessinent notre condition humaine de *tissé* : tissé aux autres formes de vie qui composent le milieu, dans un *ubuntu* des vivants. Si le collectif humain n'est qu'un nœud de relations au milieu qu'il habite, les limites dans l'usage de ce milieu ne sont plus des contraintes *externes* imposées par une Nature dont il faudrait s'émanciper, mais les lignes mêmes de notre visage. De notre visage réel, non fantasmé : celui d'un vivant insufflé de vie par la communauté biotique qui le porte à bout de bras.

ÉPILOGUE

LES ÉGARDS AJUSTÉS

Notre époque de crise écologique systémique est un temps où sont remises en jeu les relations envers les animaux, les végétaux, les milieux. Ces relations doivent être réinventées. On peut pour cela se laisser affecter par les traditions animistes, étant établi que leurs relations aux altérités vivantes sont plus riches que les nôtres. Mais je doute qu'embrasser aveuglément la cosmologie complète de peuples amérindiens, dans une sorte de conversion de masse, constitue une solution adéquate à notre situation.

Par quels aspects précis de l'animisme, alors, pourrait-on se laisser affecter, nous héritiers de la modernité naturaliste (cette cosmologie qui oppose la "Nature" d'un côté et les humains de l'autre) ? Il me semble que les relations que les animistes entretiennent avec les animaux, les plantes et les rivières sont profilées de manière à permettre d'*entrer en contact* avec les non-humains, pour permettre un "commerce" soutenable avec eux, au sens ancien de ce mot, qui qualifie l'interaction négociée, aussi pacifiée et mutuellement bénéfique que possible, dans un contexte cosmopolite, contingent, toujours au risque de la discorde et du conflit. Un point commun de ces relations animistes avec les autres vivants, si on se penche par exemple sur l'animisme décrit par Descola lorsqu'il évoque les relations "politiques" des Achuars avec les singes laineux qu'ils chassent et le maïs qu'ils plantent, c'est qu'elles doivent permettre d'établir une interaction, la négociation d'un *modus vivendi*, impliquant des formes de réciprocité et non d'égalité, car celle-ci est impossible de droit ou de fait (quelle égalité entre vous et chacune des millions de bactéries qui peuplent votre système digestif ?). Dans les cultures animistes, l'invariant de ces relations, ce qui les caractérise, ce n'est pas l'égalitarisme abstrait, c'est qu'elles exigent toujours des *égards*, même à la chasse pour tuer et manger un singe, même avec un animal dit "nuisible", avec un framboisier ou un bosquet d'arbres sauvages dont on n'a *pas* d'usage. Voilà ce qu'on a perdu et nié avec le dualisme moderne tardif.

Les autres vivants, les milieux, étaient des entités auxquelles on devait des égards, des formes de réciprocité, du fait d'abord qu'elles font le monde qui nous fait. L'essence de la relation animiste, c'est-à-dire non moderne, avec d'autres formes de vie, c'est les égards. L'essence de la relation moderne, telle qu'inventée par ceux qui ont inventé l'idée tardive de "Nature", à l'inverse, c'est l'*inutilité* des égards envers les vivants et les non-humains : leur irrationalité. Voilà l'essence de la "Nature" des modernes : comme matière dépourvue de sensibilité et de significations propres, comme réserve de ressources dans laquelle puiser, la nature est ce envers quoi il est irrationnel et infantile d'avoir des égards. On le voit bien dans le discours des "adultes" prétendument "sérieux", en costume, qui dirigent le monde. Il serait "sentimental, absurde, arriéré, superstitieux" de manifester du respect ou de la compassion pour les animaux ou les végétaux, les rivières, les milieux. Pire : il faut dominer cette "Nature", l'organiser, la mettre au travail, la soumettre pour qu'elle ne nous submerge pas. Voilà le fond du mépris tranquille mais réel du moderne moyen à l'égard de tout écologisme : il regarde avec condescendance l'irrationalité des "écolos" qui revendiquent des égards envers ce qui est pour lui de la simple "matière". Ce que le naturalisme, cette conception du monde occidental tardive, a créé en inventant la "Nature", ce n'est pas rien : ce sont les premières relations au monde qui se passent d'égards. L'humanité, à mon sens, n'avait jamais inventé cette idée aussi folle auparavant.

Et ce contraste pourrait être étendu à d'autres collectifs humains, d'autres cultures, d'autres cosmologies, pour faire ressortir la bizarrerie de la métaphysique dualiste des modernes. Si l'on réexamine sous cet angle ce que l'anthropologie appelle "religions païennes", impliquant le culte des petits dieux des rivières et des bosquets dans la Grèce antique, des pénates et des nymphes romains, des divinités gauloises de la fertilité des champs, des kamis du shintoïsme japonais logés dans les forêts et les sources, on peut les comprendre autrement, hors de l'ethnocentrisme judéo-chrétien. Ce ne sont pas là des dieux au sens spiritualiste, mais des *porteurs d'égards* : ce sont les entités immanentes elles-mêmes (*cette* source, *cette* forêt) et pas un Esprit qui s'y surajoute. Cette rivière en tant qu'elle appelle des égards. À la charge de chaque culture, ensuite, d'inventer la nature et la forme rituelle de ces égards.

C'est ce qu'on découvre quand on décale l'attention, non pas sur la "nature" ou la "culture" comme des blocs séparés, mais sur les *relations* qu'on entretient avec les êtres de nature, et celles qu'on entretient avec les êtres humains. C'est ce décalage méthodologique de la focale qui permet cette étrange découverte et fait émerger une essence cachée du naturalisme des modernes : la grande invention de la cosmologie moderne, ce n'est pas le dualisme. La spécificité du naturalisme est bien plutôt d'avoir inventé la première cosmologie qui postule que nous ne sommes pas tenus à des égards envers le monde qui nous a faits. Envers le monde vivant avec qui on partage la Terre. Envers les écosystèmes qui nous nourrissent, les milieux qui génèrent l'eau que l'on boit et l'oxygène que l'on respire. Quelle étrange histoire que la nôtre.

Pourquoi devrait-on des égards au monde vivant ? Mais parce que c'est lui qui a fait nos corps et nos esprits, capables d'émotions, de joie, de sens. C'est le monde vivant qui a sculpté toutes nos facultés jusqu'aux plus émancipatrices, dans un tissage constitutif avec les autres formes de vie. C'est lui qui nous maintient debout face à la mort, par sa perfusion continue et joyeuse de vie (cela s'appelle, entre autres, "respirer"). Débranchez ce lien à lui et tout est fini. C'est ce qu'on appelle l'éco-évolution. Conséquemment, la question s'inverse : comment a-t-on pu devenir assez fous pour croire qu'il est irrationnel d'avoir des égards envers ce qui nous a faits et qui assure à chaque instant les conditions de notre vie et de notre félicité possible ? Il faut inverser le fardeau de la preuve. C'est aux idéologues de la modernité de nous démontrer que ces égards sont irrationnels (souhaitons-leur bon courage).

Comment ont-ils opéré ce tour de passe-passe sur les derniers siècles ? Il leur a suffi de mécaniser le monde vivant, de le désanimer, de le désenchanter. D'imaginer un Dieu créateur, puis de projeter ce dernier hors du monde sensible, devenu donc profane, c'est-à-dire réserve de ressources faite pour notre bon plaisir, et destinée à produire de la "valeur" économique. Alors que c'était notre environnement donateur, au sens où il nous a tout donné, jusqu'à aujourd'hui et pour demain.

Ce qui se joue aujourd'hui, c'est que nos relations au vivant, aux abeilles pollinisatrices, aux forêts anciennes, aux animaux de ferme, à la microfaune des sols, sont à réinventer : ce sont ces égards qu'il faut repenser.

Il ne s'agit pas pour autant d'une nostalgie antimoderne rêvant de temps anciens où l'on vénérait la "Nature", où elle était sacrée : c'est précisément l'effort du concept d'égards que de déplacer tout le champ du problème en *dehors* de l'opposition entre sacré et profane, entre vénérer et exploiter. Car c'est là toujours le même dualisme. Et, d'ailleurs, sacraliser n'est pas une bonne description ethnographique de ce que les peuples non modernes font envers leurs milieux (qui n'est pas la "Nature"). Sacraliser est le concept dualiste que *notre* tradition a élaboré en contraste binaire avec "exploiter" : il y a le profane, matière à extraire sans égards, et le sacré, immatériel à ne pas toucher *du tout* (or les non-modernes, en fait, tuent, mangent, rusent, exploitent, cueillent, mais aussi sèment, récoltent leur "sacré"). Les ethnographes modernes du début du XXe siècle n'ont souvent fait que projeter leur concept provincial dualiste de sacré sur les formes rituelles et pratiques des autres peuples, qui ne sont pas vénération et sacralisation absolues, mais relations *jamais dépourvues d'égards*.

Et les égards se déploient sur un autre fond de carte cosmique que celui du dualisme visé. Ils ne *s'opposent* pas à l'usage ni à l'exploitation, au contraire : plus vous exploitez un milieu, plus vous lui devez d'égards, plus vous prenez à la terre, plus il faut lui restituer, mais à cette terre-là, et pas à un Dieu transcendant hors du monde, au bosquet sacré intact, ni au parc naturel. La logique conservationniste occidentale rend bien visible notre héritage dualiste : sanctuarisons absolument quelques pourcents de notre territoire national, quelques confettis, et nous pourrons exploiter en toute bonne conscience tout le reste comme de la matière à pressurer et gérer (ce que, dans un singulier twist de l'histoire, les modernes à la suite de Locke appellent "améliorer" la terre, en faire "bon usage", c'est-à-dire la mettre au travail par l'organisation agricole maximisant les rendements de biomasse, essentiellement de céréales et de bétail de rente, pour nourrir les populations urbaines croissantes et, plus insidieusement, générer de la plus-value pour l'accumulation de capital).

S'il est absolument pertinent de laisser libres d'exploitation et en libre évolution de plus grands espaces[1], c'est le corollaire portant sur le *reste*, l'espace habité, qui est faux (on peut le pressurer sans égards). Il n'y a pas deux espaces, profane et sacré, il n'y a pas deux logiques de l'action (exploiter ou sanctuariser), il n'y a qu'un monde, et qu'un style de pratiques soutenable à son égard : vivre du territoire avec égards. Et il faut imaginer toute une gradation d'égards, qui vont parfois jusqu'à l'interdiction de toute forme d'exploitation pour les milieux qu'on laisse en libre évolution ; et qui prennent la forme des agroécologies soutenables, diplomatiques, à l'autre extrémité du spectre.

L'idée ici, c'est que le dualisme moderne a aspiré tout le sacré vers la Personne humaine, et laissé le reste du monde exsangue de toute valeur supérieure, de toute consistance ontologique, de toute exigence éthique. Ce n'est pas anodin, cette idée que le naturalisme a inventé la première gamme de relations au monde qui *se passe* d'égards. Le choix des mots est important ici : "égards", ça n'a l'air de rien, mais c'est en fait un concept élaboré, virtuose en esquive ; c'est un concept qui se glisse et se pose en dehors du partage moderne dualiste entre relation *morale* envers les personnes (les fins en soi) et rapport *instrumental* à tout le reste (moyens pour les fins en soi). Ce dualisme a été formulé de manière limpide par Emmanuel Kant, qui est sous beaucoup d'aspects le penseur le plus important de la crise écologique, en ce qu'il a théorisé cette opposition qui est devenue fondatrice pour nos manières de vivre quotidiennes[2].

Penser la modernité comme prisonnière de ce dualisme précis permet de comprendre autrement les mouvements les plus contemporains, et leurs errances. Par exemple, les attitudes antispécistes sont fondamentalement coincées dans le dualisme moderne, parce qu'elles rejouent le drame dualiste entre sacré et profane, exploiter ou sanctuariser, en utilisant comme patron du sacré voué à sanctuariser les animaux, non pas la forme prémoderne (la Nature sacrée), puisqu'elle a été déboutée par la modernité, mais la forme hypermoderne de sacralité, seule survivante de la dédivinisation de l'ancienne Nature : c'est la Personne humaine, considérée comme Fin en soi, parce que dotée de Dignité (opposée au reste du cosmos, qui n'est que moyen pour les Fins, donc profane). En faisant basculer les animaux sentients dans la catégorie des Personnes, l'antispécisme rejoue et pérennise ce dualisme, qui condamne tout le reste (les végétaux, les animaux non sentients, les milieux) à rester de la "nature-ressource", des moyens pour les Personnes (humaines et animales désormais). En prétendant révolutionner la morale moderne, il pérennise sa structure la plus toxique.

En fait, ce dualisme si évident pour nous est très provincial, très tardif et local, sous ses allures universelles. Le vrai champ des relations aux êtres du monde, qui s'est déployé dans toute sa diversité dans les cultures de la Terre depuis plus de trois cent mille ans, est intermédiaire du point de vue des pratiques concrètes : ni sanctuariser absolument, ni exploiter aveuglément (car il est sur une autre carte métaphysique) ; c'est le champ des égards. Partout autour du monde, dans les cultures non dualistes, il y a exigence d'égards même envers ce que l'on tue et que l'on mange (donc ce ne sont pas des Personnes ou des fins en soi) ; même envers les environnements donateurs qu'on exploite, et surtout parce qu'on les exploite, il y a exigence d'égards. L'égard se localise discrètement entre moral et instrumental, c'est une position de réciprocité qui n'est pas un égalitarisme ni une sanctuarisation de l'autre. C'est là que tout se joue.

C'est en ce sens que je veux redéfinir, pour finir, la diplomatie interspécifique des interdépendances comme "théorie et pratique des égards ajustés". Les égards à inventer sont "ajustés", et non pas "justes", précisément parce que les êtres en présence sont des êtres en vérité inconnus dans leurs puissances : on ne dispose pas de leur statut moral définitif (personne, dignité, fin en soi, moyen, pure matière) ; il faut constamment ajuster et réajuster les égards aux réponses qu'ils nous font, à leurs manières de réagir, de plier notre action pour nous la renvoyer autrement. Comme les pollinisateurs des campagnes françaises nous renvoient de manière imprévue notre usage massif des pesticides et intrants phytosanitaires, en nous "disant" : "Si vous continuez comme ça, nous faisons la grève de la pollinisation (la grève par la mort), et vous n'aurez plus de fruits, de légumes, de fleurs, plus de printemps, plus rien." Ajuster exige un travail, un cheminement, un coajustement en permanence, une négociation ; il ne s'agit pas simplement de découvrir le juste et de passer à autre chose, car ce juste n'existe pas, il s'agit de constamment recommencer l'effort pour que la relation reste juste, pour que l'accord reste juste comme dans un orchestre. Ce n'est pas de la morale, mais un artisanat pratique, une sensibilité, un goût empathique, l'ajusteur est un artisan, comme un tailleur, sensible à la singularité, toujours prêt à retailler. C'est pourquoi cette réinvention n'est pas l'objet direct et exclusif du droit, qui doit par son essence surstabiliser les statuts juridiques, pour des raisons de durabilité : cette réinvention est aussi et d'abord le grand enjeu de tous les praticiens au contact des autres formes de vie (paysans, permaculteurs, forestiers, aménageurs, conservationnistes, urbanistes, architectes...), vers une transformation de nos usages des territoires.

Mais comment savoir quels égards montrer envers qui ? De ce point de vue, la conjoncture actuelle est très puissante : les révolutions de l'accès à l'information et aux savoirs nous permettent de nous reconnecter en connaissance de cause au vivant.

C'est ce que nous montrent ces praticiens et ces naturalistes contemporains qui passent la nuit sur internet, sur des blogs d'"amateurs experts", pour apprendre à décrypter les comportements, les relations entre leurs poireaux et les limaces d'un potager permacole, les comportements des ripisylves sauvages qui distillent l'eau de tous les nitrates et phosphates, du microbiote intestinal et des mycorhizes forestières – et qui le lendemain passent la journée sur le terrain, ou les mains dans la terre, à se poser de nouvelles questions, à décaler les savoirs qu'ils ont acquis. C'est cette circulation entre les pratiques de terrain et l'extraordinaire accès à l'information qui est permise par le web, notamment sous sa forme amateur, qui fonde un pistage philosophiquement enrichi susceptible de nous conférer des puissances exploratoires inouïes, pour nous apprendre à avoir des égards ajustés à chaque forme de vie, à chaque tissage de vivants. L'opposition répétée entre réalité authentique du contact avec la nature, d'un côté, et le monde "virtuel", de l'autre, ne permet pas de comprendre la donne contemporaine : internet est une prodigieuse machine d'enrichissement des relations au vivant, dès lors qu'il fonctionne comme un opérateur de sensibilisation, immédiatement réinvesti dans les pratiques incarnées. D'où l'importance de défendre une culture de l'internet libre, riche de partages d'expériences et de savoirs multiples, accessibles, gratuits (c'est le librisme). Ce qui est réactivé dans ce partage d'informations qui enrichit nos connexions au vivant, c'est une "culture du don", phénomène anthropologique réactivé par les communautés de hackers : imaginez un monde social dans lequel vous seriez valorisé non pas par ce que vous accaparez et possédez, mais pour ce que vous donnez librement.

C'est en capturant ces pouvoirs de circulation des savoirs intelligents, par la culture du don caractéristique du Net, qu'on peut *démocratiser* l'exploration des égards ajustés envers le vivant. La sensibilité y est nourrie par les savoirs, elle en devient plus intense, plus vibratile, plus intelligente. Elle se connecte spontanément aux luttes : des citoyens deviennent par là experts des alliances écologiques avec les vivants sur les territoires qu'ils habitent et pour lesquels ils luttent, contre l'expertise des technocrates appointés par les firmes, ou au service des Grands Projets Inutiles qui les détruisent. Internet, avec sa circulation horizontale où chacun peut pister des savoirs multiples, est un amplificateur de sensibilité aux énigmes vivantes, et de lutte pour les alliances vitales, dont on n'avait jamais disposé dans l'histoire de l'humanité.

Ce qu'il faut réinventer par là, c'est une cosmopolitesse : il s'agit de retrouver et d'inventer les égards ajustés envers les autres formes de vie qui font le monde, d'être enfin un peu cosmopoli.

NOTES

1. Richard Powers, *L'Arbre-Monde*, trad. Serge Chauvin, Le Cherche Midi, Paris, 2018, p. 338.

2. Je veux remercier Estelle Zhong Mengual pour cette idée, et pour la richesse de nos discussions et de ses relectures qui ont rendu ce livre meilleur, comme tout ce qu'elle côtoie.

3. Robert Pyle, *The Thunder Tree* (1993), Oregon State University Press, Portland, 2011.

4. Étude menée en 2014 par Discover the Forest, l'US Forest Service et l'Ad Council.

5. Richard K. Nelson, *Make Prayers to the Raven. A Koyukon View of the Northern Forest*, University of Chicago Press, Chicago, 1986.

6. Voir Baptiste Morizot et Estelle Zhong Mengual, "L'illisibilité du paysage. La crise écologique comme crise de la sensibilité", *Nouvelle Revue d'esthétique*, 2018-2, n° 22.

7. Charles Stépanoff, "Human-Animal « Joint Commitment » in a Reindeer Herding System", *Journal of Ethnographic Theory*, vol. 2, n° 2, Hau, 2012, p. 287-312 ; Eduardo Kohn, *Comment pensent les forêts. Vers une anthropologie au-delà de l'humain* (2013), trad. Grégory Delaplace, Zones sensibles, Paris, 2017.

8. Un personnage du roman de Richard Powers *L'Arbre-Monde* dit ainsi : "Vous étudiez ce qui pousse certaines personnes à prendre au sérieux le monde vivant, alors que pour la majorité, la seule chose qui compte ce sont les autres gens. C'est plutôt tous ceux qui pensent que seuls les humains comptent que vous devriez étudier. [...] ça, c'est pathologique." *Op. cit.*, p. 342.

9. Bien sûr on objectera le Camus de *Noces* par exemple, qui donne à voir d'autres rapports au monde vivant. Mais il faut entendre l'argument ici à un plus haut niveau de généralité.

10. Claude Lévi-Strauss et Didier Éribon, *De près et de loin* (1988), Odile Jacob, Paris, 2001, p. 193.

1. Martyn Evans, "Wonder and the Clinical Encounter", *Theoretical Medicine and Bioethics*, février 2012, vol. 33, n° 2, p. 123.
2. E. O. Wilson, *Biophilie*, trad. Guillaume Villeneuve, José Corti, Paris, 2012, p. 182.
3. Marie-Françoise Guédon, *Le Rêve et la forêt. Histoires de chamanes nabesna*, Presses universitaires de Laval, Laval, 2005, p. 131.
4. *Ibid.*, p. 132.
5. Barbara Cassin, *Éloge de la traduction*, Fayard, Paris, 2016, p. 10.
6. Par "trait biologique", j'entends au sens large un organe, un schéma comportemental, un caractère organisé hérité, quel qu'il soit. J'accepte ici comme prémisse la thèse fondatrice de l'éthologie classique, suivant laquelle les schémas comportementaux (comme la séquence d'actes qui compose un hurlement, par exemple) sont dans une certaine mesure héritables et soumis à l'évolution, comme les organes.
7. Karen Neander, "Functions as Selected Effects: The Conceptual Analyst's Defense", *Philosophy of Science*, vol. 58, n° 2, juin 1991, p. 168-184.
8. Vinciane Despret isole ce phénomène puissamment, en montrant l'existence de nombreux types de "territoires" chez les oiseaux, qui sont plus que différentes conceptions du territoire par les éthologues, mais en fait quelque chose comme différents usages des comportements territoriaux pour dessiner différents rapports à l'espace et à l'environnement partagé. Elle met au jour, ce faisant, un continent d'usages qui échappent à l'économisme de l'écologie comportementale, tout en recrutant pour matériau de base les trames comportementales sédimentées par l'évolution. Cf. *Habiter en oiseau*, Actes Sud, Arles, 2019.
9. Comme l'œuvre d'art selon Kant, le hurlement lupin lorsqu'on l'entend semble manifester une "finalité sans fin". Suivant cette lecture, la finalité sans fin kantienne n'est pas une réalité, c'est une expérience : c'est le nom de l'expérience qu'on fait de l'œuvre d'art par distinction du rapport à l'objet technique. Face à un voilier, on sent qu'il est façonné à la perfection, et l'on sait pour quelle fin, donc on comprend pourquoi chaque élément, du mât au gouvernail, des taquets à l'étrave, a pris *cette* forme. Mais face au hurlement, on fait l'expérience de la finalité *sans* fin : on sent qu'il est en un certain sens façonné de manière inégalable depuis des millions d'années, mais il est impossible de savoir

pour *quoi* (car les fonctions et usages s'accumulent et se détournent depuis des temps immémoriaux, et toute cette histoire est *dans* la forme du chant).

10. Voir John R. Krebs, "The Significance of Song Repertoires: The *Beau Geste* Hypothesis", *Animal Behaviour*, vol. 25, partie 2, mai 1977, p. 475-478.

11. Le terme *kin* en anglais désigne à la fois des parents et des proches.

12. Roland Barthes, cité par Barbara Cassin dans *Quand dire, c'est vraiment faire*, Fayard, Paris, 2018, p. 15.

13. Il s'agit ici du concept de James Gibson dans son *Approche écologique de la perception visuelle* (Dehors, Paris, 2014). Il définit les invites comme des propriétés qui sont dans l'environnement et invitent un certain type d'actions, comme la poignée de porte invite à être tournée pour un corps humain, et un rebord de falaise invite à l'envol pour un vautour.

14. On pourrait appliquer ici une maxime pragmatiste élargie : si le sens d'un mot, c'est la gamme de ses effets pratiques, ici, le sens d'un hurlement, c'est la gamme de ses invites pour tous les tissés.

15. Pierre Hadot, *La Philosophie comme éducation des adultes*, Vrin, Paris, 2019, citant Edgar Wind, p. 273.

16. Voir Cornelius Osgood, *Contributions to the Ethnography of the Kutchin*, Yale University Press, New Haven, 1936.

17. Eduardo Viveiros de Castro, *The Relative Native*, Hau, Chicago, 2016.

18. On retrouve ici la pensée deleuzienne de la différence. Voir Gilles Deleuze, *Différence et répétition*, PUF, Paris, 1968.

19. Maurice Merleau-Ponty, *La Nature, notes. Cours du Collège de France*, Seuil, Paris, 1995, p. 277.

20. Le passé nous dit bien qui nous sommes, mais il n'y a jamais d'essence ou de fondement en lui : suivant la formule de Foucault, à l'origine d'une chose, il n'y a pas sa vérité ou son essence, mais "le disparate des autres choses". D'un point de vue conceptuel, il s'agit d'une logique foucaldienne appliquée à Darwin. Cette variante, on pourrait l'appeler "singularité préspécifique", en termes simondoniens, mais c'est un peu obscur, je le concède. Ce concept signifie qu'elle n'a pas de contenu précis, assignable, elle est antérieure à l'individuation d'une espèce, de chaque espèce, à sa prise de forme structurée. C'est par exemple le fait éthologique d'être territorial, mais c'est tout, cela veut dire seulement : hériter d'un passé de pratiques et de logiques territoriales. Il y a une singularité préspécifique (préindividuée) des espèces territoriales qui

est une expérience de l'espace comme lieu géopolitique, et elle existe parallèlement chez eux et chez nous, chacun en est une variante sans modèle.

21. De là les écarts apparaissent, mais sur fond d'une analogie de relation. On peut faire sortir les différences décisives pour imaginer des enquêtes contrôlées : en quoi notre relation au blason diffère-t-elle de leur relation aux laissées ? Comment comprendre la suspension du marquage quand les loups entrent sur le territoire d'une autre meute ? Comment comprendre à la lumière de cette analogie le fait que la meute ne marque pas quand elle est dans des vallons impraticables, et marque tous les carrefours dès qu'elle se retrouve sur une piste empruntée par d'autres vivants ? Quels autres vivants l'amènent à placer des blasons et drapeaux ? La suspension du marquage devient intrigante.

22. Claude Lévi-Strauss, *La Pensée sauvage* (1962), Pocket, Paris, 1990, p. 289.

23. *Ibid.*, p. 291.

24. Voir Friedrich Nietzsche, *Fragments posthumes* (1882-1884), trad. Anne-Sophie Astrup et Marc de Launay, Gallimard, Paris, 1997.

25. Merci à Alain Damasio, avec qui cette nuance a été bricolée.

26. Merci à Jean-Christophe Bailly, qui m'a introduit à la force de cette phrase.

27. Adolf Portmann, *La Forme animale*, trad. Georges Rémy revue par Jacques Dewitte, La Bibliothèque, Paris, 2014, p. 246.

28. C'est la définition *animiste* de la métamorphose en animal suivant Eduardo Viveiros de Castro. Voir *The Relative Native*, *op. cit.*, p. 243 (je traduis).

29. Friedrich Nietzsche, *Ecce Homo*, trad. Henri Albert, dans *Le Mercure de France*, t. LXXVI, n° 275, 1908, "Pourquoi je suis si malin", disponible en ligne sur Wikisource.

30. Voir John Dewey, *Comment nous pensons* (1910), trad. Ovide Decroly, Les Empêcheurs de penser en rond, Paris, 2004.

31. Claude Lévi-Strauss et Didier Éribon, *De près et de loin* (1988), Odile Jacob, Paris, 2001, p. 193. Je souligne.

32. "L'opposition de la culture et de la nature ne serait ni une donnée primitive ni un aspect objectif de l'ordre du monde. On devrait voir en elle une création artificielle de la culture, un ouvrage défensif que celle-ci aurait creusé sur son pourtour parce qu'elle ne se sentait capable d'affirmer son existence et son originalité qu'en coupant tous les passages

propres à attester sa connivence originelle avec les autres manifestations de la vie." Claude Lévi-Strauss, *Les Structures élémentaires de la parenté* (1949), De Gruyter-Mouton, Berlin, 2002, p. XVII.
33. Je détourne ici l'usage de la puissante figure latourienne : "atterrir sur Terre". Voir notamment Bruno Latour, *Où atterrir ? Comment s'orienter en politique*, La Découverte, Paris, 2017.

LES PROMESSES D'UNE ÉPONGE

1. Peter Godfrey-Smith, *Le Prince des profondeurs. L'intelligence exceptionnelle des poulpes* (2016), trad. Sophie Lem, Flammarion, Paris, 2018.
2. Voir Jean Goedert *et al.*, "Euryhaline Ecology of Early Tetrapods Revealed by Stable Isotopes", *Nature*, vol. 558, 2018, p. 68-72.
3. Il faut rappeler que le degré de salinité de l'eau métabolique intérieure n'est pas identique à celui de l'eau salée du milieu d'origine, il est plus faible, et ce même chez les poissons téléostéens actuels.
4. Voir Lori Marino *et al.*, "Neuroanatomy of the Killer Whale (*Orcinus orca*) from Magnetic Resonance Images", *Anatomical Record*, vol. 281A, n° 2, décembre 2004, p. 1256-1263 ; Lori Marino *et al.*, "Cetaceans Have Complex Brains for Complex Cognition", PLOS/*Biology*, mai 2007.
5. Voir Richard G. Delisle, *Les Philosophies du néo-darwinisme*, PUF, Paris, 2009.
6. Voir Joël Bockaert, *La Communication du vivant*, Odile Jacob, Paris, 2017.
7. Voir Stephen Jay Gould, *La vie est belle. Les surprises de l'évolution* (1989), trad. Marcel Blanc, Seuil, Paris, 1998 ; Virginie Orgogozo, "Replaying the Tape of Life in the Twenty-First Century", *Interface Focus*, décembre 2015.
8. Voir notamment Virginie Orgogozo, Baptiste Morizot et Arnaud Martin, "The Differential View of Genotype-Phenotype Relationships", *Frontiers in Genetics*, 2016, 6.
9. Voir Stephen Jay Gould, *op. cit.* ; Simon Conway Morris, *The Crucible of Creation. The Burgess Shale and the Rise of Animals*, Oxford University Press, Oxford, 1998.
10. Voir Simon Conway Morris, *Life's Solution. Inevitable Humans in a Lonely Universe*, Cambridge University Press, Cambridge, 2003.

11. Voir Jennifer Ackerman, *Le Génie des oiseaux* (2016), Marabout, Paris, 2017.
12. Voir Peter Godfrey-Smith, *op. cit.*
13. Voir S. A. Ramesh *et al.*, "GABA Signalling Modulates Plant Growth by Directly Regulating the Activity of Plant-Specific Anion Transporters", *Nature Communications*, vol. 6, 2015.
14. Voir Frans de Waal, "Le comportement moral des animaux", conférence, TEDxPeachtree, novembre 2011 : www.ted.com/talks/frans_de_waal_do_animals_have_morals?language=fr#t-211873.
15. Voir Pierre Legagneux *et al.*, "Our House Is Burning: Discrepancy in Climate Change vs Biodiversity Coverage in the Media as Compared to Scientific Literature", *Frontiers in Ecology and Evolution*, janvier 2018.
16. Pour partie, car il faut aussi une machinerie cellulaire et un environnement pour les exprimer et les infléchir, chaque secret pouvant être traduit différemment suivant le "code" environnemental utilisé.
17. Voir Peter Singer, *Théorie du tube de dentifrice. Comment changer le monde selon Henry Spira* (1998), trad. Anatole Pons, Goutte d'Or, Paris, 2018.

COHABITER AVEC SES FAUVES

1. Ronald D. Laing, *Le Moi divisé* (1960), trad. Claude Elsen, Stock, Paris, 1993.
2. Sir Thomas Browne, cité par Jim Harrison dans *En marge* (2002), trad. Brice Matthieussent, Christian Bourgois, Paris, 2003.
3. Platon, *La République*, trad. Robert Baccou, Garnier-Flammarion, Paris, 1966, 430e-432b.
4. Voir Peter Sloterdijk, *Tu dois changer ta vie*, trad. Olivier Mannoni, Libella-Maren Sell, Paris, 2009.
5. René Descartes, *Les Passions de l'âme* (1649), Garnier-Flammarion, Paris, 1998, partie I, article premier.
6. Baruch Spinoza, *Éthique* (1677), trad. Bernard Pautrat, Seuil, Paris, 2010, partie III, prop. XI.
7. Il s'agit plus rigoureusement d'égalité, suivant la distinction de Chantal Jacquet dans *L'Unité du corps et de l'esprit. Affects, actions et passions chez Spinoza*, PUF, Paris, 2004.

8. La différence entre joie et plaisir est que le plaisir est une joie d'une partie de l'être, quand la joie concerne la totalité de l'âme : voir Spinoza, *op. cit.*, partie III, scolie 11.
9. Yves de Paris (1588-1678), capucin, *Les Vaines Excuses du pécheur*, livre II, Veuve Thierry, Paris, 1662, p. 417.
10. Pierre Le Moyne (1602-1672), jésuite, *Les Peintures morales*, livre IV, Sébastien Cramoisy, Paris, 1645, p. 424.
11. René de Ceriziers (1603-1662), jésuite, *Les Consolations de la philosophie et de la théologie*, Michel Soly, Paris, 1640, p. 4.
12. Nicolas Coëffeteau (1574-1623), théologien, *Tableau des passions humaines*, livre III, Sébastien Cramoisy, Paris, 1625, p. 69.
13. André-Georges Haudricourt, "Domestication des animaux, culture des plantes et traitement d'autrui", *L'Homme*, t. II, n° 1, 1962, p. 40-50.
14. La domestication des moutons, chèvres, puis bovins et chevaux est caractéristique du processus de néolithisation qui a eu lieu il y a entre onze mille et huit mille ans, accompagnée de la sédentarisation et de l'invention de l'agriculture. Voir Olivier Aurenche et Stefan Kozlowski, *La Naissance du Néolithique au Proche-Orient*, CNRS Éditions, Paris, 2015 ; Jacques Cauvin, *Naissance des divinités, naissance de l'agriculture*, CNRS Éditions, Paris, 2013.
15. "Comme si la nature, sortie indisciplinée des mains de Dieu, avait besoin d'être dressée pour s'accomplir." La formule est de John Baird Callicott, pour qualifier le rapport à la nature du judéo-christianisme de la Genèse, dans *Pensées de la terre*, trad. Pierre Madelin, Wildproject, Marseille, 2010, p. 47.
16. Charles Stépanoff, "Human-Animal « Joint Commitment » in a Reindeer Herding System", *Journal of Ethnographic Theory*, vol. 2, n° 2, Hau, Chicago, 2012, p. 287-312.
17. Baruch Spinoza, *op. cit.*, partie III, "Définition des sentiments", I.
18. C'est ce point, parmi d'autres, que redécouvre le neurobiologiste Antonio Damasio dans *Spinoza avait raison*, Odile Jacob, Paris, 2003.
19. L'idée de diplomatie s'applique d'abord aux relations avec le vivant hors de nous (la nature ou la biodiversité) : elle est développée suivant cette dimension de philosophie de l'écologie dans mon livre *Les Diplomates. Cohabiter avec les loups sur une autre carte du vivant*, Wildproject, Marseille, 2016.
20. *"Hic sunt dracones"* (en latin, littéralement "Ici sont des dragons") est une phrase apparaissant en cartographie médiévale et utilisée pour

désigner des territoires encore inconnus, imitant en cela une pratique courante de mettre serpents de mer et autres créatures mythologiques dans les zones vierges d'une carte.

21. Les flux intérieurs (codés comme passions, pulsions, émotions, sentiments...) sont, avant d'être hétéronomisés par la morale du cocher, comme l'animal sauvage avant la surdomestication : ses comportements sont plus subtils, sa socialité plus pondérée, ses parades plus délicates. Il ne devient grossier qu'une fois simplifié et amoindri pour être contrôlable.

22. Voir Philippe Descola, *Par-delà nature et culture*, Gallimard, Paris, 2005.

23. Voir Gilles Deleuze, *Spinoza. Philosophie pratique* (1981), Éditions de Minuit, Paris, 2003, chap. II.

24. Steve Peters, *Le Paradoxe du chimpanzé*, Marabout, Paris, 2013, p. 23.

25. *Ibid.*, p. 27.

26. *Ibid.*, p. 70.

27. *Ibid.*, p. 75.

28. Virginia Woolf, *La Traversée des apparences* (1948), trad. Ludmila Savitzky, Flammarion, Paris, 1999.

29. "[Les stoïciens] ne croient pas que la faculté passionnelle et irrationnelle soit distincte de la faculté rationnelle par une différence de nature, mais que c'est la même partie de l'âme, qu'ils appellent précisément *dianoia* et *hégémonikon* (faculté de réflexion et principe directeur), qui se change et se transforme totalement dans les passions et dans les transformations qu'elle subit, soit dans son état, soit dans ses dispositions, et qu'elle devient vice ou vertu ; en elle-même, cette faculté n'a rien d'irrationnel, mais elle est dite irrationnelle quand, par l'excès de l'impulsion, devenu très fort et triomphant, elle est conduite à quelque chose d'inconvenant, contrairement au choix de la raison. La passion est ainsi la raison, mais vicieuse et dépravée, qui, par l'effet d'un jugement mauvais et perverti, a acquis force et vigueur." Plutarque cité dans Pierre Hadot, *La Citadelle intérieure*, Fayard, Paris, 1992, p. 154.

30. Voir Ferhat Taylan, *Mésopolitique. Connaître, théoriser et gouverner les milieux de vie (1750-1900)*, Éditions de la Sorbonne, Paris, 2018.

31. "Il s'agit de réactualiser, de rallumer, de réveiller sans cesse un état intérieur qui risque sans cesse de s'assoupir et de s'éteindre. Toujours, à nouveau, il s'agit de remettre en ordre un discours intérieur qui se dis-

perse et se dilue dans la futilité et la routine. En écrivant ses pensées, Marc Aurèle pratique donc des exercices spirituels stoïciens, c'est-à-dire qu'il utilise une technique, un procédé, l'écriture, pour s'influencer lui-même, pour transformer son discours intérieur par la méditation des dogmes et des règles de vie du stoïcisme." Pierre Hadot, *op. cit.*, p. 95.

32. Ryan Holiday, *The Daily Stoic. 366 Meditations on Wisdom, Perseverance and the Art of Living*, Portfolio, New York, 2016.

33. Des modèles d'action de cet ordre sont revendiqués par la permaculture : "L'agriculture traditionnelle était à forte intensité de main-d'œuvre, l'agriculture industrielle était à forte intensité énergétique, et les systèmes permaculturels sont à forte intensité d'informations et de conception." David Holmgren, *Permaculture, principes et pistes d'action pour un mode de vie soutenable*, trad. Agnès El Kaïm, Rue de l'Échiquier, Paris, 2014.

34. Ludwig Wittgenstein, *Remarques mêlées* (1914-1951), trad. Gérard Granel, Flammarion, Paris, 2002.

35. Spinoza, *op. cit.*, partie IV, prop. VII.

36. On s'inspire là des analyses de Balthasar Thomass, dans *Être heureux avec Spinoza*, Eyrolles, Paris, 2008.

37. Friedrich Nietzsche, *Par-delà bien et mal* (1886), trad. Cornélius Heim, Gallimard, Paris, 1987, IV, § 117.

38. Robert Musil, *Les Exaltés* (1921), trad. Philippe Jaccottet, Seuil, Paris, 1961.

39. Peter Sloterdijk, *op. cit.*, p. 332. L'erreur de Sloterdijk dans *Tu dois changer ta vie* vient de ce que, en reprenant à son compte de manière inquestionnée les métaphores du dressage dans son "ascétologie", il confond toutes les anthropotechniques avec celles issues de la domestication ADP, avec leur rhétorique domesticatoire appliquée à la vie intérieure. Le chapitre qu'il n'a pas ouvert, c'est celui des modalités précises et pratiques de l'exercice : comment s'exercer non contre soi, mais *avec* soi. C'est en fait ce que font tous les vrais ascètes, ceux qui ne sont pas les ascètes négateurs du ressentiment. Ce qui lui manque, c'est une carte des relations au vivant en nous qui arrêterait de naturaliser celles qu'on a instituées depuis le Néolithique.

40. Davi Kopenawa et Bruce Albert, *La Chute du ciel* (2010), Pocket, coll. "Terre humaine", Paris, 2014.

1. Compagnon de route parce que cette collaboration induit un dialogue incessant sur le projet et sa méthode. Bénévole parce qu'il s'agit ici d'aller *sur le terrain* pour "travailler" comme les autres et avec les autres, en s'engageant dans la pratique, autre figure que celle du chercheur qui observe les praticiens du dehors avec un calepin, et le bénévolat permet par ailleurs de conserver une indépendance totale. Chercheur, enfin, parce que cette immersion dans la pratique permet d'enregistrer, on va le voir, dans le laboratoire d'expérimentations qu'on devient, des expériences philosophiques.

2. L'expression est de Jean-Marc Landry. Voir le site internet de CanOvis (mot-valise qui fusionne *Canis* et *Ovis*, et rend visible le positionnement du projet) : www.ipra-landry.com/nos-projets-de-recherche/projet-CanOvis/. Des vidéos filmées à la caméra thermique sont disponibles sur le site dans l'onglet "Ressources > Vidéos CanOvis". Voir notamment celle intitulée *Événement inattendu à la couchade*.

3. *Ibid.*

4. Dylan Thomas, *"Do not go gentle into that good night"* (1951).

5. Proverbe égyptien.

6. Michael D. Wise, *Producing Predators. Wolves, Work and Conquest in the Northern Rockies*, University of Nebraska Press, Lincoln, 2016.

7. Adage kurde.

8. Ce concept a été exploré dans les textes suivants de l'auteur : *Les Diplomates. Cohabiter avec les loups sur une autre carte du vivant*, Wildproject, Marseille, 2016 ; "Nouvelles alliances avec la terre. Une cohabitation diplomatique avec le vivant", *Tracés*, n° 33, 2017, en libre accès ici : journals.openedition.org/traces/7001 ; *Sur la piste animale*, Actes Sud, Arles, 2018.

9. J'ai pris conscience, en lisant son livre après avoir écrit ce texte, qu'à certains égards, cette idée a quelque chose en commun avec le beau mot d'ordre de Donna Haraway, "habiter le trouble". Ce qui m'intéresse néanmoins ici est d'un autre d'ordre, à savoir l'idée, qui émergera plus loin, que le trouble moral et les empathies contradictoires ne dépolitisent pas, mais politisent mieux. Habiter le trouble est ici un moment, une phase initiale dans une métamorphose qui permet d'agir autrement. Voir Donna Haraway, *Habiter le trouble*, Dehors, Bellevaux, 2019.

10. La grandeur en moins, c'est un sentiment analogue à celui de Nelson Mandela à l'égard de ses frères de couleur lorsqu'il propose en 1995 la Commission de la vérité et de la réconciliation.
11. Le personnage ignoble, à la lumière de cette philosophie morale, n'est paradoxalement pas nécessairement l'acteur le moins empathique : il se repère plutôt au fait qu'il n'estime *jamais* avoir manqué d'empathie ou de générosité.
12. Cette formule a été élaborée par l'anthropologue Eduardo Viveiros de Castro pour qualifier l'ontologie perspectiviste : dans cette dernière, c'est votre position dans le champ des relations que vous entretenez avec les autres qui constitue votre identité la plus réelle, et pas votre "essence", intrinsèque et indépendante. Voir Eduardo Viveiros de Castro, *The Relative Native*, Hau, Chicago, 2016, p. 258.
13. On pourrait se demander quelles interdépendances existent entre loups et pastoralisme ovin. D'abord, même absent, le reflet du loup est inscrit dans la chair du mouton du fait de millions d'années de coévolution. En effet, la vigueur, la vitalité, la vigilance qui animent le mouton (malgré nos efforts pour le rendre plus manipulable) sont un cadeau du loup. La pression de prédation a contribué à créer cet animal avec ses vertus et ses puissances, dont nous profitons aujourd'hui avec la domestication. Les relations constitutives sont très claires. Les interdépendances se tissent dans l'histoire évolutive, mais aussi dans l'histoire politique : le pastoralisme ovin français n'a jamais été aussi bien entendu, représenté, il n'a jamais eu un tel levier politique que depuis le retour du loup (c'est une alliance objective). Les conditions de vie des bergers, il faut regarder en face le paradoxe, ont été à beaucoup d'égards améliorées par le retour du loup : cabanes construites aux alpages, chiens et clôtures financés, indemnisations prodigues… Une intrigante interdépendance potentielle entre loups et pastoralisme m'a été soufflée par un chercheur : du fait du retour du loup, les bergers bénéficient d'aides-bergers entièrement financés. Pour des raisons sociologiques qui nous échappent, il s'agit souvent de femmes. D'après ce chercheur (et je n'ai pas trouvé de données chiffrées sur la question), cela crée des conditions pour des amours naissant dans les alpages. La cabane sous l'orage est un autre lieu si vous êtes seul avec votre chien ou à deux pour quelques mois d'été. Est-ce que le loup contribue à repeupler d'amour les montagnes ? C'est une question à creuser.

14. Aldo Leopold, *Almanach d'un comté des sables* (1948), trad. Anna Gibson, Flammarion, Paris, 2000, p. 168.

15. Cette incarnation n'est pas une personnification, parce qu'elle peut volontiers être acéphale, assurée par des collectifs, des nébuleuses, des groupes même multispécifiques, comme on le verra plus loin.

16. Josiah Royce, *The Philosophy of Loyalty*, Vanderbilt University Press, Nashville, 1995.

17. Je suis ici la magistrale interprétation que Scott Pratt fait de Royce dans "Philosophy in the « Middle Ground »: A Reply to My Critics" dans *Transactions of the Charles S. Peirce Society*, Indiana University Press, 2003, vol. 39, n° 4, p. 591-616. C'est dans un dialogue critique avec la "logique des relations" du pragmatiste Charles Sanders Peirce que Royce va faire la percée qui nous intéresse ici. Sa thèse prend tout son sens à la lumière des concepts centraux de sa philosophie politique : la "loyauté" à une communauté, comme lieu d'appartenance historique et construit, est pour Royce la force constitutive du monde humain. La loyauté est pensée comme un cadre d'interprétation de l'expérience commun à un collectif, qui permet de comprendre soi-même et le monde. On vient donc toujours d'un camp.

Mais une fois ce postulat posé, il lui faut penser la mise en relation *entre* communautés loyales à elles-mêmes : c'est dans la difficulté qu'il se pose à lui-même, en centrant le problème sur la loyauté, que Royce va se rendre capable de prendre au sérieux la *relation* avec l'altérité. Car sans altérité, la loyauté est "au mieux solipsisme, au pire absence de signification". L'altérité est ce par quoi communautés et loyautés se transforment. Il y a donc une seconde force, centrifuge, qu'il appelle "interprétation", centrée sur l'émergence du sens. "Pour aller au-delà de soi et trouver du sens dans l'association, il est nécessaire d'avoir un réseau de connexions interprétatives avec d'autres, dans les termes desquels actions et jugements peuvent être questionnés et construits" (*ibid.*, je traduis). Mais cette interaction, pour Royce, doit avoir une forme particulière : elle exige souvent un intercesseur, précisément parce que, sans lui, les logiques de loyauté ramènent l'altérité à un pur soi (dans la fusion amoureuse par exemple) ou à un pur autre (c'est l'ennemi absolutisé). Les relations dyadiques sont "instables et sujettes au conflit". Cette dyade sans dehors est ce que Royce appelle "*an essentially dangerous community*". La relation doit alors être médiée par un processus d'interprétation, défendu par un intercesseur.

18. Josiah Royce, *War and Insurance. An Address*, Macmillan Press, New York, 1914. On appréciera les effets de sens induits par la date de publication.
19. Scott Pratt, *op. cit.*, p. 606 (je traduis).
20. Josiah Royce, *War and Insurance...*, *op. cit.*, p. 52 (je traduis et souligne).
21. Pratt ajoute avec lucidité que, *du point de vue de chacun des camps*, l'intercesseur semble vivre dans la contradiction, ses jugements semblent erratiques et ses buts confus : mais c'est précisément que ces derniers sont jugés suivant la communauté d'interprétation d'un camp seul.
22. Scott Pratt, *op. cit.*, p. 606 (je traduis et je souligne).
23. Il ne s'agit pas au sens propre du personnage de porte-parole défendu par Bruno Latour. Ce personnage exige pour être mis en place un réseau d'institutions original décrit dans *Politiques de la nature*. Dans la réalité, les porte-parole des loups ou des brebis n'ont pas grand-chose à voir avec le personnage conceptuel latourien, puisqu'ils s'insèrent dans les institutions de représentation traditionnelles préexistantes.
24. Par exemple, dans le Groupe national loup commandité par l'État français, les associations de protection de la nature (APN) se présentent, légitimement à mon sens, comme les porte-parole du loup ; les représentants du syndicalisme ovin, comme les porte-parole des éleveurs mais aussi des brebis. Or ce qui est confondant dans cette forme institutionnelle, c'est qu'elle pérennise les clivages et les radicalise. À savoir que, lorsque les représentants du loup proposent une mesure raisonnable au bénéfice de la relation, elle est refusée par principe et quoi qu'il arrive par les représentants du pastoralisme, au motif que ce sont les pro-loups qui la défendent, et qu'ils défendent nécessairement les intérêts d'un camp au détriment de l'autre. Cela arrive aussi en sens inverse, bien que plus rarement.
25. On assiste à ce phénomène aujourd'hui. Plus les intérêts des humains sont menacés par le changement climatique, plus la morale spontanée se resserre autour de leur défense : les avancées en éthique environnementale (biocentrisme et écocentrisme) de ces cinquante dernières années sont balayées, et l'"écologie politique" devient un discours de gestion durable des milieux, destiné avant tout à la protection des seuls humains face à une "nature instable". Si les défenseurs du vivant sont identifiés comme des représentants des non-humains

dans une logique dualiste des intérêts contradictoires, ces non-humains n'ont aucune chance d'être pris en compte face aux intérêts présentés comme ceux des humains en situation de crise, de détresse ou de danger. C'est pourquoi le changement climatique appelle plus des représentants des interdépendances que des représentants des intérêts des non-humains profilés comme contradictoires avec ceux des humains. Cela d'un point de vue stratégique, mais aussi philosophique : mettre en scène des représentants des abeilles ou des loups opposés aux représentants des éleveurs ou des agriculteurs, c'est mettre en scène par glissement métonymique l'opposition dualiste Humains/Nature, or c'est précisément le labyrinthe dont on essaie de sortir.

26. Baptiste Morizot, *Les Diplomates...*, *op. cit.*, p. 289.

27. Le projet CanOvis rend bien visible une créativité de cet ordre : par sa position originale, d'abord, au contact des éleveurs et des loups, au service des deux. De là émergent des initiatives nouvelles. L'une des plus prometteuses à mon sens est la création d'un outil d'aide à la décision, en cours d'expérimentation, nommé "Vigi-prédation". L'un des initiateurs du projet, Jean-Luc Borelli, travaillant parallèlement à l'observation des loups dans CanOvis et à la gestion du "risque avalanche", par son activité hivernale de pisteur-secouriste, a eu l'idée de croiser ces deux questionnements. L'intuition consiste ici à ne concevoir le risque d'attaques des loups sur les troupeaux ni comme une variable technique qu'il est possible de contrôler pleinement, ni comme une fatalité sur laquelle aucune prise n'est possible, mais comme un aléa naturel : avec le mélange d'acceptation de l'imprévu et de marge de manœuvre active que ce type de risque particulier implique. Guidé par la similarité profonde qu'il a constatée entre ces deux types d'aléas naturels que sont l'avalanche et l'acte de prédation, Jean-Luc Borelli a alors imaginé de transposer au problème du loup les initiatives les plus innovantes des experts américains et français pour la gestion du "risque avalanche". Ce qu'ont bien compris les experts, c'est que les meilleurs dispositifs pour limiter les accidents reviennent à des outils simples et pragmatiques d'aide à la décision, qui permettent aux acteurs de façonner en temps réel la vigilance la plus ajustée au contexte, et en se méfiant des "pièges de l'inconscient". L'outil d'aide à la décision permet d'objectiver les paramètres de la situation pour avoir une meilleure appréhension du danger et réagir de manière ajustée. Il s'agit d'adapter son mode de vigilance face à une situation évolutive, aussi bien pour hausser le degré

de protection face à une situation qui devient critique que pour savoir quand le baisser et revenir au calme, de manière à ne pas s'épuiser par une attention constante et disproportionnée. L'idée est donc de proposer aux acteurs pastoraux un outil d'aide à la décision face au "risque loup" analogue aux outils d'aide à la décision proposés aux pratiquants de montagne pour gérer le "risque avalanche". L'originalité de cette approche revient donc à croiser les connaissances inédites sur le loup au contact des troupeaux et une approche du risque qui met au centre de la réflexion le facteur humain et les modes de vigilance à adopter, pour améliorer en temps réel la réponse à une situation évolutive, c'est-à-dire pour apporter "la bonne protection au bon moment". Cet outil est actuellement en cours d'expérimentation sur le terrain, par un dialogue et une co-construction avec des éleveurs et bergers.

28. On pourrait objecter que cette approche ne permet pas de protéger les vivants qui ne constituent pas au sens strict des interdépendances, par exemple les espèces redondantes dans les écosystèmes, celles qui ne "serviraient à rien", dans nos usages ou dans le fonctionnement sain et autonome des écosystèmes. Alors que les éthiques environnementales biocentriques justement défendent la nécessité intrinsèque de défendre *chaque* forme de vie en soi. Ma réponse est que cette approche n'a pas de visée monopolistique, elle vient s'ajouter à d'autres discours, et surtout elle est une réponse à une conjoncture précise. En effet, la nouvelle donne climatique, fragilisant nos conditions de vie, va placer les humains dans des situations de vulnérabilité et de détresse, de telle sorte que les intérêts des autres vivants ne vont pas peser lourd dans l'ordre de nos décisions et de nos priorités. C'était un luxe des Trente Glorieuses que de protéger les autres vivants au nom d'un droit universel à l'existence, fondé dans cet élargissement de l'éthique proposé par les philosophes des pays riches et développés. En effet, il y a une infrastructure d'économie politique inconsciente au fond de l'éthique environnementale biocentrique du devoir envers chaque forme de vie, et elle tient en une phrase : une fois assurées abondance et sécurité pour les humains, on dispose désormais du temps libre, de l'énergie excédentaire et de l'argent pour protéger les autres espèces, toutes, de la plus discrète à la plus apparemment inutile pour nous ou les écosystèmes. Mais ce luxe est terminé. La nouvelle conjoncture nous force à penser autrement si l'on veut faire de la place aux autres vivants et ne pas courir le risque, en contexte de crise systémique des sociétés humaines (climatique,

migratoire, sanitaire, alimentaire…), qu'ils disparaissent complètement de l'agenda des priorités. Nous allons tous, dans les pays développés, entrer dans une "écologie de subsistance" qui va renvoyer au rayon des voitures de luxe, des jets privés et des vacances à l'autre bout du monde, l'écologie morale et "désintéressée" de la protection de la nature, qui reposait sur les calories excédentaires des pays riches et fonctionnait à grand renfort de dollars et d'ONG. Cette écologie de subsistance qui nous attend n'est ni plus ni moins que celle de tous les peuples qui ont conscience de leurs relations constitutives avec leurs environnements donateurs : ce que l'économiste Joan Martinez Allier appelle "environnementalisme des pauvres". Pour le dire plus vertement : les pays les plus riches vont connaître au XXIe siècle une migration climatique vers l'environnementalisme des pauvres. Vers une écologie du soin des environnements donateurs, qui ne clive plus les milieux destinés à la production (sacrifiés au marché) et les milieux microscopiques sanctuarisés de toute activité humaine pensée comme une "atteinte" (les parcs naturels au sens traditionnel du terme). Pour ne pas perdre de vue les vivants dans cette conjoncture où l'ordre des priorités va remettre nécessairement en haut de la pile les besoins de sécurité humains, la solution que je propose ici revient à faire entrer le plus de formes de vie possible dans l'arche des interdépendances, qui nous présente tissés à elles, qui transfigure nos intérêts humains prétendument séparés en communautés d'importance multispécifiques. C'est une manière d'ajuster dès maintenant la pensée écologique à la conjoncture qui va frapper le XXIe siècle, où l'on n'aura plus le luxe de mettre énergies et fonds dans la protection des outardes canepetières, par exemple, seulement parce qu'elles sont magnifiques et qu'une éthique environnementale stipule que chaque espèce a un droit sacré à l'existence. Mais cette solution va plus loin : en vérité, on ne sait jamais réellement qui joue quel rôle dans les interdépendances ; et c'est en ce sens qu'il faut faire de la place au plus grand nombre imaginable des acteurs vivant des écosystèmes, dans le respect de leur histoire évolutionnaire, écologique et humaine.

29. Merci à Charles Stépanoff pour ses critiques sur ce point. Cette réflexion a été inspirée de manière diagonale par sa distinction entre chamanisme hiérarchique et hétérarchique. Voir *Voyager dans l'invisible*, La Découverte, Paris, 2019.

30. Pour certains, cela peut rendre caduque la décision de l'appeler "diplomate", puisque la présence d'un mandant et d'un format institu-

tionnel strict qui lui donne ses prérogatives et ses obligations appartiendrait à l'essence du personnage du diplomate. Je ne crois pas que cette objection soit décisive (ni que les mots ont une essence) : la création conceptuelle reposant sur une analogie implique toujours d'accentuer et d'omettre. Accentuer certains traits du personnage d'origine, en omettre d'autres, pour créer du neuf à partir de l'ancien. Ici j'accentue du diplomate originel certaines propriétés évidentes, mais j'omets l'existence d'un mandant formel institutionnalisé (le mandant peut exister de manière plus informelle, ce n'est simplement pas une condition nécessaire).

31. Il est important enfin de clarifier que cette compréhension de la diplomatie n'implique pas de compromissions (c'est l'interprétation classique que les "radicaux" font de toute diplomatie). Cette connotation appartient à la cosmologie dépassée où les termes séparés sont premiers et fixes : il n'y a de compromission qu'entre les intérêts purs de chacune des parties isolées. Dès lors qu'émerge le point de vue des interdépendances, c'est toute la cartographie politique et morale des intérêts qui est changée. La diplomatie en question est sans concession : elle ne fera pas de compromis quant aux intérêts de la relation.

32. Certaines de ces luttes sont notamment relayées par les interprofessionnelles apicoles (Interapi) ou les fédérations (la Fédération française d'apiculteurs professionnels, FFAP.) Mais ces pôles ne doivent pas occulter des formes de mobilisation moins visibles, plus *grass roots*, qui ont lieu un peu partout en France.

33. Un même combat est mené par les défenseurs d'une agroécologie soutenable, qui sont aussi des diplomates envers la vie des sols, lorsqu'ils sont obnubilés par son point de vue comme nœud de l'interdépendance. On citera à cet égard l'inlassable travail de lanceurs d'alerte par le savoir microbiologique de terrain des époux Bourguignon, grands diplomates avec la vie des sols. Voir Claude et Lydia Bourguignon, *Le Sol, la terre et les champs. Pour retrouver une agriculture saine*, Sang de la Terre, Paris, 2015.

34. J'ai ébauché des concepts pour penser de telles alliances agonistiques, des alliances de combat, dans "Nouvelles alliances avec la terre", *op. cit.* Léna Balaud et Antoine Chopot ont repris ce concept d'alliance dans leur formule d'"alliances sylvestres", en le baignant dans un autre contexte théorique, proche de Marx et de Rancière. Leur opération a le mérite important d'activer nettement la traduction de ce concept

vers les luttes de gauche radicale, par l'usage d'un lexique conceptuel qui en provient. Elle a néanmoins la fragilité de parler parfois d'alliances avec les vivants en termes métaphoriques, risque que le concept d'"alliance interspécifique" essaie précisément d'annuler, pour ne pas tomber dans l'invocation poético-militante d'alliances seulement verbales, où les vivants non humains seraient encore une fois instrumentalisés et invisibilisés pour des causes politiques interhumaines. À leur décharge, disons qu'il est extrêmement difficile d'esquiver toutes les métaphores dans cette entreprise conceptuelle, qui resémantise l'idée d'alliance pour qualifier des fronts communs avec des entités qui pourtant ne passent pas contrat et ne parlent pas. Toute imprécision écologique et éthologique sonne ici, à nos oreilles modernes, comme une métaphore, parce que c'est une voie théorique interdite et ridiculisée par la modernité anthropocentrique, qu'elle ne peut entendre que comme des fables d'Ésope. Voir Léna Balaud et Antoine Chopot, "Nous ne sommes pas seuls. Les alliances sylvestres et la division politique", texte issu d'une intervention à la ferme de Lachaux en août 2017, disponible en ligne : ladivisionpolitique.toile-libre.org/nous-ne-sommes-pas-seuls-rencontres-greffer-de-louvert/.

35. Voir sur ce point Raj Patel et Jason W. Moore, *Comment notre monde est devenu cheap*, trad. Pierre Vesperini, Flammarion, Paris, 2018.

36. *Ibid.*, p. 63.

37. Je pense ici aux pratiques défendues par le Réseau pour les alternatives forestières (RAF) ou, à d'autres égards, par la gestion Pro Silva.

38. On pourrait objecter que le projet de diplomatie interspécifique des interdépendances, dans sa dimension de philosophie politique transformée à l'égard des vivants, est utopique. Il me semble qu'il l'est, mais "de façon réaliste". En un sens bien particulier formulé par John Rawls : "La philosophie politique est utopiste de façon réaliste lorsqu'elle fait reculer ce que la réflexion ordinaire conçoit comme les limites des possibilités politiques pratiques" (John Rawls, *Paix et démocratie. Le droit des peuples et la raison publique*, trad. Bertrand Guillarme, La Découverte, Paris, 2006, p. 18). C'est-à-dire que c'est sa capacité pragmatiste de libérer l'imagination théorique et pratique des acteurs vers de nouvelles formes de relations et de mobilisations qui constitue sa seule valeur potentielle.

39. Pierre Hadot, *La Philosophie comme éducation des adultes*, Vrin, Paris, 2019, p. 280.

40. *Ibid.*, p. 261.

41. La difficulté contemporaine des États démocratiques à accepter l'idée de limites de la croissance, de la production, de la consommation, révèle cette aporie. Les sociétés modernes vivent cette injonction nécessaire aujourd'hui comme un déni de démocratie. Les théoriciens libéraux la vivent comme une régression à l'égard du projet progressiste (abondance matérielle et libertés pour tous), c'est-à-dire que la plateforme politique architectonique de la modernité n'était pas compatible avec le monde vivant qui pourtant fonde les démocraties. Elle doit se repenser en acceptant les limites non pas comme une contrainte exogène de la "Nature" qui s'imposerait du dehors à la souveraineté démocratique, mais comme une condition endogène aux collectifs humains eux-mêmes : l'indépendance d'un collectif humain ne pourra jamais être son déliement ni son émancipation à l'égard du monde vivant qui le fonde. Voir sur ce point les analyses lumineuses de Pierre Charbonnier dans *Abondance et liberté. Une histoire environnementale des idées politiques*, La Découverte, Paris, 2020.

ÉPILOGUE. LES ÉGARDS AJUSTÉS

1. La libre évolution n'est pas une mise sous cloche, mais la préservation de potentiels évolutifs, de résilience et de dynamiques écologiques spontanées nécessaires en elles-mêmes et autour.
2. Suivant Emmanuel Kant dans les *Fondements de la métaphysique des mœurs* (1785, trad. Victor Delbos, Delagrave, Paris, 1971, p. 148), l'être humain a seul une valeur absolue : "Les êtres dont l'existence dépend de la nature n'ont qu'une valeur relative, celle de moyens, et voilà pourquoi on les nomme des choses ; au contraire les êtres raisonnables sont appelés des personnes, parce que leur nature les désigne comme des fins en soi, c'est-à-dire comme quelque chose qui ne peut pas être employé seulement comme moyen, quelque chose qui par suite est un objet de respect."

POSTFACE

Pourquoi c'est important ? Pourquoi c'est si important ?

Qui, quoi ? Eh bien ce livre. Et plus largement, tous les livres de Baptiste Morizot.

Important pas seulement pour le troufion que je suis, poussé *ex abrupto* au front pour écrire cette postface ; pas seulement pour mes créations qu'ils ont profondément ensemencées ; pas seulement, disons, pour tout parcours qui se donnerait, pour lumineux point de fuite, la beauté d'être en vie.

Important pour cette société qui de toute chair fait un chiffre, pour cet Occident aussi dévitalisé qu'une molaire sans nerf, qu'on remplit par défaut de plomb. Pour cette Terre qui n'a jamais eu besoin d'être sauvée : seulement laissée à ses forces propres, seulement rendue à sa liberté de ressourcer ses sèves et de fasciculer. "Naturellement."

Essayons donc de poser l'enjeu, simplement.

Notre modernité, depuis trois petits siècles, est le haillon d'une déchirure. Celle de l'étoffe dont sont tissés nos corps, en tant qu'ils sont vivants. Nous autres, les dividus de ce siècle digital, épars dans nos techno-cocons, nous sommes des bouts ou des balles de tissu – les loques d'une attaque générale sur les liens. Nos liens au monde, aussi bien que nos liens aux autres et à soi ? tous ont été savamment effilochés. Et par-dessus tout, les gainant tous : nos liens au vivant. À ce vivant pulsant en nous, et hors de nous, et à travers nous – tant le vivant est un champ et un rythme, à savoir, étymologiquement, une manière de fluer. Une hydrodynamique dont nous sommes pompes et tuyaux, geyser et source, lac, pluie ou rivière, à l'image de la moindre cellule, de la plus sobre bactérie ou du plus majestueux des figuiers.

Baptiste Morizot le pointe avec brio : la crise écologique actuelle est d'abord une crise de nos *relations* au vivant. Donc une crise de la sensibilité. Un appauvrissement tragique des modes d'attention et de disponibilité que nous entretenons avec les formes de vie. Une extinction discrète des expériences et des pratiques qui participent de l'évidence de faire corps, de se sentir chair commune avec le monde plutôt que viande bipède sous vide d'art. "La spécificité du naturalisme est [...] d'avoir inventé la première cosmologie qui postule que nous ne sommes pas tenus à des égards envers le monde qui nous a faits. Envers le monde vivant avec qui on partage la Terre. Envers les écosystèmes qui nous nourrissent, les milieux qui génèrent l'eau que l'on boit et l'oxygène que l'on respire. Quelle étrange histoire que la nôtre."

Face aux mirages du technocène, qui croit pouvoir nous terraformer le globe comme on malaxerait une boule de pâte à tarte ; face aux écocides tranquilles, le regard fuyant ; face au réchauffement accéléré de cette mince couche d'air qui nous protège du cosmos et nous plonge désormais à sept milliards dans l'autocuiseur, soupape fermée, nous avons besoin, mieux que jamais, d'être philosophe. Et philosophe nietzschéen. C'est-à-dire de "nuire à la bêtise" actuelle, d'en finir avec la moraline, le messianisme des apocalypses, l'antispécisme de supermarché et les mirages du droit, ces empires prospères du réactif. Et d'armer, autant que faire se peut, une philosophie du vivant qui soit tout autant une politique du vivant et une praxis, qu'elle alimente. C'est exactement ce que fait ce livre – et ce qui le rend si précieux.

Dans ce champ désormais intense et disputé, au meilleur sens du terme, qu'est la pensée écologique contemporaine, Baptiste Morizot est une porte. Il ouvre sur l'après. Non parce qu'il anticiperait mieux que quiconque ou qu'il projetterait plus loin ses visions. Précisément l'inverse : parce qu'il est *là* quand beaucoup trop d'autres regardent *ailleurs* (j'entends : derrière nous, au-delà, de trop loin ou de trop haut, à la manière d'aigles myopes). Parce qu'il habite le présent de nos relations, qu'il s'y place comme au nœud de l'écheveau et nous fait ainsi toucher ce que nous pouvons être et *comment cohabiter ensemble* une fois cette absurdité abyssale d'un monde coupé du monde dépassée.

Pour le petit *sapiens* que je suis, lequel, comme tant d'autres, guenille entre luttes sociales et combats écologiques, voudrait s'extraire du capitalisme qui pollue, pille et torpille, mais patauge à mi-tronc dans l'avalanche des mauvaises nouvelles de la collapsologie, qui cherche désespérément une boussole, un piolet, une constellation pas trop brouillée pour franchir le col de l'anthropocène et basculer vers l'adret – et sent pourtant bien, dans son corps grondant, dans son cœur qui batucade, que tout est déjà là, qu'on ne manque de rien, que le désir qui nous travaille est puissance et splendeur, Morizot écrit des livres qui sont comme des lèvres : capables tout à la fois d'articuler et d'embrasser le monde. Et plus trivialement : de nous nourrir.

Cette politique du vivant qui monte de ses textes, de façon irrépressible, touche au point de fusion de trois enjeux brûlants, qu'en sacrifiant toute élégance, je peux formuler ainsi :

1. Comment sortir du technocapitalisme, physique et cognitif, et conjurer enfin son économie addictive de désirs (individualisme, indépendance postulée, consommation pulsionnelle, frénésie d'accumulation, auto-asservissement numérique…) en y répondant par une réactivation de nos forces de vie anesthésiées, une confrontation retrouvée avec nos dehors et un réempuissantement de nos corps tisseurs ?

2. Comment renouer avec le vivant par une écosophie sobre, résiliente et joyeuse qui déconstruise les angoisses et fascinations apocalyptiques et nous fasse entrevoir, dans nos imaginaires comme dans nos vécus, cet avenir post-*hybris*, qu'on peut déjà commencer à construire ?

3. Comment, collectivement, construire une approche politique qui fasse du souci et du soin porté aux relations, dans leur ampleur et leur complexité, le cœur des pratiques ? Autrement dit, comment déjouer, dans nos rapports tant aux humains qu'aux vivants, la pulsion du contrôle et de la domestication qui nous traverse depuis le Néolithique pour entrer dans cet éthos

de la rencontre et de l'accueil ? Dans cette hospitalité envers le pas-comme-moi, dans ces empathies circulantes et croisées qui nous *évastent* quand on croyait qu'elles allaient nous dévaster ? Bref, comment entrer dans ces *égards ajustés*, agiles et précis, avec tout ce qui vit et cependant diffère de nous, pour y recombiner *leurs* puissances avec *nos* facultés propres (que nous avons le plus souvent d'ailleurs en partage) ?

Osons ici le mode "slogan de manif" : il ne s'agit pas de faire converger *fin du mois* et *fin du monde*. Mais bien de précipiter la *fin du moi* pour activer la fin de l'immonde. Et d'ouvrir ainsi à une *faim du monde,* une soif de s'y inscrire en complice, en tisseur, en convive. Il est donc temps de changer les banderoles, camarades, et d'y graffer :

Fin du moi – faim du monde : même combo !

Tel que je le vois, le travail de Morizot me semble se définir par une originalité saillante et trois contributions majeures à la pensée écosophique.

L'originalité ? C'est qu'il part du terrain. C'est un philosophe embarqué et situé. Hautement concret. L'inverse d'un parleur perché. D'où sa précision et la probité de sa pédagogie. Pas de virtuosité gratuite. Pas de concept flou. Pas d'idée dont on ne sente les potentialités activables. On est face à une pensée motrice, née d'un rapport vécu, et quotidien, au vivant.

Les trois contributions majeures ? À mes yeux :

1. Il redonne sa liberté au vivant.

2. Il le politise au plus beau sens du terme.

3. Il nous y recoud fil à fil, très finement, en conjurant la malédiction des modernes par une réinscription de l'humain à sa juste place "panimale".

Déplions un peu.

Libre-vivre

1. Il redonne sa liberté créative au vivant, donc. Loin des mécanismes et des déterminismes qui l'ont longtemps appauvri et défiguré. Sa distinction entre fonction et usage tout autant que sa reprise du concept d'*exaptation*, qui montre qu'une fonction "prévue" pour un organe peut être dépassée et réaffectée à d'autres pratiques, renouvellent complètement le regard qu'on porte à l'évolution.

> La nuance conceptuelle que je propose ici entre fonction et usage a pour but d'ouvrir la voie à une philosophie du vivant qui assume les héritages biologiques *sans* les transformer en déterminisme : au contraire, ils constituent la condition de l'inventivité, de la nouveauté, et de la liberté.

L'importance donnée aux variations, aux "flux de variantes", à la combinatoire subtile des facultés héritées, sur les notions d'origine ou de modèle valorise la différence et l'écart sur fond de source commune et de convergence évolutive. Il utilise Simondon pour redonner aux espèces une dynamique préindividuelle, antérieure à leur prise de forme structurée, comme pour la territorialité dont il suggère la singularité, partagée par beaucoup d'espèces, d'une expérience géopolitique de l'espace.

Des animaux qu'on étudie, il rappelle : "On ne doit jamais lire mais toujours traduire." Encore et encore. "Pour faire justice à ce qui a lieu, à ce qu'ils sont, à la relation." Comprendre : aucun être vivant ne se résume à un automate ou à un programme. Tout est toujours créature libre et située, opérant sous contrainte et inventant ses émancipations. Cette liberté qu'on supposait inhérente aux seuls humains, elle trouve sa forme spécifique en réalité partout – et elle exige par conséquent l'égard. Et l'interprétation. Prudente, intelligente, circonstanciée.

D'où aussi cette importance accordée au perspectivisme de Viveiros de Castro, que Baptiste métabolise par exemple dans sa géopolitique des crottes de loup : "Manier des analogies d'éthologie perspectiviste nous libère simultanément de l'anthropomorphisme simpliste (« les laissées *sont* des blasons »), de la naturalisation abêtissante de l'humain (« les blasons humains ne *sont que* des laissées ») et du réductionnisme éthologique (« les laissées ne sont que des stimuli qui se déclenchent par conditionnement opérant »)."

C'est que dans un monde vivant libre, il faut savoir penser et sentir l'autre par *similarité de relation*, sans l'aplatir dans nos plis. S'il est libre, "comme nous", il est aussi un corps *autre que nous* à partir des potentialités duquel il faut tenter de comprendre ses choix comportementaux. "Chaque animal ne voit pas, ne configure pas le monde depuis son esprit, mais depuis son corps : c'est son corps avec ses puissances de sentir et de faire propres qui fonde sa perspective sur le monde. C'est la grande idée du perspectivisme."

Penser loup, sentir brebis, percevoir comme patou – oui – à condition d'être conscient que ce sont les structures de relation au monde qui sont analogues, pas le rapport direct, lui toujours singulier.

Repolytisation

2. Baptiste Morizot politise le vivant de la plus noble et profonde des façons. Pour moi, c'est absolument décisif. Notamment pour sortir des apories actuelles entre extractivisme et sanctuarisation de la nature. Ou pour envisager "la planète" autrement que comme un globe de cristal que nous devrions condescendre à "sauver".

Il politise le vivant d'abord parce qu'il refonde, on vient de le voir, chaque vivant dans sa liberté souvent déniée. Moins pour en faire des "sujets de droit" aptes à une démocratie fantoche dont l'humain serait le marionnettiste que pour les resituer au cœur d'un commerce, au sens ancien, dont tous les vivants sont acteurs.

Politiser, surtout, c'est avoir su remettre la relation au cœur de tout. Partir de la relation, qu'elle soit symbiotique ou prédatrice, mutualiste ou parasitaire, en restituer les nœuds et les tensions, repotentialiser à travers elle les écosystèmes, montrer qu'elle seule est réellement productrice de mondes. Et déployer autour et pour elle une constellation de concepts qui font la force plastique de la pensée de Morizot : la rencontre, la cohabitation, l'interdépendance, l'art diplomatique. Concevoir l'éthologie comme une *éthopolitique* et avec plus de délicatesse encore : comme un art relationnel, qui soulève avec une finesse neuve la question du vivre-ensemble dans ce petit bout de cosmos vert et bleu qui tourne autour d'un soleil.

En épilogue du livre, Baptiste Morizot va encore plus loin. Il pose sur le comptoir conceptuel un outil (ou est-ce une arme ?) à mon sens appelé à des développements extrêmement féconds. Il l'a baptisé l'"égard ajusté". L'articulation des deux mots incarne par elle-même la relation à trouver. Elle fonctionne comme une pince multiprise qui dit à la fois l'habitus, le pli et l'éthique à porter aux êtres vivants (*esgarder = veiller sur*, issu de la racine indo-européenne °*wer*, "faire attention") et la conduite éthologique à mettre en œuvre : *ajuster ces égards*, ces attentions entre elles, veiller à la vitalité de la relation, respecter les interdépendances et, mieux, les (ré)agencer pour les aider à retrouver leur fluidité, pour les faire cohabiter et cofonctionner si elles s'autonomisent dans une conflictualité morbide.

> [...] redéfinir [...] la diplomatie interspécifique comme "théorie et pratique des égards ajustés". Les égards à inventer sont "ajustés", et non pas "justes", précisément parce que les êtres en présence sont des êtres en vérité inconnus dans leurs puissances. [...] constamment recommencer l'effort pour que la relation reste juste, pour que l'accord reste juste comme dans un

orchestre. Ce n'est pas de la morale, mais un artisanat pratique, une sensibilité, un goût empathique, l'ajusteur est un artisan, comme un tailleur, sensible à la singularité, toujours prêt à retailler. C'est pourquoi cette réinvention n'est pas l'objet direct et exclusif du droit, qui doit par son essence surstabiliser les statuts juridiques, pour des raisons de durabilité : cette réinvention est aussi et d'abord le grand enjeu de tous les praticiens au contact des autres formes de vie (paysans, permaculteurs, forestiers, aménageurs, conservationnistes, urbanistes, architectes...), vers une transformation de nos usages des territoires.

À ces égards, Morizot offre donc une multitude possible d'ajustages et d'ajustements, de justesses et de justices immanentes, issues du contexte. Il redonne aussi tout un jeu à des rapports qu'on croyait rigides et déterminés et "toute une gradation d'égards qui vont parfois jusqu'à l'interdiction de toute forme d'exploitation pour les milieux qu'on laisse en libre évolution ; et qui prennent la forme des agroécologies soutenables, diplomatiques, à l'autre extrémité du spectre".

Dans nos échanges, mes obsessions d'auteur ont parfois reproché à Morizot le terme de "diplomate" ou de "diplomatie" que je trouvais tantôt un peu fade, tantôt restrictif (*diplo-* signifie *deux* et les rapports sont toujours multiples), tantôt rappelant trop son cadre sémantique fondé sur le mandatement d'un individu pour la défense d'un camp. Je trouvais que le mot ne rendait pas grâce à l'approche polyphonique, sinon polyphrénique, très profonde, qu'il développe. Mais c'était sans doute qu'un seul terme ne peut dire la complexité d'un rapport. Et qu'en couplant un substantif (égard) et un verbe (ajusté) au participe passé, il se donne enfin "les moyens de sa politique". Ou plutôt : de sa *polytique*. À savoir une politique qui dépasse la binarité des camps pour agencer des rapports inévitablement multiples. Car le diplomate qu'il invoque, au fond, qu'est-il sinon un homme (ou une femme) polytique ? C'est-à-dire un humain qui assume d'être originaire d'un camp et qui pourtant ne cesse de se mettre au service de la relation, d'être *l'égardien* des interdépendances plutôt que le gardien féroce des identités, d'une espèce et d'un camp.

Si chez l'animal, par la grâce du survisage et comme le dit Portmann, "le plus haut degré de l'existence individuelle, la possibilité de manifester des états intérieurs, est au service de la rencontre", *l'homme polytique* est celui qui va au contact des aliens familiers, qui intercède pour eux et fabrique de l'apprivoisable à partir de l'étrangeté. Il affronte le travail de traduction, il interprète les pistes, les expressions et les signes et il se retrouve troué/fendu, traversé par cette vie multiple qu'il décrypte sans certitude et articule sans transcendance. Tant bien que mal.

Pour une génération comme la mienne, éduquée sous Sartre et Camus, biberonnée à l'Absurde et à la coupure ontologique, gavée du mythe moisi et si longtemps "moderne" du mutisme de l'univers, plombée par cette postulée solitude de limace mélancolique face au silence des landes et de la mer, on ne remerciera jamais assez Morizot et ses pairs de nous avoir redonné cette perception vibratile d'un monde dont l'étoffe de taffetas changeante bruisse à travers nous – et dont chaque mouvement agite la toile intime de ces liens qu'on avait crus perdus. Grâce à eux, nous sommes déjà les enfants d'une nouvelle polytisation.

Toujours dedans, jamais devant

3. Et j'en viens au troisième apport majeur de ce livre. Il nous réinscrit dans le vivant. Il recoud notre appartenance commune. Il nous redonne notre place et notre chance. En brisant le quatrième mur de ce théâtre de l'humanisme-centre-de-tout, il nous réintroduit (presque comme une nouvelle espèce) au cœur des liens qui libèrent. De l'indépendance sanctifiée par le libéralisme,

il fait de l'interdépendance non seulement un fait mais une force. Plutôt qu'une contrainte vécue comme un monceau de chaînes, il nous rappelle que cette interdépendance est l'écheveau princeps de notre émancipation. Il faut citer *in extenso* ce passage magnifique :

> Le tissu du vivant est une tapisserie de temps, mais nous sommes dedans, immergés, jamais devant. Nous sommes voués à le voir et le comprendre de l'intérieur, nous n'en sortirons pas.
>
> C'est ce que rend visible une *approche inséparée du vivant* : une philosophie simultanément éco-évo-étho, c'est-à-dire sensible aux tissages horizontaux avec la communauté biotique tout autour (écologie dénaturalisée), sensible aux tramages verticaux avec la manne des ancestralités plongeant dans l'immémorial (évolution démécanisée), et attentive au pouvoir du vivant d'ouvrir des dimensions de l'être : l'espace pour des formes d'existence inventives (éthologie philosophiquement enrichie).
>
> L'écologie dénaturalisée est ouverte aux dimensions politiques des relations interespèces ; l'évolution démécanisée travaille sur les sédimentations d'ascendances disponibles et la réserve exaptative qui rend possibles des relations nouvelles ; l'éthologie enrichie est une éthologie du "voir comme" construite sur l'*analogie perspectiviste* comme méthode. Elle accueille la dimension biosémiotique des communications et des conventions, des accords, des mœurs et des coutumes des vivants.

> [...] Les ancestralités animales sont comme des spectres qui vous hantent [...]. Des spectres bienveillants, qui vous viennent en aide, qui font de vous un *panimal*, animal total, métamorphe comme le dieu Pan, lorsque le besoin s'en fait sentir, pour inventer une solution inouïe au problème de vivre.

Bien entendu, beaucoup de penseurs et d'activistes contemporains portent et encouragent aussi ce renouement avec le vivant. Mais Baptiste ne l'amène pas seulement d'un point de vue conceptuel. Il l'importe dans ses pratiques et l'active par ses modes de perception. Il l'incarne dans son expérience du pistage et en réverbère l'émotion par ses qualités narratives et par son style.

> Le pistage enrichi est le versant sensible et pratique d'une approche philosophique inséparée du vivant, c'est un style d'attention. Une manière d'être sur le qui-vive : un qui-vive disponible à la prodigalité des signes du vivant épais de temps et tissé d'aliens familiers. Un qui-vive immergé, toujours dedans jamais devant.

Du style en philosophie

"Les grands philosophes sont aussi de grands stylistes. Le style en philosophie, c'est le mouvement du concept." Qui l'a dit mieux que Deleuze ?

Lorsqu'on écrit, comme Morizot, au cœur du vivant, se pose une question d'écriture redoutable. Ou plutôt une pléiade de questions d'écriture redoutables ! À commencer par celles-ci : comment insinuer des affects animaux dans ses phrases ? Comment écrire non pas sur la relation, mais du ventre grondant de la relation, comme si l'on partait du soleil pour raconter ses rayons ? Comment, surtout, atteindre ce pôle d'empathie avec une forme de vie, disons le loup, où soudain on ne va plus décrire ce que fait le loup, mais écrire-loup, lupiner comme on bégaie, turlupiner férocement sa syntaxe pour tenter, en tapinois, de piéger un devenir-loup à l'intérieur d'une cage de mots et y creuser dessous, tunnel possible, cette fameuse langue étrangère dans la langue à partir de laquelle vont pouvoir monter des affects inouïs.

Baptiste n'esquive pas le défi, au contraire, il s'y frotte, et parfois de façon superbe, comme dans le final de l'épisode 3 d'"Une saison chez les vivants" où il irradie d'une gerbe les sens d'un seul hurlement :

> "Je suis là, venez, ne venez pas, trouvez-moi, fuyez, répondez-moi, je suis votre frère, l'amante, un étranger, je suis la mort, j'ai peur, je suis perdu, où êtes-vous ? Dans quelle direction dois-je courir, vers quelle crête, sur quel sommet ? C'est la nuit. Percez le brouillard d'une étoile sonore, que je la suive ! Et lequel d'entre vous est à portée de voix ? Ami ? *(Sotto voce.)* Ennemi ? Faisons meute ! Nous sommes meute. Allez ! Qui m'aime me suive ! Êtes-vous là ? Je suis l'incomplet, le vôtre, l'inconsolé. *(Allegro.)* Il y a fête à faire, nous sommes sur le départ, la cérémonie est avancée, et je suis fragment. Il y a quelqu'un ? J'ai hâte. Joie ! Ô joie !" *(Quelqu'un a répondu.)*
> Un seul hurlement.

C'est qu'écrire du point de vue d'un autre corps, qui incarne et active d'autres manières d'être vivant, exige d'aller chercher en soi son corps enfoui, feuilleté d'ancestralités animales, et d'en réveiller les puissances. Ça n'a rien d'impossible. Il y faut simplement du talent, une aptitude à la plongée, cette porosité humide à des états d'être proches du nôtre qu'on va transposer, selon l'indépassable suggestion de Mallarmé : s'attacher aux correspondances rythmiques de la nature et les transposer dans la langue par des correspondances affines. Trouver dans le jeu des sons et les torsions de la syntaxe de quoi réverbérer en miroir le jeu des rapports et les torsions du réel.

Autrement dit, si l'on éprouve en soi cet affect de la meute, qui est bande, avec cette sensation fondue d'être à la fois protégé et fort, trouver une façon d'en dire le déboulé mordant des gueules, cette "pure rivière de crocs, filante". Si monte la perception soudaine de l'errance néophile et joyeuse du loup dispersant, lui donner ce mouvement rythmique de syntaxe, d'abord sautillant et leste, de virgules légères, puis l'ancrer d'un syntagme plongeant, pour l'étirer ensuite, par de petits mouvements d'éventail, vers un désir lancinant et autre : "tout goûter, tout tenter, ne rien faire, flâner, s'ennuyer ferme, et puis le soleil tombe là-bas, et l'on sent monter dedans la petite solitude, l'envie d'un masque de loup à lécher, l'envie de l'excitation d'être ensemble, de l'odeur chaude des autres comme d'une fumée qui nous baigne, l'envie des autres".

Ou encore cette prédation sur la bête indistincte du paysage, comme sortie du corps même des montagnes, et l'image fait alors surgir des "sangliers-collines fumantes" qui concatènent en deux substantifs la fusion d'un monde vécu inséparé.

Ce ne sont encore, dans la prose de Morizot, que d'humbles exemples, comme si l'exigence philosophique s'interdisait la poésie qui seule pourtant aurait les moyens sensuels de nous faire basculer de l'autre côté de la nuit, là où l'animal serait enfin fondu dans nos sangs, réhabilité dans nos rythmes et rappelé, par force cocons de mots, à nos socles ontologiques communs.

Si, comme le suggère encore Deleuze, le concept ne peut jamais être complet sans l'aile affective et perceptive qui va l'équilibrer et assurer enfin sa pleine aviation, comment prétendre parler du vivant dans toute son extension sans avoir à se forger un style qui soit cette vie réticulée en syntagmes, rauquée en sons fauves, gazouillée d'allitérations menues pour être finalement barrie d'assonances aussi pachydermiques qu'un martelé d'éléphants dans une savane sèche ? On ne fera pas reproche à Baptiste de n'en point avoir conscience :

> Les égards ajustés commencent par une compréhension de la forme de vie des autres, qui tente de faire justice à leur altérité : elle implique donc de tailler un *style ajusté* pour parler d'eux, pour transcrire leur

allure vitale par les mots – ce qu'ils ne feront pas. Et c'est en un sens toujours un échec, on ne fait jamais justice, mais c'est pour cela qu'il faut palabrer sans fin, traduire et retraduire les intraduisibles, réessayer. Il faut arriver à parler d'eux avec le langage qu'on utilise pour parler de nous, pour montrer qu'ils ne sont pas de la matière physique, de la "Nature" ; mais en ployant ce langage de manière que leur étrangeté apparaisse.

S'ouvrirait ainsi – et puisse ce rêve alimenter les futurs livres de Baptiste – une philosophie qui renouerait avec sa poésie nécessaire tant le vivant, plus que tout autre concept, mieux que tout autre, appelle dans l'écriture une variété de timbres, de poussées, de salves et de sensations, de souffles et de bourgeonnements, bref une vitalité stylistique extrême sans laquelle elle restera un alignement sage de sculptures sur bois. Le vivant ne se décrit ni ne se représente, il se chorégraphie. Il en appelle à la fluence. Il exige sa syntaxe, tempétueusement.

L'alliage incandescent

Manières d'être vivant que vous tenez dans vos mains n'a rien du livre de philosophie classique, vous l'aurez deviné, conçu à son bureau, dans la rigueur descendante des concepts. Il relève d'autant de manières d'écrire qu'il en existe de mettre sa pensée en vie : par l'observation intense et scientifique du terrain ("Passer de l'autre côté de la nuit") ou le récit d'aventures, proche du thriller éthologique, que délivre la chronique du pistage des loups ("Une saison chez les vivants") ; par la lecture affûtée des grands penseurs ("Cohabiter avec ses fauves") ou le test d'une hypothèse géniale et la fiction d'un rituel ("Les promesses d'une éponge").

Si bien que ce recueil fait lever un *accueil*, un accueil du dehors qui dans nos crânes s'importe, plus qu'il ne clôt un *cercueil* pour pensées déjà froides. Et si j'étais canadien, je pousserais même jusqu'à dire qu'il s'agit d'un *bouscueil* : ce mouvement des glaces sous l'action du vent, de la marée ou du courant, comme s'il fallait bien tout un printemps de débâcle pour enfin dégeler les dualismes hiérarchiques qui nous bloquent.

À mes yeux, Baptiste Morizot est un bâtard. C'est sa force. Il est ce romancier raté qui écrit merveilleusement, ce trappeur en peau de phoque qui fait des ronds dans la neige et soudain devient le barbare d'un fauve. Il est ce pisteur qui dépiaute les crottes, explore les grottes et traque les grattis, ce chaman sans mystique, ce monomaniaque à demi mélomane, qui hurle avec les loups. Il est ce psychologue au chevet des modernes et cet ethnologue par procuration qui nous réfracte les Amérindiens et, en passant sous une branche, revit soudain au temps des mythes. Certaines nuits, il devient tour à tour berger, patou, brebis et loup, étoile et prairie, espion militaire et meute dispersante – mais philosophe toujours et éthologue de fait, en interprète aussi prudent que rigoureux d'un monde animal qui le fascine.

On aurait donc tort de lire dans cet album d'*éthosophe* la nonchalance d'une pensée qui vagabonde et nous rendrait témoin de ses heureuses errances. Car si l'on y chemine, oui, d'épiphanies en pleine nature en intuitions de foudre, on n'y perd jamais la consistance foncière. Pensée qui se déplace et se déplie moins en archipel qu'en forêt qui pousse, densifiant ses futaies et étirant son emprise sur les friches.

Baptiste Morizot est un grand philosophe, pour une raison (et d'une façon) très belle : il met la vie à l'intérieur de la pensée. La *sienne* tout autant que la *nôtre* si ces trivialités propriétaires ont le moindre sens dans un champ qui traverse tout et tous.

Pas tant la vie comme idée que la vie comme virulence, empreinte sensible, prodigalité des pistes, bourgeonnement des hypothèses qui se pressentent fleur, qui vireront thèses, qui deviendront fruit.

Et puisque le vivant est en nous, au cœur de nos lymphes et de nos ventres microbiotes, en nous comme ascendances animales qui grondent et se font jour dans une myriade d'actes cognitifs et de perceptions filantes, en nous encore en tant que le vivant est notre commun miracle et notre commune expérience, quoi d'étrange à ce qu'il y crépite en *intercept* de la pensée ? Ce par quoi elle s'électrise, trace ses frayages, intersecte nos routes – et nos routines troue.

La pensée de Baptiste est un bougé à travers les blocs de calcaire du naturalisme, qu'elle disloque. Elle en remonte les pierriers croustillants qui font patiner les ascensions, à peine amorcées, qu'une véritable philosophie du vivant devrait entreprendre. C'est un troll perçant en passant, d'une flèche taquine, les concepts aussi gros et vides que des ballons publicitaires : nature, culture, effondrement…

Il pense comme il piste, en dansant parmi les cistes, le sac à dos mental bourré de lectures, l'épaule au contact des buis, l'oreille aux aguets. Et si ses concepts sont aussi riches, il le doit à mon sens à leurs sites d'éclosion, à sa capacité à ruminer debout sur les crêtes, penché sur une empreinte, la nuque cassée à force de suivre une voie qui s'efface et se recreuse dans la neige molle. Philosophe de terrain, hein ? Oui, terrestre et terreux, terre à terre même quand il le faut, pour la minute d'après lever les yeux au ciel en savourant le jizz d'un gypaète, puis remonter au fil de l'eau, la rivière pour syntaxe, le museau qui renifle et le loup en point de fuite. Mais philosophe surtout parce qu'il sait et sent à quel point le concept pur n'est rien sans les affects et percepts qui le hantent, sans cette traversée incessante, en zigzag, amont-aval, proche et lointaine, qui va des sensations (et même des émotions les plus enfantines) à la clarté d'une idée. En sollicitant, à chaque va-et-vient, une bordée de modes d'attention qui découpent le réel, le cadrent, en trient les scories pour en dégager les pépites.

À cette pratique et à cette faculté de mettre en vibration, conjointe et fusionnelle, ce triple rapport au monde – affect-percept-concept –, Baptiste a donné ce nom magnifique : l'alliage incandescent. Ce que j'ai appelé, en plus fade, dans mon roman *Les Furtifs* le "rouge ouvert". Et tenté de traduire dans l'album de musique par cet idiome, inspiré de Van Gogh découvrant la violence des lumières de Provence et les approchant avec une forme de terreur : *entrer dans la couleur*. Une "manière d'être vivant", pleinement et multiplement vivant : dans sa pensée, à fleur de peau, main dans la braise et par la paume des yeux, atteindre ce point d'incandescence très profane où le présent est une épée de forge, qu'on empoigne sans se brûler.

> Énigme parmi les énigmes, la manière humaine d'être vivant ne prend sens que si elle est tissée aux milliers d'autres manières d'être vivant que les animaux, végétaux, bactéries, écosystèmes, revendiquent autour de nous.

Puisse ce livre vous offrir comme il me l'a offerte la joie intense – pour le volume de son corps comme dans la petite boîte d'os de son crâne – que procure cette sensation d'être à la fois élargi(e), élevé(e) et approfondi(e).

D'être juste un peu plus grand en quittant ces pages, tout simplement.

Que demander d'autre ?

Alain Damasio,
octobre 2019.

L'ASSOCIATION POUR LA PROTECTION DES ANIMAUX SAUVAGES

Parce que l'urbanisation galopante est sourde et aveugle au bruissement de la vie sauvage ;

Parce que la chasse s'octroie encore trop souvent la part indue du dominant ;

Parce que la loi qui s'essaye à la protection est entravée par les dérogations, les exceptions, la lourdeur des procédures et l'opposition de nombreux groupes de pression ;

L'ASPAS crée des *Réserves de Vie Sauvage®* où l'exubérance de la nature est laissée en libre évolution. Aucune activité humaine n'y est autorisée, hormis la balade contemplative, amoureuse ou curieuse. Ce label est, à ce jour, le plus fort niveau de protection en France. Plus nous rendons à la nature sauvage des territoires où elle peut s'exprimer pleinement et librement, mieux nous retrouvons une place à notre mesure, sans démesure.

L'ASPAS est une association sans but lucratif, reconnue d'utilité publique et *100 % indépendante* : une exception dans le paysage associatif de la protection de la nature. Elle défend les sans-voix de la faune sauvage, les espèces classées "nuisibles", les jugés insignifiants ou encombrants. L'ASPAS mobilise l'opinion publique, interpelle les élus et sensibilise tous les publics à la nécessité de protéger les milieux et les espèces. Son savoir-faire juridique est unique. Depuis plus de 30 ans, elle a engagé plus de 3 000 procédures devant les tribunaux pour faire respecter et évoluer positivement le droit de l'environnement, y compris contre les pouvoirs publics lorsque ceux-ci ne respectent pas la législation en vigueur.

ASPAS
BP 505 - 26401 CREST CEDEX
www.aspas-nature.org
Tél. 04 75 25 10 00 / contact@aspas-nature.org
FB/Tw/Instagram : @ASPASnature

ASPAS

DU MÊME AUTEUR

LES DIPLOMATES. COHABITER AVEC LES LOUPS SUR UNE AUTRE CARTE DU VIVANT, Wildproject, 2016 ; prix de la Fondation de l'écologie politique 2016 et prix littéraire François Sommer 2017.

POUR UNE THÉORIE DE LA RENCONTRE. HASARD ET INDIVIDUATION CHEZ G. SIMONDON, Vrin, 2016.

ESTHÉTIQUE DE LA RENCONTRE. L'ÉNIGME DE L'ART CONTEMPORAIN (avec Estelle Zhong Mengual), Seuil, 2018.

SUR LA PISTE ANIMALE, Actes Sud, coll. "Mondes sauvages", 2018 ; prix Jacques Lacroix 2019 de l'Académie française.

DANS LA MÊME COLLECTION

LES FRANÇAIS ET LA NATURE. POURQUOI SI PEU D'AMOUR ?, Valérie Chansigaud, 2017.

LE RETOUR DE MOBY DICK. OU CE QUE LES CACHALOTS NOUS ENSEIGNENT SUR LES OCÉANS ET LES HOMMES, François Sarano, 2017.

SUR LA PISTE ANIMALE, Baptiste Morizot, 2018.

RÉ-ENSAUVAGEONS LA FRANCE. PLAIDOYER POUR UNE NATURE SAUVAGE ET LIBRE, Gilbert Cochet et Stéphane Durand, 2018.

20 000 ANS. OU LA GRANDE HISTOIRE DE LA NATURE, Stéphane Durand, 2018.

L'OURS. L'AUTRE DE L'HOMME, Rémy Marion, 2018.

PSYCHOLOGIE POSITIVE ET ÉCOLOGIE. ENQUÊTE SUR NOTRE RELATION ÉMOTIONNELLE À LA NATURE, Lisa Garnier, 2019.

LE PARRAIN. AU CŒUR D'UN CLAN D'ÉLÉPHANTS, Caitlin O'Connell, 2019.

CHIMPANZÉS, MES FRÈRES DE LA FORÊT, Sabrina Krief, 2019.

HABITER EN OISEAU, Vinciane Despret, 2019.

CRÉDITS

Un extrait d'"Une saison chez les vivants" est d'abord paru sous le titre "La forme d'un cri", dans *Billebaude*, n° 14, avril 2019. © Billebaude, Glénat / Fondation François Sommer, 2019.

Une version courte des "Promesses d'une éponge" est parue dans *Billebaude*, n° 13, novembre 2018. © Billebaude, Glénat / Fondation François Sommer, 2018.

Une ébauche de "Cohabiter avec ses fauves" est parue sous le titre "Comment cohabiter avec ses fauves" dans le hors-série de *Philosophie magazine* "Spinoza, voir le monde autrement", avril 2016.

Une version abrégée de "Passer de l'autre côté de la nuit" va paraître sous le titre "Passer de l'autre côté de la nuit. Pour une diplomatie des interdépendances" dans *Terrain. Anthropologie & sciences humaines*, n° 73, avril 2020.

Illustration p. 154 : Dan Piraro, *Devolution*, 30 décembre 2007. © Dan Piraro.

Ouvrage réalisé
par l'atelier graphique Actes Sud
reproduit et achevé d'imprimer
en juin 2020
par Normandie Roto Impression s.a.s.
à Lonrai
pour le compte des éditions
Actes Sud
Le Méjan
place Nina-Berberova
13200 Arles

Dépôt légal
1re édition : février 2020
n° impr. : 2001942
(Imprimé en France)